U0516162

権威・前沿・原创

皮书系列为
"十二五""十三五"国家重点图书出版规划项目

汽车蓝皮书

BLUE BOOK OF AUTOMOTIVE INDUSTRY

中国商用车悬架产业发展报告（2019）

ANNUAL REPORT ON COMMERCIAL VEHICLE SUSPENSION
INDUSTRY IN CHINA (2019)

中国汽车技术研究中心有限公司
主　编／东风商用车有限公司
扬州东升汽车零部件股份有限公司

社会科学文献出版社
SOCIAL SCIENCES ACADEMIC PRESS (CHINA)

图书在版编目（CIP）数据

中国商用车悬架产业发展报告.2019／中国汽车技术研究中心有限公司，东风商用车有限公司，扬州东升汽车零部件股份有限公司主编. -- 北京：社会科学文献出版社，2019.4

（汽车蓝皮书）

ISBN 978 - 7 - 5201 - 4575 - 6

Ⅰ.①中…　Ⅱ.①中…②东…③扬…　Ⅲ.①汽车工业 - 经济发展 - 研究报告 - 中国 - 2019　Ⅳ.①F426. 471

中国版本图书馆 CIP 数据核字（2019）第 054700 号

汽车蓝皮书

中国商用车悬架产业发展报告（2019）

　　　　　　中国汽车技术研究中心有限公司

主　　编／东风商用车有限公司

　　　　　　扬州东升汽车零部件股份有限公司

出 版 人／谢寿光

责任编辑／吴　敏

出　　版／社会科学文献出版社·皮书出版分社 （010）59367127

　　　　　　地址：北京市北三环中路甲 29 号院华龙大厦　邮编：100029

　　　　　　网址：www. ssap. com. cn

发　　行／市场营销中心 （010）59367081　59367083

印　　装／天津千鹤文化传播有限公司

规　　格／开　本：787mm × 1092mm　1/16

　　　　　　印　张：21.5　字　数：322 千字

版　　次／2019 年 4 月第 1 版　2019 年 4 月第 1 次印刷

书　　号／ISBN 978 - 7 - 5201 - 4575 - 6

定　　价／128.00 元

《中国商用车悬架产业发展报告（2019）》
编　委　会

特别支持单位　中国汽车工程学会悬架技术分会
北京理工大学机械与车辆工程学院
武汉理工大学汽车工程学院
哈尔滨工业大学材料科学与工程学院
郑州宇通客车股份有限公司
陕西汽车控股集团有限公司
厦门金龙汽车集团股份有限公司
比亚迪股份有限公司
北汽福田戴姆勒汽车有限公司
上汽依维柯红岩商用车有限公司
扬州中集通华专用车有限公司
凡士通工业产品公司
博戈橡胶塑料（株洲）有限公司
宁波美亚达汽车部件制造有限公司
江苏金茂投资管理股份有限公司

主要编撰者简介

于　凯　研究员级高级工程师，国务院特殊津贴专家，现任中国汽车技术研究中心有限公司党委书记、董事长、总经理，中国汽车工业协会副会长，中国机械工业联合会理事。曾任机械工业部第五设计院副院长、院长，中国联合工程公司董事、副总经理，中国汽车工业工程公司党委书记、副总经理等职务。2008年5月至2015年11月，中国汽车技术研究中心党委书记、副主任。2015年11月至2018年1月，中国汽车技术研究中心党委书记、副主任，全面主持中心党政工作。2018年1月至今任中国汽车技术研究中心有限公司董事长、党委书记、总经理。

安庆衡　教授级高级工程师，现任中国汽车工业咨询委员会主任，曾任北京汽车工业集团总公司董事长、党委书记，中国汽车工业协会副理事长，北京市科学技术协会常委，北京工业经济联合会副会长，北京汽车工程学会名誉理事长等职务。作为见证中国汽车产业发展的资深专家，一手推动北汽与奔驰的合资合作，包括福田戴姆勒在商用车领域国际化的快速发展。近年来，带领中国汽车业界的众多资深专家密切关注国内外整车以及零部件企业的转型升级，并对诸多零部件薄弱领域自主企业的发展壮大起到有力的推动作用。

林　逸　北汽集团原副总工程师，先后担任吉林大学汽车学院院长与北京理工大学机械与车辆工程学院教授、博士生导师，中国汽车工程学会常务理事，中国汽车工程学会特聘专家，中国汽车工程学会产品开发分会副主任委员，中国汽车工程学会悬架技术分会主任，中国汽车工业协会专家委员会专家，中国机械工程学会高级会员，北京汽车行业协会副理事长，科技部"十一五"国家"863计划"重点项目"汽车开发先进技术"总体专家组专家，美国汽车工程师协会（SAE）会员。主要研究方向为汽车多体系统动力学、汽车振动噪声控制、汽车悬架设计、汽车被动安全性仿真、汽车电动助力转向系统、汽车轻量化技术等，先后发表学术论文200余篇。

摘　要

《中国商用车悬架产业发展报告》作为关于中国商用车悬架系统产业发展的年度研究报告，首次出版发行。本书由中国汽车技术研究中心有限公司牵头组织编撰，整合了重点商用车企业、优秀悬架系统零部件企业、行业权威研究机构、知名高等院校等众多行业资源，并在扬州东升汽车零部件有限公司的支持下，对国内外商用车悬架在产业、技术、标准等方面的进程和趋势进行了系统梳理和分析，是较为全面论述近年来中国商用车悬架产业发展的权威著作。

近年来，中国商用车产业的发展日益迅猛。商用车作为中国汽车工业最早进行重点突破的产品领域，经过几代汽车人的不懈努力，已建成较为完善的产业链体系，并培育出以一汽解放、东风商用车、陕汽重卡、宇通客车、金龙客车等为代表的国际知名企业。而悬架系统作为商用车底盘的重要构成，其研发水平、制造工艺、供应配套在很大程度上直接影响整车的操控性能和安全性能。伴随全球范围内商用车面向电动化、轻量化、智能化的转型升级趋势，以及国家最新标准法规的强制性要求，先进悬架技术和产品在国内商用车领域的渗透度不断提升。但是，自主企业在悬架系统总成的部分核心零部件方面仍然未能实现重大突破，尤其是在空气悬架、轻质板簧悬架、橡胶悬架等领域，对海外零部件企业的依赖仍然十分严重。因此，系统梳理国内外商用车悬架系统的产业现状和升级趋势，对支撑自主悬架系统零部件企业的顺利转型、促进中国商用车产业的稳健发展具有重要的指导意义。

本书分为总报告、产业篇、技术篇、借鉴篇、标准篇和附录六个部分，以期从更加多元的维度，对商用车悬架产业进行全面分析和系统阐述。

其中，总报告综述近几年来中国商用车悬架系统分类型的产业现状，以及国内外商用车悬架产业的发展环境，同时，结合商用车产业的整体转型趋势，总结出技术升级的具体方向和产业转型的现存问题。

产业篇特邀国内重点整车企业研究院所，聚焦客车、货车和半挂牵引车三大商用车领域的悬架系统应用，涵盖空气悬架、钢板弹簧悬架、油气悬架、轮边电机用独立悬架等主流产品形式，并围绕其面向轻量化、智能化、集成化的产品趋势，进行深度分析和解读，系统展现国内悬架系统在各个领域的产业现状和市场发展。

技术篇特邀国内重点高校和优秀悬架系统零部件企业，针对代表先进悬架关键零部件技术水平的馈能悬架、后空气悬架（采用复合稳定杆）、空气弹簧以及高性能复合材料，详细解读其技术发展现状和行业应用趋势。

借鉴篇特邀悬架关键零部件的外资供应商，在全球商用车发展趋势和悬架系统产业需求的大背景下，客观审视先进关键零部件技术的研究现状和应用趋势，为国内行业呈现更加宏观的国际视野。

标准篇系统梳理了自 1983 年以来车用悬架领域的标准法规和测试体系，并对其细分领域的要求演变和产业发展进行详细解读，为悬架行业的有序发展和切实转型提供重要指导。

全书基本覆盖了国内商用车悬架各大应用领域、产品类型和技术路线，力图全方位展示中国商用车悬架产业的发展全貌，希望对汽车产业管理部门、地方政府、行业机构、高校院所、整车和零部件相关企业，在产业规划、企业决策、战略研究等方面提供必要的借鉴和参考。

关键词： 商用车悬架　产业升级　技术趋势　标准建设

Abstract

"Blue Book of Commercial Vehicle Suspension" is an annual research report on the development of China's commercial vehicle suspension system industry. As the first volume, this book is published for the first time. Compiled through the organization of China Automotive Technology and Research Center Co., Ltd., this report integrates many industry resources of major commercial vehicle manufacturers, excellent suspension system component enterprises, authoritative research institutes of the industry and well-known institutions of higher learning, sorts out and analyzes the processes and trends of commercial vehicle suspensions both at home and abroad in terms of industry, technology and standards with the support of Yangzhou Dongsheng Automotive Co. Ltd.. It is an authoritative book that comprehensively describes the development of China's commercial vehicle suspension industry in recent years.

In recent years, China's commercial vehicle industry has accelerated its development on a daily basis. Commercial vehicle is the first key area in which China's automobile industry has achieved breakthrough. Through unremitting efforts of several generations of automobile professionals, the commercial vehicle industry has built a relatively complete industry chain and cultivated many internationally renowned companies such as FAW Jiefang, Dongfeng Trucks, Shaanxi Heavy-duty Automobile Group, Yutong Bus and King Long. As an important component of the chassis of commercial vehicles, the R&D, manufacturing technology and auxiliary support of the suspension system directly affects the operation and safety performance of the whole vehicle. Along with the electricity-powered, light weight and intelligent upgrading trends of commercial vehicles globally as well as the mandatory requirements by the latest national standards and regulations, the penetration rate of advanced suspension technology and products in the domestic commercial vehicle field continues to increase.

However, autonomous enterprises still fail to achieve major breakthroughs in some of the core components of the suspension system, especially in the areas of air suspension, lightweight leaf spring suspension and rubber suspension, and still rely heavily on component suppliers overseas. Therefore, it is of great importance to systematically analyze the status quo and upgrading trends of the commercial vehicle suspension systems both at home and abroad so as to facilitate the transformation of enterprises that produce suspension system components independently, and promote the stable development of China's commercial vehicle industry.

Annual Report on Commercial Vehicle Suspension Industry in China (2019) consists of six parts, including General Report, Industry Reports, Technological Reports, Overseas Reports, Standard Reports and Appendix, aiming to conduct a comprehensive analysis of and provide systematic explanation for the commercial vehicle suspension industry in more diverse dimensions.

The General Report summarizes the status quo of China's commercial vehicle suspension systems by type in recent years, as well as the development environment of the commercial vehicle suspension industry both at home and abroad. At the same time, by considering the overall transformation trend of the commercial vehicle industry, the report points out the specific direction of technology upgrading and existing problems of industry transformation.

In the Industry Reports, research institutes affiliated to key domestic vehicle companies are invited to interpret and conduct in-depth analysis of the lightweight, intelligence and integration development trends of suspension systems in 3 major areas of commercial vehicles including buses, trucks and semitrailers, involving air suspension, steel leaf spring suspension, hydro-pneumatic suspension and independent suspension for wheel edge electric drive, and systematically illustrate the status quo and market development of domestic suspension systems in various fields.

In the Technological Reports, key domestic universities and excellent suspension system component enterprises are invited to interpret the current technological development and application trends of advanced energy regenerative suspension, rear air suspension (using stabilizer bar) , air spring and high-performance composite materials.

In the Overseas Report, foreign suppliers of key suspension components are invited to review the research status and application trends of advanced key component technologies in the context of global commercial vehicle development and demand of the suspension system industry, aiming to provide an international perspective for the domestic industry.

In the Standard Report, the standard regulations and test systems of automotive suspensions since 1983 is sorted out, and the requirement evolution and industry development in its subdivisions is also fully elaborated, which will provide important guidance for the orderly development and practical transformation of the suspension industry.

The book basically covers all major application areas, product types and technical routes of domestic commercial vehicle suspensions, and strives to introduce the overall development of China's commercial vehicle suspension industry to stakeholders in relevant industries such as commercial vehicles and suspension parts. It is hoped that it will provide essential reference for industry planning, corporate decision-making and strategic research for the authorities of the automobile industry, local governments, industry institutions, colleges and universities, vehicle and components-related enterprises.

Keywords: Commercial Vehicle Suspension; Industry Upgrading; Technological Trend; Standard Development

总　序

2009 年至今，中国已连续十年稳居世界汽车市场产销量首位。其中，商用车作为中国汽车工业最早进行重点突破的产品领域，目前已经建成较为完善的产业链体系。中国商用车产业加快对外市场开放、高端化转型进程，但自主关键核心零部件的供应配套建设仍然相对落后。

2017 年 4 月，工信部、发改委、科技部联合发布《汽车产业中长期发展规划》，明确将"关键零部件重点突破工程"列为八项重点工程予以大力实施。与此相对应，中国汽车技术研究中心有限公司于 2015 年 5 月受工信部装备司委托，开展了为期三年的"中国汽车零部件产业发展研究"专项课题，对中国各大主机厂、龙头零部件企业以及零部件产业聚集区进行全面、系统梳理，客观、深入分析了自主零部件产业的短板原因和转型路径。

在全球商用车产业向"电动化、轻量化、智能化"转型的大趋势下，承担集整车承载性、操控性、平顺性、安全性于一体的底盘系统尤为关键，而作为底盘系统的重要构成，悬架系统及相关核心零部件的技术升级、法规升级、需求升级和产业升级也受到越来越多的行业关注。目前，欧美地区的大中型客车基本选装空气悬架，载货车近 80% 的选装空气悬架，半挂车近 40% 的选装空气悬架；在国内，大中型客车的空气悬架搭载率刚刚超过 50%，载货车的空气悬架搭载率仅为 1.5%，且集中在高端重型载货车领域，半挂车的空气悬架搭载率也不过 2%，整体产业起步和市场应用较晚，大多高度依赖外资技术引进或者直接海外购买。此外，橡胶悬架、馈能悬架、油气悬架等先进悬架技术开发和产业应用也发展较缓，相关的空气弹簧、电控减振器、复合稳定杆、高性能复合材料等关键核心零部件、原材料以及生产测试装备自主化更是相对落后。但是，以上海科曼、株洲时代、中车青岛四方、扬州东升、宁波美亚达、广州溢涛钱潮等为代表的优秀自主企业通过关键技术的联合研发和原料装备的海外引进，基本达到了国际平均水平，并实现了产业化制造和规模化匹配。

同时，在国内的政策法规和产业环境方面，第六阶段排放法规的严格落实，将强烈促进商用车悬架轻量化的变革，不仅少片变截面、变刚度钢板弹簧的应用将大大增加，直接替代传统钢板弹簧悬架的空气弹簧也将有望较快普及；2016 年 7 月发布的强制性国家标准《汽车、挂车及汽车列车外廓尺寸、轴荷及质量限值》（GB1589 - 2016）明确提出，选配空气悬架可以提高载货车、挂车的载重标准限制；2016 年 12 月修订的《低地板及低入口城市客车结构要求》（GB19260 - 2016）也明确指出，车长大于 9 米的低地板城市客车应配置空气悬架和车身升降系统，车长大于 9 米的低入口城市客车应配置空气悬架；而于 2017 年 9 月发布的《机动车运行安全技术条件》（GB7258 - 2017）新增规定，总质量大于等于 12000kg 的危险货物运输货车的后轴，所有危险货物运输半挂车应装备空气悬架。虽然钢板弹簧悬架目前仍然是我国商用车市场应用的主流，但是多项国家法规的强力加持，将会较快推动空气悬架的应用普及。

因此，在产业发展、市场配套、技术需求、标准法规以及配套建设的综合性影响下，未来中国商用车悬架将朝着深度轻量化设计、提升空气悬架配套、强化主动控制应用的方向快速发展。其中，在轻量化技术提升方面，高应力钢板弹簧材料开发和制造技术的逐渐成熟，推动少片钢板弹簧悬架的应用；高强度铸铁、奥贝球铁等强度 600MPa 以上铸件材料逐步替代低牌号铸件材料，并在悬架承载零部件中普及应用。此外，采用空心稳定杆可以在刚度、强度变化不大情况下减重 30% ~ 45%，并已在商用车上逐步替代实心稳定杆，与此对应的悬架限位块垫板等部位逐渐用非金属材料替代金属材料，以及复合材料板簧的开发应用，可以进一步加强轻量化效果。在空气悬架产品配套方面，自主空气弹簧、减震器及采用复合稳定杆的后空气悬架集成产品相继实现技术突破和产业化制造，也逐步获得重点商用车企业的认可和配套，这将有力促进空气悬架在中大型客车、重型载货车以及专用半挂车领域的快速普及。在先进主动控制技术的攻坚方面，半主动/主动悬架、可变阻尼减振器凭借更加优异的车辆平顺性和乘坐舒适性，已经成为各大重点企业技术突破的重要方向；而馈能悬架对于新能源汽车效能提升具有积极作用，与主动悬架技术的有效结合也成为新能源汽车悬架技术的研究热点。客观来看，结合当前中国商用车悬架产业的发展现状，行业层面应该更加重视轻量化技术和先进空气悬架及相关零部件的产业化应用，而半主动/主动悬架以及馈能悬架等先进技术路线仍然以技术储备为主。

本书凝练了多位行业权威专家的智慧，汇聚了多家重点商用车企业和悬架零部件企业的经验，得到了多家行业机构的大力支持，在此一并表示衷心的感谢。商用车悬架产业发展报告作为行业智慧的结晶，将会在后续的优化、改进过程中，进一步为全行业提供权威性参考，并以汽车零部件产业的转型升级为契机，助力中国汽车强国梦的早日实现。

中国汽车技术研究中心有限公司

东风商用车有限公司

加强自主创新
形成"官产学"合力

中国作为汽车大国，谋求汽车强国的转型任务无比艰巨。从根本上讲，中国汽车工业同世界先进国家的差距集中体现在核心技术的创新和积累上。未来，不断加强自主创新能力建设，努力实现技术创新与产业化的有效结合，是中国汽车工业由大变强、由高速发展转向高质量发展的必由之路。

目前，对于底盘动力学等领域的理论研究，中国总体上同世界水平没有太大差距，甚至在底盘调校等一些方面已经开始走在国际前沿。但是，仅仅解决理论问题还不足以改变产品的整体表现，尤其是同企业的工程开发结合度仍然不足。简而言之，我国的技术并不输于国外，但是经验积累仍难以望其项背。

此外，底盘作为汽车整体架构的基础和支撑，随着电动化、智能化、网联化技术的不断发展，给包含悬架系统在内的诸多产业带来了全新的发展机遇。一方面，空气悬架、油气悬架、橡胶悬架、智能悬架以及相应的控制模块产品，在开发及应用方面取得了积极进展；另一方面，轮边电机和轮毂电机的兴起，尤其是直驱式轮毂电机的尺寸限制，给广泛应用的前轮独立悬架等部件的空间布置带来了严峻挑战。针对这一方面，全新开发电动车轮，将悬架、转向、制动和驱动相关部件高度整合，并统一解决结构和布置问题，是较为可行的协调、组合方案。

最后，在汽车技术创新环境的营造与突破方面，国内需要真正形成"官产学"的联动合力。"官"即政府力量，"产"指整零企业的紧密合作，"学"涵盖技术研发机构。在"官"的主导下，从政策层面为"产"和

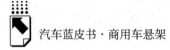

"学"营造宽松的创新氛围和公平的竞争环境，充分发挥各自的应有作用。同时，要高度重视"学"与"产"的紧密结合，这样核心技术才能真正产生社会价值，推动中国汽车工业的稳健发展。

郭孔辉

中国工程院院士、教授
吉林大学汽车学院名誉院长

新时代下的汽车零部件企业
做大做强是唯一出路

2018 年中国汽车工业出现首次负增长，为多年高歌猛进的大好形势平添了阵阵寒流，但是我坚信这只是周期性的波动，从中长期来看，中国汽车工业依旧有很大的发展空间，我们仍然要满怀信心。面对国内外多变的形势环境和内部自主品牌承受的空前压力，我们更应该怀有虔诚的敬畏之心，加快学习创新型企业的转型之路，在寒冬之中毫不动摇地积累、沉淀，因为没有任何力量可以阻挡中国汽车工业的崛起。

在中国汽车产业从高速发展阶段进入高质量发展阶段的新时期，仅仅用"产业升级"已经不能确切地描述当下这个时代，汽车零部件企业应该要谋求转型，因为"产业转型"是新时代必须面对的问题。在节能汽车、新能源汽车、智能网联汽车齐头并进的大方向下，汽车动力系统的电动化和整车架构的智能化已经形成行业共识。同时，随着产品形态和生产方式的深度变革，以及整车企业模块化/平台化功能不断完善，产业边界将逐渐消除，全供应链体系将不断拓展，汽车零部件企业的主导地位将进一步提升。

针对商用车悬架系统领域，在企业呈现体制和业务多元化的同时，全产业链的集成、整合、延伸，以及市场化的供应配套关系重构变得更为明显。钢铁、塑胶等上游优势企业逐渐向关键零部件和悬架总成高等终端市场拓展和延伸，以一汽解放、东风商用车为代表的整车企业也纷纷引进 B 点供应商，进一步采用市场化手段提升现有供应链配套水平，这对优势零部件企业的做大做强提供了有力产业支撑和环境保障。

在面向新技术、新工艺、新装备的引进、消化和吸收方面，中国自主

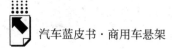
整车以及零部件企业要高度重视并通过自主创新逐步掌握制定技术标准的话语权，要加快同原材料企业、设备企业的联合开发、定向攻坚，进而推动产业链层面的做大做强，实现新时代下汽车零部件企业的全面转型。

中国汽车工程学会名誉理事长

中国汽车人才研究会名誉理事长

"百年未有之大变局"中的
汽车悬架系统产业

中国汽车产业在"百年未有之大变局"的新时代中将面临大开放的国际格局、大调整的国家产业结构、大转型的市场形态、大变身的产业政策和大变革的科学技术趋势等至少涉及五个方面的重大转变。

在大开放的国际格局中，汽车产业完全开放，全球顶尖产品全面压境，国际规则畅通无阻，"一带一路"另辟蹊径，第三方市场合作渠道柳暗花明。

在大调整的国家产业结构中，纯电动汽车将再次定位，各类混合动力担当主角，内燃机仍有巨大发展空间，燃料电池技术应用超乎预想。

在大转型的市场形态中，新能源汽车市场崛起，传统汽车市场一统天下的局面开始转折，二手车市场趋于成熟，海外市场崭露头角。

在大变身的产业政策中，产业政策由差异化、选择性向普惠化、功能性转变，制造＋服务＋数字化将重新定义汽车工业。

在大变革的科学技术趋势中，汽车的各总成、各系统、部件零件的价值维、组织维和技术维将发生范式革命的深刻变化。

悬架系统涉及几乎所有具有独立功能的汽车总成，是传统汽车实现整车舒适性和操纵稳定性整体解决方案的重要平台。在新科学技术浪潮中，对舒适性、操稳性的感知、决策及控制系统将高度低碳化、信息化、智能化，而汽车悬架系统的科学理念和技术路径也将全面升级，并成为汽车整车产品科技创新最重要的载体。同时，来自各个新兴产业"陌生面孔"的供应商和合作者将持续大量涌现悬架汽车的产业形态将发生深刻蜕变。

在国际风云变幻、国家进入发展新时代的重大历史时刻，中国汽车产业

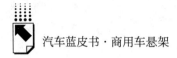

要继往开来，争取在全球市场大展宏图。作为支撑汽车产品"主心骨"的悬架系统业，更要掌握"创造价值"的能力，提升"传递价值"效率的能力，运用资源配置的"赋能"力和改善产业生态的竞合力，抓住机遇、全身投入、砥砺前行，为实现汽车强国的宏伟愿景殚精竭虑，担当大任。

中国国际工程咨询公司专家学术委员会专家

工业和信息化部产业政策司原副巡视员

发展自主品牌是建设汽车强国的重中之重

中国自主品牌汽车经过 60 多年的积累和沉淀，基本实现了整体水平的全面提升。基于自主整车和自主零部件，我们提出要加快汽车强国建设，从根本上讲就是要拥有根植于民族性质和国家利益的汽车工业核心的领先竞争力，脱离了中国自主品牌的汽车大国绝不是汽车强国。

中国商用车产业及零部件工业基础雄厚，市场发展也更为成熟，关键技术和产品出口具有一定优势，但是仍然面临着两个重大难题：

一是，自主整车同自主零部件的协同联动仍然偏弱。自主商用车的产业基础较为成熟，但是中高端市场规模较小，先进技术的应用进程偏缓。同时，自主零部件企业主要为本土配套，核心技术和产业化水平仍不足。以商用车悬架产业为例，中、大型客车普遍采用被动式空气悬架，在主动控制方面的突破有待加强，配套的空气弹簧、测试装备的自主供应率也弱于外资/合资品牌；国内重卡的空气悬架应用占比仅为 1.5%，基本以外资/合资品牌配套为主，对自主企业的技术突破和市场培育造成了巨大挑战。

二是，海外出口份额仍然不高，平均涨幅较小。2018 年，我国汽车出口总量约 115 万辆，距离原来预估 2020 年 380 万辆的出口指标有很大距离。悬架系统作为整车底盘的重要构成，以主动空气悬架、复合板簧悬架为代表的先进技术的本土化，需要各大主机厂和龙头零部件企业的有力推进。

面对新的机遇和挑战，自主品牌的真正崛起要重点从以下方面发力：积极对先进产品和技术进行超前规划布局，并逐渐完善正向研发应用和创新业务模式，形成若干中国品牌占据的战略高地；高度敬畏汽车理性消费期，进一步优化消费者的驾驶体验，用更高的产品和服务质量来提升用户对自主品牌的忠诚度；顺应全球汽车产业变革的大趋势，抓住新能源和智能网联汽车

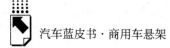
快速发展带给汽车产业的重要机遇，发展新形态的中国自主品牌；进一步紧抓出口，任何时候都不能放弃，并努力开拓创新，只有突破出口市场的固有瓶颈，才能真正实现自主品牌的汽车强国建设。

中国汽车工业咨询委员会主任

北京汽车工业集团总公司原董事长、党委书记

悬架产业趋于多元化发展
机遇与挑战并存

在"智能化、电动化、轻量化"的行业浪潮下，中国商用车悬架技术呈现出多元化的发展趋势：钢板弹簧主打少片簧、复合材料板簧潜力巨大、橡胶悬架已接受市场检验、空气悬架未来可期、互联油气悬架和油气 ISD 悬架完成产业转化，此外，空气悬架和油气悬架的电控化程度不断提高。

对于板簧悬架，国内大多数企业仍停留在简单的生产工艺水平，导致产品成本较高，难以参与国际市场竞争。因此，急需通过兼并重组及产业升级来改变企业规模小、生产集中度低、散乱差严重的行业局面。

对于橡胶悬架，欧美已有较大范围的应用，我国的橡胶悬架虽然问世不久，但已突破系统设计与制造等关键技术，打破了国外垄断局面。

对于空气悬架，欧美地区 95% 的客车、80% 的货车和 40% 的挂车都已大规模应用，而我国仍处于起步阶段，仅应用在部分豪华客车和少部分重型货车、挂车上，且 80% 以上的市场份额被外资垄断。随着国家加大超载超限治理、落实计重收费政策，以及对搭载空气悬架车辆轴载质量限值的优待，空气悬架弹簧的推广应用将具有更高的市场潜力。

对于互联油气悬架和油气 ISD 悬架，作为我国具有自主知识产权的原创性悬架技术，互联油气悬架可用于对安全性要求较高的校车等商用车，油气 ISD 悬架可进一步提高普通油气悬架商用车的平顺性。

2018 年国内商用车产销量增长放缓，同比增长仅为 5.24%。但是随着节能减排的进一步严格落实，商用车市场将面临新的历史机遇。因此，商用车悬架行业要敢于面对挑战、抓住时机、牺牲数量、提升质量，尽快完成产业升级以应对未来严峻的市场挑战。同时，要大力改善"整零合作"，构建

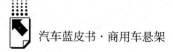

新型模式。近年来，虽然商用车企业和悬架零部件企业的合作越来越深入，但大部分依然是简单的"依附式"主从关系，悬架零部件企业在夹缝中生存的局面仍未扭转，打破传统行业发展思维、促进悬架零部件产业融合发展的转型道路依旧漫长。

中国汽车工程学会副理事长

江苏大学原副校长、党委常委

立足整车核心属性
着力突破悬架核心技术

整车的操纵稳定性、行驶平顺性、制动安全性及 NVH 性能同悬架的 K&C 特性以及弹性、阻尼元件的匹配密切相关。近年来，商用车驱动形式的电动化、驾驶方式的智能化趋势日渐明显，高端产品对基于整车核心属性和应用场景的智能调节需求愈加迫切。同时，电动化、轻量化、智能化、网联化、共享化技术的快速发展，为悬架技术的进步提供了广阔的空间。

一是，整车产品和市场需求驱动悬架技术不断升级。整车产品的市场竞争，本质上表现为整车核心属性的竞争。高端产品方面，纯电动客车全轮独立分布式驱动、全轮转向以及轻量化设计等对悬架系统提出新的要求；传统产品方面，客户为提升运营效益对商用车提出的高性价比要求成为悬架技术发展进程中新的挑战。

二是，通用化、模块化设计促进悬架产品品质升级。客车多品类、订单式的生产模式一直是制约行业发展的重要因素。作为提升开发效率和质量的重要环节，客车悬架的模块化设计和关键部件的通用化水平，将成为保障悬架关键性能和提升产品综合竞争力的重要手段。

三是，新材料和基础材料突破将不断拓展悬架技术创新空间。复合轻质材料、超高强度钢等材料性能及成型工艺的突破为悬架拓扑结构创新、轻量化设计等提供了良好契机。其中，基于 2GPa 超高强钢开发的新型板簧可以在提升平顺性的基础上，可靠性有望提升近 50%，整体减重可达 20% 左右；主片采用弹簧钢、辅片采用复合材料的两片式复合材料板簧可实现 40% 的减重效果，在主片和辅片之间采用工程树脂接触可以消除摩擦异响；在普通钢板弹簧片间增加耐磨、耐腐蚀、高韧性的硫化橡胶层，可以在消除摩擦异响的

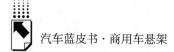
同时，使车辆的垂向加速度均方根值降低 2~3dB。

四是，客车悬架主动抗侧翻技术取得突破并开始推广。营运公路客车侧翻阈值偏低，存在弯道侧翻和绊倒性侧翻风险。为提升客车的侧倾稳定性和抗侧翻性能，宇通基于液压互联抗侧倾原理研发的协同控制悬架系统，替代传统的横向稳定杆和减振器，在极限工况下可以提供相当于传统悬架 3~5 倍的非线性侧倾刚度；在紧急变道工况下车体侧倾角可以降低 50% 以上，车辆通行车速可以提升 20km/h。未来，具备侧翻预警、姿态控制、阻尼和刚度自适应调节、主动抗侧倾等功能的悬架系统将成为重要发展方向。

五是，悬架性能与整车核心属性集成开发需深度融合。协同开发是促进悬架技术进步和整车属性提升的重要手段。悬架技术研发不但要主动跟踪技术发展趋势，还要深刻理解产品市场需求，充分做好趋势引领和契合市场的双重工作。在市场需求契合方面，一方面将基于市场需求的主观指标转化为整车关键属性的客观指标，指导悬架系统开发以提升产品竞争力；另一方面在概念车型开发阶段，基于悬架部件实物在环的新型开发流程，将进一步提升电控悬架系统的开发效率和质量。

六是，悬架技术创新和突破是构建未来美好出行的基础保障。"零事故"的安全愿景、"零排放"的环保诉求、舒适便捷的乘驾体验以及经济高效的出行运营，为悬架技术由个体智能向群体智能发展提供了实践空间。通过不断融合多传感信息、充分应用 V2X 等技术手段，半主动/主动悬架技术将持续突破，未来的智能悬架系统将为智能驾驶时代的美好出行提供基础保障。

立足整车核心属性需求，紧跟产业技术发展趋势，在新的历史阶段，悬架作为车辆的关键核心技术，必然将在汽车电动化、智能化和网联化的进程中发挥越来越重要的作用。

郭耀

郑州宇通客车股份有限公司技术研究部部长

优化悬架系统设计　　提升整车调校能力

商用车整体重心偏高，其侧倾稳定性成为当前车辆设计和底盘调校的重要挑战，系统进行悬架的优化设计变得至关重要。

首先，针对主流应用的前麦弗逊式独立悬架和后连杆式非独立悬架方案，一方面要充分优化前悬架的减振器和控制臂布置，以保证较高的侧倾中心，满足车辆的抗侧翻要求；另一方面要严格调校后悬架潘哈杆的横向布置，以保证行驶过程中尽可能小的轮距，避免较大载荷下轮胎的早期磨损。

其次，前悬架侧倾中心随车辆侧倾产生变化所引起的举升效应，将会极大影响驾驶人员的主观驾乘感受。通过优化前后悬架的侧倾轴线设计，使得车身在转弯侧倾环境下，当前悬架侧倾中心下降时，后悬架侧倾中心基本保持不变，从而实现更好的悬架匹配。

此外，在优化悬架侧倾中心的系统设计后，悬架弹簧和横向稳定杆的刚度调校对车辆的抗侧翻特性及平顺性影响较大。根据侧向加速度和侧倾梯度的极限设计，得到整车前后悬架的侧倾角刚度，进而折算出悬架弹簧和横向稳定杆的刚度限值，以满足车辆的抗侧翻特性。同时，为了满足车辆平顺性的要求，根据空载工况下的偏频限值，得到前后悬架弹簧的最大刚度，进而确定整车的悬架系统调校范围。

优化前期的悬架系统架构设计，限制后期调校样件的规格参数，以确保各个阶段车辆的抗侧翻特性，将对商用车新车型开发产生更加重要的影响。

上海汽车集团股份有限公司商用车技术中心主任

加强全产业链布局
促进悬架产业的轻量化、舒适化、智能化发展

目前，国内钢板弹簧总体技术水平处于欧洲国家20世纪90年代水平，尤其是在复合材料板簧的基础研究领域同海外差距极大；对于载货车空气悬架和减振器，国内整体技术水平处于欧洲国家20世纪80年代的水平，空气弹簧、高度阀、高端减振器等核心零部件仍依赖进口。

随着国内道路条件不断提升、载货车客户消费升级、节能环保政策趋严，悬架系统朝"轻量化、舒适化、智能化"方向发展的趋势愈发明显。

在轻量化方面，随着新能源货车的快速发展，国家对新能源货车单位载质量能量消耗量（Ekg）的要求在不断提高。悬架系统的轻量化也已明显呈现"多片钢板弹簧—少片钢板弹簧—复合材料板簧"的升级趋势。比如在新能源物流车上使用复合材料板簧悬架，相比多片钢板弹簧悬架降重高达70%，相比少片钢板弹簧悬架降重达到45%。

在舒适化方面，为了满足客户对驾驶舒适性和操纵稳定性要求的提升以及对道路保护的需要，空气悬架逐渐得到普遍重视，国家也出台相关法规鼓励、引导货车应用空气悬架，以切实提升普及率。与此同时，国外的空气悬架已经普及，前少片簧后空气悬架已成为主流的技术趋势。

在智能化方面，随着电子技术的发展，在被动悬架基础上采用电控技术，可以实现悬架系统刚度和阻尼自适应调节，从而形成智能悬架系统。目前，部分悬架研究和生产机构，已经获得了阶段性进展。比如，MAN公司采用了采埃孚公司的CDC连续阻尼控制半主动悬架系统，Lord公司开发的磁流变减振器已用于大型载货车半主动悬架。

为进一步提升国内商用车悬架的技术水平，主机厂、零部件厂以及科研

院所等应加强产学研合作，重力突破核心零部件技术瓶颈。同时，借助国家新能源汽车发展的机遇，加大控制策略、传感器以及微处理器等关键技术的研发力度，为未来新能源商用车悬架的智能化发展奠定基础。

吉利新能源商用车研究院副院长

目 录

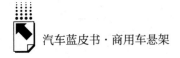
Ⅲ 技术篇

Ⅳ 借鉴篇

Ⅴ 标准篇

Ⅵ 附录

皮书数据库阅读使用指南

CONTENTS

I General Report

II Industry Reports

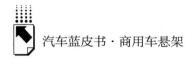
Ⅲ Technological Reports

Ⅳ Overseas Report

Ⅴ Standard Report

Ⅵ Appendix

总 报 告

General Report

B.1

2018年中国商用车悬架产业
发展综述

林 逸 陈潇凯*

摘 要: 本文对中国商用车悬架产业发展现状进行了相关介绍,对比
国内外公路运输行业发展状况,总结出商用车悬架产业的发
展环境和发展趋势,并指出中国商用车悬架产业发展存在的
问题,最后对国内商用车悬架产业发展提出建议。

关键词: 商用车 悬架产业 悬架技术

---

* 林逸,教授,中国汽车工程学会会士、悬架技术分会名誉主任,原北汽集团副总工程师;陈
潇凯,北京理工大学副教授,中国汽车工程学会悬架技术分会秘书长。

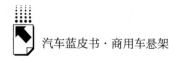

一 中国商用车悬架产业发展概况

（一）中国商用车行业发展现状

2018年中国汽车市场总体陷入负增长。中国汽车工业协会2019年1月14日发布的数据显示，2018年国内汽车产销量分别为2780.92万辆和2808.06万辆，同比下降4.16%和2.76%，这是自1990年以来中国汽车年度销量首次出现负增长的情况。

从商用车行业运行情况来看，2018年中国商用车累计产销量分别为427.98万辆和437.08万辆，同比分别增长1.69%和5.05%。商用车产销量有所增长，但增速回落。2014～2018年中国商用车产销量及同比增速变化情况如图1、图2所示。

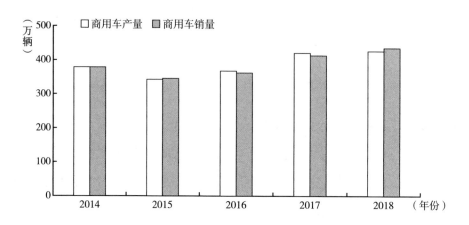

图1　2014～2018年中国商用车产销量

2018年中国商用车产销增速均低于年初预计。相较于2016年和2017年，主要经济效益指标增速放缓，增幅回落。影响商用车行业发展的主要因素有宏观因素和市场因素。2018年中国宏观经济环境整体弱于2017年，GDP增速小幅放缓至6.60%，固定资产投资增速小幅放缓至5.90%。商用

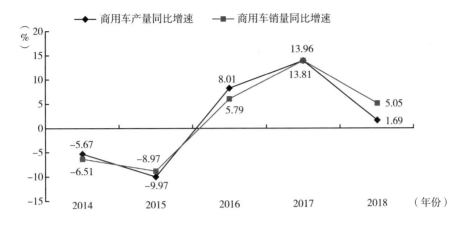

图2 2014～2018年中国商用车产销量同比增速

车作为生产资料,不免受到宏观经济周期波动的影响。另外,2016年和2017年国家标准的重新修订和法规政策的变化使车辆集中更换,导致2018年政策红利渐微。此外,商用车市场也不免受到中美贸易摩擦、消费者信心等因素的影响。长远来看,商用车市场下行作为发展中的一种调整,表明中国商用车行业微增长态势初步形成,逐渐由高速度发展状态步入高质量发展状态,符合经济发展的新常态。

从商用车车型来看,中国商用车主要分为货车和客车。除此之外还包括半挂牵引车、客车非完整车辆、货车非完整车辆。2018年中国客车销量为45.02万辆,同比增长-6.35%,在商用车销量中占比为10.31%;货车销量为287.08万辆,同比增长10.75%,在商用车销量中占比为65.68%;半挂牵引车销量为48.31万辆,同比增长-17.17%,在商用车销量中占比为11.05%。2018年中国商用车各种车型销量结构如图3所示。

从商用车动力类型来看,2018年中国柴油类商用车销量为299.81万辆,同比增长-1.58%,占同期国内商用车总销量的68.59%;汽油类商用车销量为112.12万辆,同比增长29.36%,销量占比为25.66%;纯电动类商用车销量为18.07万辆,同比增长10.03%,销量占比为4.13%。2018年中国商用车各动力类型销量如图4所示。

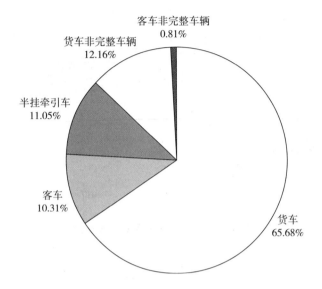

图3　2018年中国商用车销量结构（分车型）

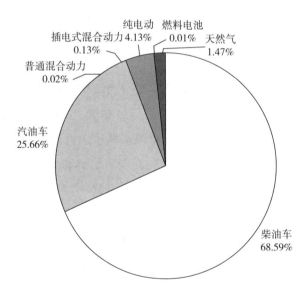

图4　2018年中国商用车销量结构（按动力类型分）

（二）中国商用车悬架产业发展概况

从悬架的弹性元件种类来看，在目前的商用车悬架系统领域，应用较为广泛的有传统金属弹簧悬架系统和空气悬架系统两种，还有少部分的橡胶悬架系统和油气悬架系统。此外，一些新型悬架系统（如磁流变半主动悬架系统）尚处于开发试验状态。

从悬架的结构形式来看，主要分为独立悬架和非独立悬架。传统商用车尤其是货运车，大多采用非独立悬架，其结构简单、成本较低。独立悬架相对非独立悬架，具有更轻的重量、更好的行驶稳定性和驾乘舒适性，在城市客车、运营客车中应用较多。

从悬架的控制模式来看，主要分为被动悬架、半主动悬架和主动悬架。被动悬架是传统的机械结构，其结构简单、性能可靠、成本较低，由于刚度和阻尼都为固定值，在实际行驶中难以兼顾车辆的操纵稳定性和驾乘舒适性。半主动悬架不改变悬架刚度而只改变悬架阻尼，从而实现对悬架性能的调节，因此也被称为阻尼可控式悬架。主动悬架则能够根据汽车行驶状态和道路条件，同时调节悬架刚度和阻尼特性。主动悬架和半主动悬架都能够显著改善车辆行驶的平顺性和操纵稳定性。

国外汽车悬架发展大致经历了"钢板弹簧悬架—钢板弹簧和空气气囊复合式悬架—被动空气悬架—主动空气悬架"的变化过程。目前，在国际商用车领域中，以欧美地区为例，大中型客车已经全部选装空气悬架；重型载货车中有80%选装空气悬架、15%选装橡胶悬架、5%选装钢板弹簧悬架；挂车中，有40%选装空气悬架、60%选装钢板弹簧悬架。

国内来看，中国除了钢板弹簧悬架的设计及应用比较成熟以外，其他种类的悬架技术的应用起步较晚，大多依赖于引进改造或直接购买。中国目前在产的商用车中，大中型豪华客车已经全部采用了被动式的空气悬架，部分高端车型已经选配电控主动控制悬架；中型客车，特别是一线城市的城市公交车，也开始普遍使用空气悬架；轻型客车已开始尝试使用玻璃纤维增强复合材料（GFRP）板簧。在货车方面，中国重型商用车悬架系统绝大部分依旧采用传统的多片等截面钢板弹簧，匹配空气悬架的重型商用车仅占 1.5% 左右；中型卡车在悬架方面更多采用高应力钢板弹簧产品。虽然重汽、东风、一汽、福田等公司相继在其推出的高端产品上配备了空气悬架，但空气悬架在货车方面的覆盖率依然不高。在工程机械车辆方面，中国重汽、东风商用车公司的部分大型矿山用车和工程车已选装美国瀚德森橡胶悬架，目前株洲时代新材料等公司也在与国内主机厂开展联合技术攻关，在橡胶悬架开发方面已取得很好的进展。

1. 钢板弹簧悬架产业

钢板弹簧悬架是运用最早的悬架类型。在 20 世纪 70 年代以前，欧美和日本等国家几乎所有的汽车悬架都采用的是钢板弹簧悬架。如今，虽然乘用车的悬架已经被螺旋弹簧和减振器代替，钢板弹簧悬架仍然用于重型商用车辆。对于重型车辆，钢板弹簧悬架能够将载荷更加均匀地分布在车辆底盘上。典型的等截面多片钢板弹簧如图 5 所示。

图5　等截面多片钢板弹簧

中国商用车行业发展起步较晚，并受限于工业发展水平和市场环境，钢板弹簧悬架目前仍然是中国商用车悬架市场的主流。中国目前生产的钢板弹簧以等截面多片钢板弹簧为主，制造技术简单，对工艺设备要求不高，属于劳动力密集型产品。早些年，在中国汽车产业规模不断扩大、汽车市场高速增长的吸引下，大量民营中小型钢板弹簧生产企业步入市场，形成了较大的市场规模。据统计，2016 年中国汽车钢板弹簧行业销量约为 210 万吨，其中主机厂配套 172.1 万吨，汽车后市场维修备件 32.6 万吨，海外出口 5.3 万吨。2016 年中国汽车钢板弹簧行业销量结构如图 6 所示。

2017 年，中国汽车工业协会悬架委员会对钢板弹簧产品结构变化及需

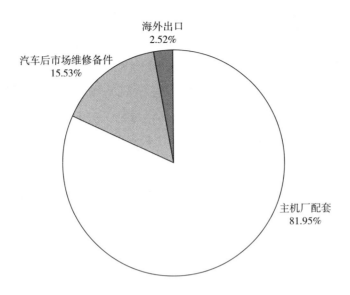

图6　2016年中国汽车钢板弹簧行业销量结构

求量进行了大量研究，在2016年实际数据的基础上，预测了2017～2021年中国钢板弹簧产业的结构变化及需求量，如表1所示。

表1　钢板弹簧2016～2021年产品结构变化及需求量预测

单位：万吨，%

钢板弹簧产品结构		2016年（实际）	2017年（F）	2018年（F）	2019年（F）	2020年（F）	2021年（F）
等截面产品	需求量	113.40	116.64	113.36	112.20	105.12	91.16
	增长率	6.0	2.9	(2.8)	(1.0)	(6.3)	(13.3)
变截面产品	需求量	96.60	88.56	85.02	70.40	65.70	67.84
	增长率	176.0	(8.3)	(4.0)	(17.2)	(6.7)	3.3
高应力产品	需求量	0	10.8	19.62	37.4	48.18	53
	增长率	—	—	81.7	90.6	28.8	10.0

目前中国钢板弹簧产业呈现出集中度不足、质量参差不齐、两极分化严重的特点。截至2016年底，全国尚有200余家汽车钢板弹簧生产制造企业。尽管进行了多轮并购重组，民营企业仍然占绝大多数，产业集中度依然不

高。在这些企业中，处于整车一级配套供应商的企业有 40 余家，多数企业为二级供应商，为一级供应商提供 OEM（代工），有近一半的企业由于质量不稳定且规模较小，集中在配件市场竞争。

从中国的汽车工业发展现状和庞大的商用车市场规模来看，钢板弹簧产品仍然在商用车悬架市场有巨大需求，可以预见，在未来几年，中国钢板弹簧市场将维持一个较为理想的成长空间。不过可以肯定的是，随着人们对车辆舒适性要求的提高和货运车节能减排要求的升级，汽车市场对钢板弹簧产品的需求会有所改变。钢板弹簧产品将由等截面多片簧向变截面少片簧、变刚度少片簧发展。但受限于原材料、生产工艺和生产设备方面的问题，只有少数大型钢板弹簧生产企业具备自主开发和批量制造的能力，中小型民营企业中能迅速转型并形成生产规模的较少。

随着"中国制造 2025"和"两化深度融合"的提出与逐步落实，钢板弹簧生产的自动化和智能制造日益得到重视。主流板簧企业加快了与设备制造企业联合开发自动化成套设备的进程。东风汽车悬架弹簧有限公司与东风装备公司设备制造厂联合开发了下料钻孔自动线，实现了原材料自动测长、计算机设计套裁方案，自动剪切、在线侧弯测量、自动加工中心孔、机器人分类理料，标配 MES、APS 数据接口，为后续工厂的智能制造预留开发空间，工业机器人更多地被应用到重体力搬运岗位上，降低工人劳动强度、提高生产效率。

相关企业正加大人力、物力投入，在产品研发、制造装备升级、质量管控等方面加速推进，通过与国内相关研究院所开展技术合作，并大力开展国际联合开发与合作，大幅提升产品的技术水平和质量水平，努力打入商用车国际主流品牌的配套体系。部分钢板弹簧公司为满足国内外高端客户在高应力少片簧方面的需求，全面对标国际先进制造水平，引进全套进口高端装备，并在此基础上进行了生产流程的集成创新和再提升，建设了"高应力轻量化"少片簧智能化工厂（见图 7），在装备自动化、信息化方面取得显著突破，在成型、热处理、表面处理等关键环节进行多项创新，在线检测能力方面得到大幅提升，检测精度高达 0.01mm，可实现全自动高精度生产，生产设计公差约为德国标准的一半，具有国际领先水平，满足奔驰等国际一流卡车厂最新技术要求。项目产品具备高应力、轻量化、高可靠性等特点，疲劳寿命在 700±500 的应力条件下，不低于 15 万次，实现了单片轻量化钢板弹簧与整车同生命周期。

（a）全自动智能化带卷耳轧制线

（b）全自动智能化电泳线

图7　国内企业少片簧智能化工厂部分装备

2. 空气悬架产业

空气弹簧用作车辆悬架元件的专利最早出现在 1901 年，是用作有轨电车悬架的减振元件，它被安装在车轴与车架之间，用以改善车辆的平顺性。1953 年通用汽车公司与费尔斯通公司合作，开始生产配备空气悬架的客车。这是空气悬架首次被用于商用车并实现量产。目前在欧美等发达国家，几乎所有的大、中型客车都配备空气悬架，在中、重型货车以及半挂车上，空气悬架的使用率也超过了 80%。

空气悬架在 20 世纪 90 年代才进入中国市场，当时国内客车厂主要从国外购置空气悬架及空气悬架底盘装车使用，并对其进行研究和技术改造，如安徽安凯汽车、厦门金龙汽车、扬州亚星客车等客车厂。此后，国内的整车企业也纷纷投入资金用于开展空气悬架的研究和商业应用。经过这些年来对欧美产品的引进、仿制阶段后，中国的空气悬架产业已经逐步进入了自主研发阶段。目前，国内大部分商用车整车企业已经完成了空气悬架产品的开发、验证和系列化匹配工作，初步具备推广的基础。在零部件产业，国内也出现了一批具有自主生产空气弹簧能力的公司，如中车青岛四方车辆研究所有限公司、株洲时代新材科技股份有限公司、宁波美亚达汽车部件制造有限公司、广州溢滔钱潮减震科技股份有限公司等。图 8 是国内某公司空气弹簧系列产品。

图 8　空气弹簧系列产品

但从总体来看，中国自主品牌的空气弹簧生产企业投资规模不大，且一般从事零件级别的配套，而为主机厂做 OEM 配套的大多为规模较大、有外资背景的空气弹簧供应商。此外，由于空气弹簧企业对整车技术了解少，在产品开发流程中往往处于被动地位。目前，国内相关企业正加大投入，在产品研发、制造装备升级、质量管控等方面快速提升，大幅提高产品的技术水平和质量水平，在初步进入驾驶室悬置配套的基础上，努力在底盘空气悬架的配套方面也能够获得进一步的突破。例如，部分自主空气悬架企业与自动化生产设备供应商一起开展生产线的研发和落地，采用行业领先的制造、加工、试验检测设备，打造以信息化、数字化、自动化为一体的智慧工厂，初步实现了国际领先的空气弹簧生产规模。

3. 油气悬架产业

油气悬架相对于传统的钢板弹簧悬架具有路面适应性强、固有频率低和侧倾刚度大等优点，主要用于军用车辆和工程机械车辆，在重型商用车领域应用较少。目前中国大型和超大型全路面工程车辆所配备的油气悬架几乎全部依赖进口产品，国内只有少数企业如重庆红岩方大悬架弹簧公司等具备部分部件的研发和生产能力。近些年来，国内一些研究机构和企业如中国北方车辆研究所、陕西中航气弹簧有限公司、湖北优软商用车悬架有限公司等，结合智能化和轻量化技术，将油气悬架逐步应用于商用车领域。但受限于中国机械工业水平，零部件制造精度和产业链生产制造能力有限，所生产的油气悬架在可靠性和控制精度等方面，与国外产品还有一定的差距。要制造出同质量产品，还需要依托国外一些先进技术及国外一些企业的产品。

4. 主动空气悬架产业

近年来，随着汽车电子行业的飞速发展，汽车电子装置成本不断降低，集成化程度和可靠性不断提高，电子控制技术被更加广泛地应用到汽车底盘控制中。欧美和日本等汽车工业发达国家和地区纷纷提出在传统被动空气悬架系统的基础上增加电子控制单元，从而构成电子控制空气悬架系统 ECAS（Electronically Controlled Air Suspension）。

现阶段，国内商用车所装备的 ECAS 电控系统主要依赖进口，国内虽然有电控系统供应商，但产业相对不太成熟，可靠性问题尚未得到根本性解决，因此商用车主机厂一般采用国外供应商如威伯科汽车控制系统有限公司和克诺尔集团的产品。但近两年随着国内供应商产品质量的提升，在部分车型上也得到了匹配应用。

尽管近几年来在高校和研究所关于主动悬架和半主动悬架的科研成果层出不穷，但由于汽车悬架是运动和力的复杂系统，国内对匹配技术还没有完全掌握，产业化成果并不多。目前中国在主动和半主动悬架系统方面是"科研高、产品低"的现状，即高校相关科研水平已具有一定的水平，但厂家生产的产品还有不小的技术提升空间。

二 国外商用车悬架产业发展环境分析

（一）美国公路运输行业发展特点

美国商用车和汽车零部件产业的飞速发展与美国的公路运输行业的繁荣息息相关。美国是现代物流业的发源地，一直以来被称为"车轮上的国家"。美国公路运输行业有以下特点。

基础设施方面，美国地广人稀，但具有世界上最发达的公路网。而相比之下，美国的火车运输行业网线少、速度慢，且铁路运输本身灵活性较差，导致美国铁路运输性价比低。因此公路运输成为美国货物运输行业的主要手段。

监管体制方面，美国由交通监管局（DOT）负责对货运行业进行监管。并且法规严格规定了各类货车的限载，超限违法成本极高，因此超重现象几乎不会发生。

运营成本方面，美国的公路运输成本结构与中国显著不同。中国和美国公路运输成本构成对比如图9、图10所示。可以看出在中国燃油费和路桥费占了较大比重，而美国公路运输最大成本在员工工资。

运营模式方面，美国的道路运输企业更偏向于通过中介来完成交易，并

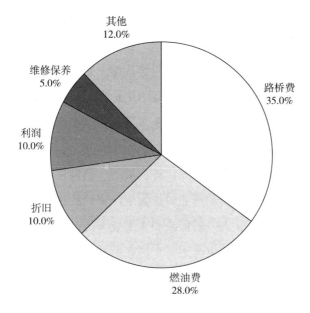

图9 中国货运行业成本构成

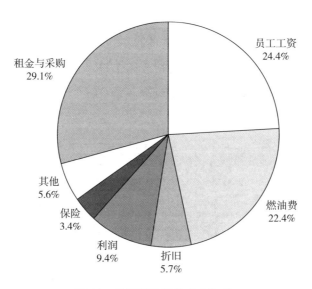

图10 美国货运行业成本构成

且美国没有私人货运业务，一般为公司运营，因为公路运输行业以盈利为目的，必须受美国交通运输管理局的监管。私人进行货运必须先成立一个公司，但是这种公司在中介平台竞争力较弱，很多运输方不愿意把货交给小公司。

美国公路运输行业的发展特点在一定程度上影响了商用车悬架产业的发展方向。首先，美国地广人稀、城市集中的地理环境决定了需要长距离和长时间的公路运输，这使得货运行业从业人员对货车平顺性和舒适性有较高要求，传统被动悬架的舒适性已经无法满足需求；其次，货车不能超限的严格法规使得钢板弹簧悬架失去了一大优势；最后，美国货运以公司为主，私人货运很难发展，这导致了货运行业对作为生产资料的货车本身成本的敏感程度降低，而货运行业从业人员的稀缺和人工成本的高昂使得公司不得不注重货车的舒适性程度，这也是美国运输车辆在所配置悬架类型与中国有所不同的主要原因之一。

在公路运输行业环境下，悬架产业的发展方向也受到了影响。除了需要考虑整车的平顺性及操纵稳定性的要求外，为满足严格的节能减排要求，悬架产业也不得不考虑向轻量化方面做进一步发展。在材料、车身结构的轻量化程度不断提高的情况下，悬架系统的减重也需要提上日程。图11是美国商用车企业制定的2020～2050年重型商用车轻量化目标，在悬架方面，希望能够在2020～2050年逐步实现20%的减重目标。

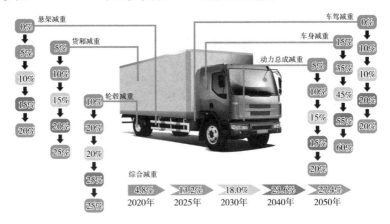

图11 重型商用车轻量化目标

（二）欧洲公路运输行业发展特点

2011年3月，欧盟委员会颁布了面向2050年的欧盟交通运输行业白皮书"*White Paper 2011 | Mobility and Transport*"。该文件作为欧盟发展的指导性文件，提出了很多前瞻性的发展政策，集中表明了欧盟在交通运输行业的发展方向和发展要求。

欧盟为未来的交通运输发展设定的目标是构建一个环境友好、持续发展、安全高效的交通运输系统。

环境友好是指欧盟呼吁国际社会大幅度减少世界温室气体排放，目标是将气候变化限制在2℃以下。具体目标是在2030年交通运输行业将温室气体排放量降低到2008年的80%左右；到2050年，实现减排60%的目标（与1990年相比）。图12是美国能源部统计的1995～2014年交通运输行业二氧化碳排放量。

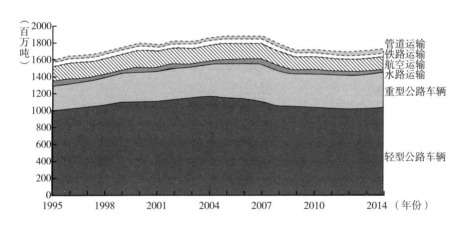

图12　交通运输行业二氧化碳排放量

持续发展是指欧盟希望交通运输行业摆脱对化石能源的依赖。文件指出，如果欧盟不能解决石油依赖问题，那么人们的交通出行、经济安全、通货膨胀都会受到一定程度的影响，甚至可能威胁到欧盟的贸易平衡和欧盟的经济整体竞争力。图13是有关机构统计的1970～2015年各类车辆能耗水平。

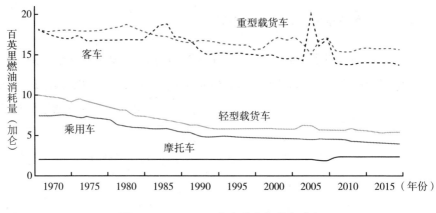

图 13　1970～2015 年各类车辆能耗水平

安全高效是欧盟在交通运输行业一直关注的问题，欧盟的目标是到 2020 年将道路伤亡人数减半，确保欧盟在所有运输方式的运输安全和保障方面处于世界领先地位。

以德国为例，分析欧盟交通运输行业的发展现状。在德国，铁路运输的使用者需要缴纳轨道使用费。而在公路运输中，仅有 7.5 吨以上的货车需要为高速公路和部分联邦级别公路的使用缴费，这就导致两者在竞争中站在了不一样的起跑线上。

图 14 是德国 2017 年不同运输方式的市场份额，可以看出公路运输行业远远超过铁路运输和其他运输方式。

欧洲公路货运市场的繁荣得益于便捷的公路网络和先进的商用车技术。中国的法规规定货运行业的牵引车只允许拖挂一辆挂车，这主要是考虑到道路条件和道路安全。而欧洲的法规允许一车多挂，汽车列车的存在使得其公路运输行业的效率不输铁路运输同时又比铁路运输灵活。如今欧盟很多国家还在呼吁放宽对半挂车长度的限制，以进一步提高运输效率。在先进的底盘悬架系统和电子控制技术的影响下，即使一车多挂，其安全性仍然能够得到保障。

欧洲的公路运输行业的安全性是建立在发达的商用车底盘控制技术的基础上的，为了保障一车多挂的超长汽车列车行驶安全性，商用车底盘系统必

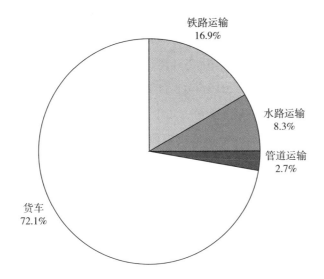

图14　2017年德国物流运输行业市场份额

须向更加智能化的方向发展。悬架系统关乎整车的平顺性和操纵稳定性，尤其对于汽车列车来说，随着牵引车拖挂的半挂车数量的增加，倘若不能很好地控制挂车的悬架系统和制动系统，极易发生侧倾和车身折转事故。要实现到2020年将道路伤亡人数减半的目标，底盘悬架系统的性能稳定性和控制策略必须朝着更加智能化的方向发展。

三　国内商用车悬架产业发展环境分析

（一）政策环境

1. 节能减排要求日趋升级

在排放法规方面，近些年来中国先后制定了国Ⅰ～国Ⅵ排放标准，不断严格限制机动车尾气排放。

《国家第六阶段机动车污染物排放标准》包括《轻型汽车污染物排放限值及测量方法（中国第六阶段）》和《重型柴油车污染物排放限值及测量方

法（中国第六阶段）》两个部分，是为贯彻《中华人民共和国环境保护法》《中华人民共和国大气污染防治法》，防治压燃式及气体燃料点燃式发动机汽车排气对环境的污染，保护生态环境，保障人体健康而制定。由环境保护部、国家质检总局分别于 2016 年 12 月 23 日、2018 年 6 月 22 日发布，《轻型汽车污染物排放限值及测量方法（中国第六阶段）》自 2020 年 7 月 1 日起实施、《重型柴油车污染物排放限值及测量方法（中国第六阶段）》自2019 年 7 月 1 日起实施。

其中，《重型柴油车污染物排放限值及测量方法（中国第六阶段）》规定，从 2019 年 7 月 1 日起，所有生产、进口、销售和注册登记的燃气汽车、城市车辆和重型柴油车应符合该标准要求。这一标准在国 V 标准的基础上，又大幅度严格了汽车的排放限值，已经达到了发达国家的标准要求。

此外，2012 年发布的《节能与新能源汽车产业发展规划（2012—2020年)》提出，到 2020 年，商用车新车燃料消耗量接近国际先进水平。并提出 2016～2020 年汽车产品节能技术指标和年度要求，实施重型商用车燃料消耗量标示制度和氮氧化物等污染物排放公示制度。

车辆的行驶阻力与车重成正比，车重的不断增加，会使汽车的能耗大部分消耗在自重上，而不是满足客货运输的需要，汽车轻量化能够有效减缓因车载装备的增加而导致汽车增重速度的加快。据统计，汽车自重每减少10%，燃油消耗可降低 8%。汽车每减重 100kg，百公里油耗可降低 0.4L、二氧化碳排放可减少 1kg。

目前中国的商用车在悬架方面限于技术水平和市场环境，等截面多片钢板弹簧悬架仍然是中国重型车辆悬架市场的主流。钢板弹簧悬架结构简单、成本低、可靠耐用且承载能力强。但其不足之处在于重量与布置空间太大，十几块厚重钢板的重量无疑是商用车轻量化的重大阻碍。

在愈加严格的节能减排政策的要求下，商用车在悬架产业方面势必会有一系列的变革：一是钢板弹簧类悬架需要从单一截面的多片簧向少片变截面簧、变刚度簧发展，以此减轻悬架方面的质量；二是直接采用空气悬架代替传统的钢板弹簧悬架。

2. 空气悬架获得法规支持

由工业和信息化部组织全国汽标委修订的强制性国家标准《汽车、挂车及汽车列车外廓尺寸、轴荷及质量限值》（GB1589－2016）于2016年7月26日由国家质检总局、国家标准委正式批准发布。相比GB1589－2004主要做出了车辆外观尺寸、载重量等方面的改动，并且对一部分专业术语进行了定义和重新定义。其中更是第一次对"空气悬架"这一术语进行了明确定义——"由空气弹簧提供的减振效果占整体减振效果的75%或以上的悬架系统"。

除了明确空气悬架的定义外，GB1589－2016在汽车及挂车单轴、二轴及三轴组的最大允许轴荷限值表中规定，单轴每侧双轮胎非驱动轴的轴荷限值10000kg，但是只要配置了空气悬架，最大允许轴荷的最大限值就变成了11500kg。

二轴组（1300mm≤轴距＜1800mm）挂车（轴距≤1800mm），汽车驱动轴为每轴每侧双轮胎且装备空气悬架时，最大允许轴荷的最大限值为19000kg，增加了1000kg。

在汽车、挂车及汽车列车（牵引车＋半挂车）最大允许总质量限值表（见图15）中规定，三轴客车、货车及半挂牵引车总重限值25吨，双转向轴四轴货车总重限值31吨，当驱动轴为每轴每侧双轮胎且装备空气悬架时，最大允许总质量限值增加1000kg；四轴汽车列车，总重限值36吨，当驱动轴为每轴每侧双轮胎并装备空气悬架且半挂车的两轴之间的距离大于等于1800mm的铰接列车，最大允许总质量限值为37吨。

a	当采用方向盘转向、由传动轴传递动力、具有驾驶室且驾驶员座椅后设计有物品放置空间时，最大允许总质量限值为3000kg
b	低速货车最大允许总质量限值为4500kg
c	当驱动轴为每轴每侧双轮胎且装备空气悬架时，最大允许总质量限值增加1000kg
d	安装名义断面宽度不小于425mm轮胎，最大允许总质量限值为18000kg
e	驱动轴为每轴每侧双轮胎并装备空气悬架、且半挂车的两轴之间的距离大于或等于1800mm的铰接列车，最大允许总质量限值为37000kg

图15 GB1589－2016汽车及挂车单轴、二轴及三轴组的最大允许轴荷限值

限重一直是货运行业从业人员关心的一个大问题，装备空气悬架可以增加载重的标准无疑会使空气悬架得到更多的青睐，这一改动或许将会把空气悬架推向一个新的阶段。

2016 年 12 月 30 日，国家及交通部针对客车安全性能，重新制定并发布了 GB19260 - 2016 标准，即《低地板及低入口城市客车结构要求》，代替 GB19260 - 2003。该标准在 4.3 节中指出，"车长大于 9 米的低地板城市客车应配置空气悬架和车身升降系统，车长大于 9 米的低入口城市客车应配置空气悬架"。

2017 年 9 月 29 日，新版的 GB7258 - 2017 标准，即《机动车运行安全技术条件》正式发布，代替了 GB7258 - 2012，并在 2018 年 1 月 1 日起正式实施。新 GB7258 - 2017 标准作为机动车运行的安全标准，也是车辆制造的标准。

相较于 GB7258 - 2012，该标准在悬架方面新增了一条内容，即增加了"部分危险货物运输车辆和半挂车应装备空气悬架"的要求，如图 16 所示。

9.3 悬架系统

9.3.1 悬架系统各球关节的密封件不应有切口或裂纹，稳定杆应连接可靠，结构件不应有残损或变形。
9.3.2 钢板弹簧不应有裂纹和断片现象，同一轴上的弹簧形式和规格应相同，其弹簧型式和规格应符合产品使用说明书中的规定。中心螺栓和U型螺栓应紧固、无裂纹且不应拼焊。钢板弹簧卡箍不应拼焊或残损。
9.3.3 空气弹簧应无裂损、漏气及变形，控制系统应齐全有效。
9.3.4 减振器应齐全有效，减振器不应有滴漏油现象。

9.4 空气悬架

总质量大于或等于12000kg的危险货物运输货车的后轴，所有危险货物运输半挂车，以及三轴栏板式、仓栅式半挂车应装备空气悬架。

9.5 其他要求

9.5.1 车架不应有裂纹及变形、锈蚀，螺栓和铆钉不应缺少或松动。
9.5.2 前、后桥不应有裂纹及变形。
9.5.3 车桥与悬架之间的各种拉杆和导杆不应有变形，各接头和衬套不应松旷或移位。
9.5.4 三轴公路客车的随动轴应具有随动转向或主动转向的功能。

图 16   GB7258 - 2017 新增关于空气悬架的要求内容

GB7258 - 2017 规定：总质量 ≥12000kg 的危险货物运输货车的后轴，所有危险货物运输半挂车应装备空气悬架。

危险品运输车所装载的货物一般为易燃易爆的液体或气体，货物运输过程中车辆行驶越稳定，货物的安全性就越高。空气悬架相比于传统的钢板悬架，避震效果更好，带有空气悬架的货车车身更平稳，能够让危险货物的颠簸、摩擦系数降低，因此更加安全。这项规定的过渡期为24个月，即自2020年1月1日起，所有新生产的这几类车型必须标配空气悬架。

虽然钢板弹簧悬架目前为我国货运车市场的主流，但空气悬架在中国已经在法规上得到了支持，且具有平顺性好、操控方便、运输效率高、维护方便等优势，其在重型商用车上的广泛应用将成为必然。

（二）技术环境

技术环境分析主要着眼于社会技术总水平及变化趋势，技术变迁、技术突破对行业的影响，以及技术对政治、经济社会环境之间的相互作用的表现等，具有变化快、变化大、影响面大等特点。技术不仅是全球化的驱动力，也是企业的竞争优势所在。

悬架行业属于比较传统的汽车零部件生产行业，传统的钢板弹簧生产企业使用的材料与技术比较成熟，在技术发展趋势上主要是向少片变截面簧、变刚度簧发展。随着各生产厂商对国家政策的积极响应、对客户需求的深入了解以及对商用车底盘性能要求的提高，新兴产品例如空气悬架、复合材料板簧和主动悬架的应用得到普及，这会对传统的钢板弹簧企业造成不小的冲击。悬架产品的交替更新会给产业带来良好的技术环境，促使整车企业及零部件企业加快对新产品的研发和对旧产品的优化。这对行业的发展来说具有长期有利的影响。

悬架产业的专利数量能在一定程度上反映出其技术环境的变化。图17是自2008年来中国悬架产业相关的专利公开数量变化。可以看出，近些年来我国悬架产业技术层面发展较快，投入力度不断加大，创新驱动能力得以增强。

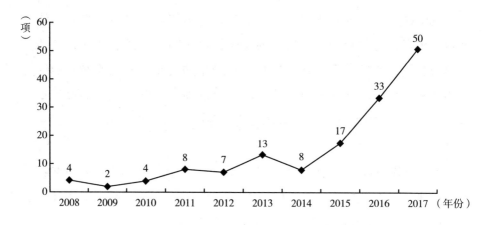

图17　2008～2017年中国悬架产业相关专利公开数量变化

（三）市场环境

1. 货运行业市场环境影响

欧美等发达地区的商用车早在20世纪六七十年代就开始普及空气悬架，而我国商用车尤其是货运车，至今仍大量使用钢板弹簧悬架，空气悬架和其他类型的悬架普及率极低，一部分原因是受到了我国货运行业市场环境的影响。

一直以来，国内货运行业用户超载超限现象严重。虽然国家目前正在严厉治理超载情况，但是用户超载现象仍然得不到根本解决。因为公路货运参与者的最优策略并不是严格遵照GB1589的限值来确定车辆的最大总质量，而是以最大利润来确认。在这种情况下，空气悬架自身的"不能超载"的特性决定了其不能带给货车所有者最大利润。

同时，目前物流行业竞争异常激烈、利润较低，导致货运车用户对价格敏感度高。而空气悬架购买与维修费用较高，维修不方便，使得货运车的空气悬架装备率极低。

橡胶悬架尽管超载能力强，但是价格昂贵、维修不方便，所以自卸车、搅拌车等工程车用户更加青睐工艺成熟的板簧悬架。目前橡胶悬架在国内主要应用于6×4、8×4、10×4等双桥驱动的货车、牵引车、混凝土搅拌车及其他专用车等车型上。中国重汽和东风商用车部分车型已开始应用，主要产品还是依赖进口，中国目前已有美国瀚德森在山东青岛的独资工厂和株洲时代新材等公司可以制造。

以中国目前的商用车市场情况以及用户的收入水平来看，在短时间内空气悬架系统还不能被大多数客户接受，电控空气悬架真正取代传统钢板弹簧悬架的时代还没有到来。

2. 客运行业市场环境影响

由于GB1589规定的是车辆的轴荷以及车辆最大总质量，在实际操作中客车超载超限要求的重点是乘客人数而不是轴荷，所以它对货车的影响很大，而对客车的影响很小，但客运行业在悬架方面的要求呈现了其独自的特点。一方面，随着各大城市地铁的普及和全国高铁网络的发展，城市公交和城际客运行业面临较大压力；另一方面，随着城镇化的进一步发展，城市规模越来越大，市民通勤时间趋于变长，许多人更愿意选择班车或直达巴士。两方面的因素都使得人们对客车的舒适性要求越来越高。这在客观上促进了空气悬架在客车上的应用。

四　商用车悬架技术发展趋势

目前，汽车技术的发展趋势总体上体现为电动化、智能化、网联化、共享化的"新四化"。相对应的，汽车悬架技术在电控化、轻量化、智能化等方面也表现出了清晰的发展脉络，具体而言，其发展趋势主要集中在以下两个方面。

一是悬架的电控技术，即被动悬架向半主动悬架、主动悬架方向发展。随着汽车电子技术的快速发展，电控单元模块功能不断丰富，传感器和控制器的成本不断降低而精度不断提高，这为其商业化的应用提供了条件。悬架系统的电控化既是为了实现整车舒适性和主动安全性的提高，又是面向底盘智能化、网络化和电动化需求的主要技术手段之一，已经体现出旺盛的生命力,进入了技术发展和产业化推广的快车道。

二是材料技术的革命。超高抗拉强度的钢板弹簧钢材料、各类替代金属材料的高分子复合材料,均在汽车悬架部件制品中得到更加广泛的应用,一方面满足汽车整车减重、减排和更高的安全性需要,另一方面满足整车的成本竞争需要和差异化的市场需求。纤维增强复合材料逐渐取代钢铁材料应用于板簧产品,虽然在国内整车产品中还没有得到广泛应用,但为国外车企代工制造已初具规模,目前北京中材汽车复合材料有限公司的复合材料板簧年出口已逾2万件,此外,株洲时代新材、北京嘉朋等公司在复合材料板簧方面的研发已取得关键性技术突破,有望在不久的将来得到市场的认可进而实现规模化应用。

在钢板弹簧产品领域,客车新产品主要向低噪声产品方向发展,货车新产品主要向高应力、轻量化产品方向发展。随着新能源客车,特别是纯电动公交车的发展,由于来自动力总成的本底噪声大幅下降,底盘噪声问题凸显出来,整车企业希望钢板弹簧的片间摩擦噪声越小越好。高应力钢板弹簧的淬火油品质优异,不仅冷却速率好,而且油烟产生量很少,环保性能极佳,在当前生产企业环保压力大的社会背景下具有非常现实的意义。东风汽车悬架弹簧有限公司开发出了硫化橡胶钢板弹簧,已与郑州宇通客车公司合作在其开发的新能源客车车型上开展了道路验证试验,效果良好。此外,为更好地改善底盘动力学性能,在结构方面,研发出了多弧段少片变截面板簧;为提升原材料利用率,在制造工艺方面,开发了免切削变截面板簧成型加工工艺;为节能减排、环保,逐步由常用的热加工开式冷却循环系统升级为闭式冷却循环系统。

在空气悬架产品领域,随着国家公路治超治限工作的强力推进,公路货运普遍超载超限的势头得到扭转,空气悬架作为客车的标配,已开始快速向货车领域渗透。

目前来看,电控悬架是悬架系统的发展趋势,同时商用车的轻量化需求使得对悬架系统等总成的轻量化要求有了进一步的提高。此外,设计优化、成本降低、材料换代等方面也将成为悬架产业技术发展的趋势。

（一）轻量化

减轻汽车自重、降低能量消耗率以及改善车辆的 NVH 性能，是汽车行业始终追求的目标。对于传统石化燃料能源商用车来说，车辆自重的降低能达到更好的燃油经济性，增加可观的经济效益。对于新能源商用车来说，车辆自重降低则可以在电池容量一定的条件下拥有更高的续驶里程。此外，由于电驱动系统的质量大于传统化石能源动力系统的质量，在限制最大总质量的情况下，只有通过减轻其他子系统的质量，才能保持新能源商用车与燃油车有相近的载质量。

综上，两大类商用车辆都有降低自重的利益驱动，这为商用车的轻量化创造了有利的条件。现阶段，在国家部委相关政策法规的推动和各方面利益的驱使下，中国汽车轻量化水平有了较快提升，轻量化产品的开发力度也逐步加强。在乘用车方面，轻量化技术与国外企业相比差距正在逐步缩小，但在商用车方面，国内企业的轻量化技术对比国际水平仍有较大差距。中国商用车悬架系统主要由钢板弹簧组成，原料一般采用优质合金钢。钢板弹簧悬架总成占商用车总体质量的 5%~9%，在轻量化方面潜力巨大。具体来看，商用车悬架系统的轻量化主要向少片变截面钢板弹簧、空气悬架和复合材料板簧这几个方向发展。

1. 少片变截面钢板弹簧

传统的多片钢板弹簧通常由若干片不等长、等厚度的钢板叠加而成，其片数较多、自重较大，是实现汽车轻量化不可忽视的部件。为了减轻商用车悬架总成的质量，实现整车轻量化，钢板弹簧产品由等截面多片簧向变截面少片簧、变刚度少片簧发展，如图18所示。与传统的等截面多片钢板弹簧相比，变截面少片钢板弹簧具有以下特点。

（1）节省材料，减轻重量。有些少片钢板弹簧仅由一片组成，结构简单便于安装和维护。

（2）改善悬架系统的 NVH 性能。多片钢板弹簧在受力产生挠曲时，各片之间由于相互摩擦产生噪声，有时还会引起弹簧弹性变形，降低行驶平顺

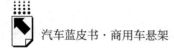
性，少片钢板弹簧能够克服这方面的缺陷。

（3）体积小，便于布置，能够降低整车高度。

（4）工艺复杂。少片钢板弹簧的钢板截面从中间到两端截面逐渐变化，且始终工作在高应力状态下，因此对材料设备和轧制工艺有较高要求。

图18　变截面少片钢板弹簧

（5）重型汽车采用变截面少片钢板弹簧可减少悬架系统总成自重的20%～50%。国外重型汽车已广泛使用变截面少片钢板弹簧。

从中国现有的悬架产业技术水平和商用车市场环境来看，重型载货车应用变截面少片钢板弹簧悬架来实现轻量化是现阶段一种很好的选择，其轻量化效果显著，且具有很大的成本优势。但目前国内变截面少片钢板弹簧的材料及加工工艺与欧美等发达国家尚有一定差距，亟待更新生产设备、改进加工工艺。

2. 复合材料

随着材料研发、产品设计及制造能力的提升，车用非金属材料的使用比重和使用范围逐年增加。在近些年复合材料工业和材料科学的发展下，耐温、耐磨和成本较低的纤维增强复合材料研制成功，这使得复合材料的研制和实际运用成为可能。与钢板弹簧相比，复合材料具有以下特点。

（1）密度小，可减小悬架系统总成质量的50%～70%。

（2）易成型，可根据需求制作成变厚度或变截面的复合材料。

（3）疲劳寿命长，一般情况下复合材料的寿命是钢制多片弹簧的2～5倍。

（4）复合材料的应用，既实现了悬架的轻量化，又提升了整车的 NVH 性能。图 19 是国内某复合材料公司设计的复合材料板簧。

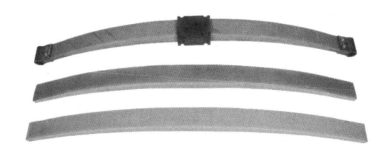

图 19　复合材料

目前，复合材料已经在全球诸多汽车企业得到了广泛应用，如通用、福特、戴姆勒－克莱斯勒、依维柯、康沃斯、彼得比尔特等国际卡车公司。复合材料产业作为一种新兴产业，在国外的应用领域和生产规模正在不断扩大，并且有逐步取代现有的钢板弹簧产业的态势，是未来新能源与新材料商用车悬架零部件产业的发展趋势之一。

在今后的一段时间里，复合材料板簧还将围绕以下几个方向进一步发展。

（1）新结构设计。围绕新能源商用车悬架系统的特点，开发出如金属—复合材料等新的结构设计应用技术。

（2）新材料应用。在满足商用车悬架系统基本性能的基础上，考虑开发出具有隔声降噪功能的高分子材料、具有更高承载性能的复合材料以及更加环保的热塑性复合材料。

（3）新制造技术。目前复合材料板簧成型工艺方法主要有缠绕、树脂传递模塑成型、模压等，未来复合材料板簧的成型工艺还将结合计算机数字化控制精密机械加工（CNC），以满足开发需求。

（4）新构型开发。目前车用复合材料板簧比较成熟的应用模式主要是单片、横置。对于商用车，更具有实际应用的构型应为纵置、主副簧的形式，在这方面还需要进一步加大研发力度，攻克关键技术难关，促进技术成熟度的进一步提升和产业化落地。

目前中国仍处于复合材料结构研究的初期阶段，在探索材料性能、成型工艺以及性能校核方面还需要更多的研究和试验，这也就意味着需要投入更多的时间和经费来进行研究。与此同时，目前国际上还没有一套足够完善的标准体系和试验方法来有效地验证复合材料板簧的可靠性，这也是限制复合材料板簧技术发展的瓶颈之一。

3. 空气悬架轻量化

变截面少片钢板弹簧和复合材料板簧都是在传统的钢板弹簧悬架基础上的优化和改进，而空气悬架直接改变了商用车悬架的结构型式。空气悬架系统主要由空气弹簧、减振器、导向机构、横向稳定杆、空气压缩机、储气罐以及电子元器件组成。其工作原理是利用空气压缩机形成压缩空气，并通过气路将压缩空气输送到气囊中，从而改变车辆高度。商用车使用空气悬架系统，其质量较钢板弹簧可以降低45%以上。

随着中国城市化进程的加快，物流业的发展也更快速，对于中重型商用车的需求量会进一步加大。随着环境污染治理力度的加大，城市道路限行措施成为常态，这也成为中国商用车电动化的内生推动力之一。预计未来5~10年，30%以上的商用车将采用电驱动构型。受限于当前动力电池能量密度和体积密度的技术水平，电动车辆具有较大的自重，同时，动力电池的布置会挤占空气弹簧的布置空间。因此，空气悬架也同样需要进行轻量化和紧凑型设计。

尽管相较于钢板弹簧悬架来说，空气悬架的应用已经大大减小了悬架系统的总质量，但空气悬架的轻量化潜力依旧很大。目前来看，可以通过以下几个方面进一步实现空气悬架的轻量化。

（1）组成零件的标准化、系列化、模块化。目前中国整车企业在空气悬架装配方面大多自成一套标准，导致空气弹簧的接口数量较多。如果能够将空气弹簧组成零件标准化、系列化和模块化，则能使空气弹簧的连接变得相当简单，重量进一步降低。

（2）材料轻量化。例如，空气弹簧中的钢质活塞被复合材料活塞代替后，重量可减轻55%，并且耐腐蚀性也有很大的提高。部分金属可以用高强度合金铝来替代，在保证产品性能的基础上可以明显减轻40%左右的金属橡胶件的重量。

（3）气囊囊体薄壁化。薄壁气囊将在未来的空气弹簧市场占有更重要的位置，不仅会带来轻量化的好处，而且由于材料应变小，热量聚集也少，气囊具有更长的使用寿命，也更容易实现更好的平顺性。

（4）结构功能的集成化。将空气悬架中的推力杆和横向稳定杆功能集成，设计出复合稳定杆、将空气弹簧与减振器复合等，这些集成设计既简化了悬架结构，又降低了悬架系统的质量。其中，空气阻尼的采用相较传统减振器的液压阻尼型式，由于空气阻尼存储器可以集成到空气弹簧活塞中，有利于节省悬架系统的布置空间，而且具有其阻尼水平可随空气弹簧压力进行调节的优势，产生的热量更少。

4. 不同悬架轻量化比较

表2综合对比了各类型商用车悬架系统的结构和优缺点，可以看出，空气弹簧和橡胶弹簧的轻量化潜力巨大，但成本较高，少片变截面钢板弹簧和复合材料板簧是当前更为经济、有利于快速推广的轻量化悬架产品。

表2　各类型商用车悬架轻量化对比

悬架类型	轻量化潜力 （kg）	成本 （元×单轴$^{-1}$）	主要问题
变截面少片钢板弹簧	100	500～2000	超载能力弱 对材料、加工设备及工艺要求较高
空气弹簧	500	10000～20000	超载能力弱 成本高 自主技术不成熟 用户接受程度低

续表

悬架类型	轻量化潜力（kg）	成本（元×单轴⁻¹）	主要问题
橡胶弹簧	500	10000～20000	成本高 自主技术不成熟 用户接受程度低 寿命较短
复合材料板簧	500	—	超载能力弱 性能尚未完全验证 设计方法与应用不成熟

（二）智能化

商用车悬架系统智能化主要涉及电子控制悬架。电子控制悬架系统是一种通过控制调节悬架的刚度和减振器阻尼，或者其他部件的特性，使汽车的悬架特性与行驶的道路状况相适应，使平顺性和操纵性两个相互排斥的性能要求都能得到满足的一种新型悬架结构型式，工作原理如下：传感器对悬架振动信号、车辆行驶状态等数据进行采集并将其传递给控制器，控制器根据设计的控制策略，将控制信号返回给执行器从而实现对车身震动的控制。

根据执行机构的不同，目前电子控制悬架系统主要有电控液压悬架、电控空气悬架、电磁可调悬架和电子液力式可调悬架四种结构型式。而目前应用的最为广泛的是电子控制空气式可调悬架系统即 ECAS，基本功能如下。

（1）悬架刚度和阻尼调节。ECAS 通过程序设定的控制策略，以路况和车辆运动状况为输入，自动调节悬架的刚度和阻尼，保证车辆行驶的舒适性和操纵稳定性。

（2）车身高度控制。正常行驶时，ECAS 通过感应轻微的车轮及车身的运动，在车辆有任何较大的车身振动之前，及时调整悬架系统，保持车身的平衡，在特殊行驶条件下，还可通过控制开关提升或者降低车辆的底盘高度以应对复杂路况。

（3）主动侧倾功能。该功能主要应用于城市公交车。车辆进站后，通过调节空气悬架内气体，使车门侧的踏板高度自动降低，便于婴儿车及轮椅的上下。

此外，ECAS 还可以对车辆的运动进行控制，为汽车行驶中车身抗俯仰和抗侧倾的实现提供基础。

ECAS 是自独立悬架面世以来汽车悬架行业的重大突破。目前 ECAS 在欧洲部分大客车上已经开始应用。但从国内来看，由于电子控制悬架与传统被动悬架系统相比，存在结构复杂、成本高、操作难度大和能耗大等问题，这在一定程度上阻碍了电子控制悬架系统的推广应用。随着车辆控制技术的发展，电子控制将逐渐取代传统的机械控制，电子控制悬架会成为汽车悬架技术的一个发展方向。

空气悬架的智能化趋势日益明朗，可采用非接触式传感技术，将传感器移至空气弹簧内部，并对相关传感器功能进行集成，例如可以将加速度传感器、压力传感器、高度传感器和温度传感器等集成起来，共同构成自动驾驶车辆所需要的行驶系相关信息，获得每个轮端的弹簧、减振器、轮胎和相关部件的可靠信息，为控制策略的决策提供条件。随着智能汽车技术的发展，这一需要将得到进一步的强化，空气悬架将成为智能汽车不可或缺的智能组件之一，服务于智能化、网联化需求。

（三）悬架系统新技术

1. 互联悬架

互联悬架系统是指单个车轮运动导致其他车轮或车轮组弹簧力发生变化的悬架系统的总称。根据连接介质不同，可分为机械互联悬架、空气互联悬架和液压互联悬架。

以空气互联悬架为例，简单介绍互联悬架的工作原理：空气互联悬架在同轴或同侧的空气弹簧之间增加了气体流通管路，被气体流通管路连接的两个空气弹簧可以发生气体交换。根据气体流通管路的连接方式，空气互联悬架又分为纵向互联悬架和横向互联悬架。横向互联悬架将同轴的左、右两侧空气弹簧互联，通过控制其中的气体交换达到改善车辆侧倾特性的目的，其工作原理如图 20 所示。纵向互联悬架将同侧的前、后空气弹簧互联，通过控制其中的气体交换达到改善车辆俯仰特性的目的。此外，通过设计管路的互联型式，还可以达到同时抗俯仰和侧倾或者改变悬架垂向刚度的目的。互联悬架技术的出现，降低了车体的侧倾角速度，改善了轮组的翘曲性能，提高了悬架系统的平顺性和操纵稳定性。

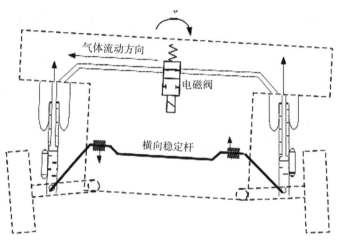

图 20　横向互联悬架工作原理

　　互联悬架在客车上的应用趋势较为明显。为了提高乘坐舒适性，国内越来越多的客车厂商开始选用空气弹簧作为客车底盘悬架的弹性元件。虽然空气悬架具有理想的非线性特性，但是并没有改善客车的抗侧倾水平。因此客车底盘往往需要加装较粗的横向稳定杆来满足操纵稳定性要求。但横向稳定杆又对乘坐舒适性造成了不利影响，使空气悬架的优势没有得到充分发挥。而采用空气互联悬架，既可以提高乘坐舒适性，又不影响客车的操纵稳定性。

　　2. 磁流变半主动悬架

　　磁流变液是一种由软磁性颗粒、载液和添加剂组成的具有磁化和退磁特性、沉降稳定性，并在较宽温度范围内保持性能不变的液体。在外加磁场的作用下，液体的黏度会发生很大变化，产生与磁场强度正相关的抗剪切力。

当磁场撤去时，磁流变液又恢复到原来的液体状态。具有响应时间短、连续可控的特点。磁流变液的流变特性如图 21 所示。

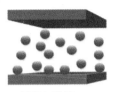 

不施加磁场　　　　　　施加磁场　　　　　磁场变分子成链

图 21　磁流变液的流变特性

因为具有以上特点，磁流变液被广泛用于机械和建筑领域。在机械行业中，依据磁流变液的特性开发出了磁流变减振器。磁流变减振器最大的特点就是可以根据外部激励的变化实现系统阻尼连续可调。将磁流变减振器和半主动悬架技术结合起来后，可以综合应对各种行驶工况，保证车辆行驶的平顺性和操纵稳定性。

磁流变减振器设计的核心与难点在于磁路设计，这涉及更多电磁学方面的内容。一般来说，磁流变减振器的磁路设计应当保证能量利用率高、响应迅速及防止磁漏，并且在工作区磁场变化范围足够大。

对磁流变半主动悬架的研究主要包括结构设计和控制策略两个方面内容。目前，磁流变减振器结构基本趋于成熟，控制策略逐渐成为研究人员关注的焦点；而国内对磁流变液技术的研究相对起步较晚，还停留在理论研究与可行性仿真实验阶段，实现量产应用还有许多问题亟待解决。

五　国内商用车悬架产业发展存在的问题

（一）产品研发能力不足

产品技术与研发实力是企业参与市场竞争的核心要素。汽车悬架作为汽车底盘部分最为关键的部件，其产品的研发、设计过程的科学性和合理性将

直接影响到汽车的驾乘舒适性、驾驶安全性、操控稳定性，以及车辆其他部件的使用寿命。近年来汽车工业保持高速发展，为了适应市场需求，新车型的研发周期不断缩短，而每种车型又需要与之相匹配的悬架系统，这对汽车悬架企业的同步研发能力和产品研发储备提出了很高的要求。

（二）产品质量有待提升

近些年来，在"中国制造2025"强国战略的影响下，中国品牌零部件质量有了较大的提高，但是其水平与外资企业相比仍然有一定差距，尤其是产品的可靠性和互换性有待提升。中国部分零部件企业制造自动化水平不足，且缺乏对工艺系统的研究和持续改进，导致产品一致性较差，难以生产出高质量的产品。

悬架系统的性能关系到车辆的正常运行。在汽车行驶过程中，悬架的工作强度相比其他大部分汽车零部件要高，且对车辆驾乘的安全性、舒适性和操作稳定性有很大影响。因此，悬架产业除了需要加强技术创新，还需要努力提升产品质量。

（三）与整车企业的合作关系欠缺

国内部分零部件企业追求短期效益，与整车企业长期合作意识不强。而国内整车企业带动、培养零部件企业发展的积极性也有待提升。合作关系的欠缺是影响中国汽车产业竞争能力提升的重要因素。悬架产业不仅要瞄准分销和零售市场渠道，更要注重配套市场渠道，主动地、有战略地积极与整车企业合作，实现协同发展。

（四）科研成果产业化能力不足

企业的可持续发展在于创新，怎样将创新变成效益是企业追求的最终目标。企业提高经济效益的途径有很多，最直接且最有效的方法是将科研成果产业化。转化率低、产业化速度慢、科研潜力得不到应有的发挥，已成为制约我国悬架产业快速发展的瓶颈问题。近些年来，中国悬架技术方面的科研发展较快,科研成果已经逐步接近发达国家水平。在空气悬架、主动/半主动悬架乃至一些新型悬架方面的科研成果层出不穷。但是受限于中国工业发展水平和市场环境,科研成果产业化程度相当低。

(五)产业集中度偏低,合资关系欠缺

目前国内商用车底盘悬架部件的供应商以本土企业为主,且中小型民营企业居多,尽管近些年悬架产业通过资源整合,形成了一批规模较大的企业,但整体产业集中化程度仍然偏低,国际合作较少。从国内生产规模最大的钢板弹簧产业来看,国际合作基本没有,企业间的合作要么是兼并重组,要么是产业链上下游之间的延伸型重组合作。产业集中度低,合资关系欠缺,是制约我国悬架产业发展的瓶颈之一。

(六)企业污染和能耗过高

钢板弹簧制造业的实物成本高达60%～65%,其关键工序是热处理,注定这个行业是钢铁消耗大户、能源消耗大户、工业废水与挥发性有机物产生的大户。目前中国悬架行业企业普遍存在高端清洁产能不足,而低端、有污染或污染严重的产能严重过剩的现象。在"去产能、去库存、去杠杆、降成本、补短板"的供给侧改革要求下,结合国家环保新规的不断出台,行业企业如果不能及时响应,关停是不可避免的。作为有良知、有社会责任感的企业,必须跟上国家法规的要求,主动淘汰落后工艺、高耗能设备,采用清洁环保工艺。通过事前、事后的防护保障措施,确保生产制造全过程的节能降耗、无毒无害、达标排放。

六 国内商用车悬架产业发展建议

(一)聚焦细分领域,保持良性发展趋势

目前国内悬架供应商数量已经逐渐饱和,悬架产业已经日趋成熟,市场

细分趋势日益明显。目前汽车产业已经向电动化、智能化、网联化、共享化的"新四化"方向发展，悬架产业应该选择具有发展前景的细分产业领域，鼓励企业通过并购重组、股权置换、合资合作或组成联盟，有效地进行资源整合，扩大经营规模，降低经营成本，聚焦细分领域，向规模化、规范化、专业化方向发展。

（二）深化国际合作，增强自主创新能力

中国悬架产业的进一步发展，应摒弃狭隘的闭门造车理念，积极开展与国内外优势企业的合作，加快悬架领域的国际竞争、合作和发展，最终实现我国商用汽车整体技术水平及竞争实力的提升。在合作中，要充分利用全球垂直分工的网络，培育研发队伍，提高自身的创新能力。坚持国际合作不放松，坚持自主发展不动摇。在国际合作与自主发展之间找到一个最佳的契合点，通过自主发展提高国际合作的质量和水平，通过国际合作培育自主发展的能力和条件。注重自主创新能力，打造中国品牌。

（三）瞄准整车企业核心需求，构建新型战略合作关系

悬架产业作为汽车零部件的供应商，应该瞄准整车企业的核心需求，切实提高自身的产品研发能力、成本改善能力和稳定供应能力。在产品开发方面，应尽可能在主机厂产品开发流程的早期阶段积极参与研发工作，实现商用车研发的深度协同技术攻关和高效协作。更深入地理解主机厂的产品规划需求，结合悬架技术发展趋势，做好相关技术和产品储备，以应对市场的快速变化。在战略合作上，要建立新型"整车—零部件"合作关系，形成成本共担、利益共享的合作机制，谋求与整车企业在研发、采购等层面的深度合作，明确划分悬架系统设计开发的权限与分工，实现悬架产品的技术积累和升级换代，促进全产业链协同发展。

（四）推进科研成果产业化效率，促进"产学研"协同发展

以市场为导向，以促进产业化发展、奠定技术基础和形成能力、培养人

才为出发点，由具有较强技术实力的企业牵头，联合国内外有关研究所和高校等技术研究机构联合进行技术攻关和产业化开发，突破悬架结构设计、性能匹配、制造工艺等关键问题，形成产业化能力基础，全面提升我国悬架产业的技术水平和生产水平。

在实施过程中，应注重汽车相关的学会、协会等组织搭桥，积极促进"产学研"的结合，使科研成果尽快地转化到产品中，解决"科研高、产品低"的状况。

另外，还需要以整车企业为引导，努力培养像德尔福、博世、采埃孚、威伯科等一些专业的零部件企业。悬架系统是一个复杂的系统工程，应以具备悬架高水平研发和规模生产能力的企业为主导，以电控系统开发商为配合，辅助高校和科研院所的科研力量，协同设计与开发。

（五）密切关注产业和企业发展痛点，切实加强汽车零部件产业政策扶持

自主品牌汽车零部件的健康发展，关系到中国汽车工业的健康发展。悬架产业的发展能够带动整个汽车行业的发展，目前悬架产业科研技术水平领先，但产品落后，具有巨大的市场潜力，可望获得持续的高速增长。悬架系统作为整车中的核心部分，中国应当要有独立自主的研发能力。因此国家应该鼓励、引导整车企业采用自主品牌的悬架，在政策上给予一定程度的倾斜，以提高整车企业支持自主品牌零部件的积极性。

（六）瞄准市场需求，加快企业转型升级

根据国内经济转型发展的规划，未来商用车市场微增长的趋势已形成。随着商用车领域与国际公司合作的进一步发展，国内商用车的全面升级也将拉开帷幕。目前来看，新型悬架在商用车上的普及率越来越高，国内钢板弹簧零部件市场的总量势必逐步萎缩。因此，商用车悬架供应商需要组建对市场发展趋势判断准确且反应迅速的研发团队，制定针对消费市场具有前瞻性的战略部署，瞄准消费者的个性化需求，持续

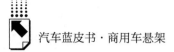

创新发展，实现企业的产品转型、结构调整，从而寻求企业新的利润增长点。

（七）立足于需求驱动、前瞻引领，扎实推进悬架技术标准建设

以服务产业技术进步为宗旨，以快速、高效满足市场需求和响应技术创新为目标，结合国家对标准工作进行改革的新态势，有序承接政府职能转移，发挥团体标准"短平快"优势，发挥中国汽车工程学会等行业协会的作用，积极开展团体标准的建设工作，在凝聚产业链、提升产业竞争力等方面发挥引领作用，支撑悬架产业良性可持续发展。

具体来说，在悬架产品设计与制造、产品试验与检测、关键材料（高应力弹簧钢、复合材料）性能和采用、试验和检测装置等方面，开展悬架技术团体标准、行业标准、国家标准等标准的规划、建设、宣传贯彻工作；并积极参与国际相关标准的制订工作，在已主导的国际标准《钢板弹簧技术要求（ISO 18137）》获得国际认可的基础上，进一步扩大在国际标准化活动中的话语权和影响力，为推动悬架技术和产业进步、保护我国技术贸易利益做出新的更大贡献。

产业篇

Industry Reports

B.2
客车空气悬架系统产业
现状与发展趋势

杨国库*

摘　要: 客车空气悬架系统经历了从被动、半主动到主动控制的提升,
已经取得了较大发展。面对轻量化、电动化、智能化的产业
转型需要,空气悬架轻量化设计以及轮边电驱动专用悬架逐
渐受到行业的重视。此外,随着客车空气悬架市场占比的提
升,配套关键零部件的自主开发、设计和量产也将成为产业
发展的重要趋势。

关键词: 空气悬架　独立悬架　轻量化设计　半主动及主动设计

* 杨国库,厦门金龙汽车集团股份有限公司底盘开发部主任工程师。

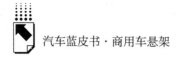

一　客车空气悬架系统的产业现状

空气悬架系统是客车最为重要的关键总成之一，对整车的可靠性、舒适性等评价指标有重要影响。目前，国内客车空气悬架的市场占比已超过50%，其批量化应用主要集中于郑州宇通、厦门金龙、苏州金龙、扬州亚星、一汽客车、丹东黄海等规模较大的客车厂及底盘企业。相较于海外高级大型客车几乎全部采用空气悬架，国内客车空气悬架还有很大的市场拓展空间。

在吸收、借鉴海外先进技术的基础上，国内各大空气悬架生产企业逐步加强自主开发、设计的能力建设，并结合中国实际道路工况，有效地平衡整车操控性和舒适性，从而促进了自主空气悬架产品的产业体系建设。此外，随着国内强制禁用铅酸电池、新能源补贴逐渐退坡、技术门槛不断提升，以及交通部要求2020年底前重点城市公交车全部更换为新能源车，国内部分中小型客车厂将由于订单量减少、资金回笼紧张等因素，被迫退出新能源客车市场，最终使得大量订单集中在行业领先的几家大型客车厂。

面对新能源客车的产能爆发以及大量订单的集中，中短期内仅有的少数空气悬架企业将会出现产能严重不足。因此，未来的发展趋势将是大型客车厂将继续加大自行设计和采购零部件的力度，空气悬架总成供应商的市场份额则会逐渐减少，部分悬架总成企业不断下沉并深度涉足细分零部件制造领域，进而推动自主减振器、高度阀、推力杆以及气囊技术水平的进一步提升。

二　客车空气悬架系统的流程化建设

（一）空气悬架系统设计的关键技术

空气悬架的关键技术主要包含以下零部件设计匹配和系统总成的控制匹配。

空气弹簧的匹配：在保证空气弹簧力学性能的同时，要充分考虑同整车操控性、安全性匹配的参数控制。

空气悬架导向机构的设计：通过参数优化，以保证更加高效地传递纵向力和侧向力，实现较小的轮距变化和车身侧倾角。

空气悬架系统的控制技术：包括空气弹簧的刚度控制、车身高度控制、车身姿态控制等多方面。

空气悬架系统同整车的匹配：通过满足平顺性和舒适性的阻尼以及刚度参数、频率特性等来实现动力学性能上的匹配优化。

（二）空气悬架系统设计的开发流程

随着行业发展的需要，国内各大悬架企业的开发流程也变得越来越规范、完善。通过采用三维数字模拟进行结构设计和应力分析，同模拟实际道路工况的台架性能试验验证相结合的方式，如图 1 和图 2 所示。在保证空气悬架结构设计合理的同时，确保产品的疲劳强度和可靠性。比如采用FEA 有限元分析对产品进行详细的应力、应变及位移进行分析，可以用最理想的参数设计来减轻重量，并且增加强度；额外添加安装和运动的相应模拟程序，可以有效防止构件装配和运动干涉，从而真正实现参数化的设计理念。

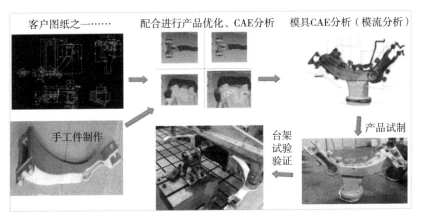

图 1 空气悬架系统开发设计流程

图2　模拟实际道路工况的空气悬架系统台架性能试验

（三）空气悬架系统设计的能力构建

目前，空气悬架系统的结构型式基本稳定（如立式导向臂、水平导向臂、A型臂、四连杆、L型悬架等），作为客车底盘调校的主要对象，自主企业的调校理论水平仍然处于空白阶段。因此，国内主流客车厂及空气悬架企业也越来越重视空气悬架系统的调校能力建设。

其中，减振器是空气悬架系统最为主要的调校目标，其阻尼力的选择关系到空气悬架振动衰减速度，进而影响到客车的驾驶和乘坐体验。为了满足高端客车舒适性的需求，郑州宇通、厦门金龙、苏州金龙等企业逐步开始在旅游车等产品上应用PCV减振器（Premium Comfort Valve，即高端舒适阀系减振器，ZF旗下SACHS公司的最新一代产品），从而实现更加精确的调校，如图3所示。

在低速时，通过显著提高减振器的阻尼力，使车辆的侧倾及俯仰减少至最低限度，从而提升车辆制动及加速时驾驶人员及乘客的安全性。

在中速时，通过适当加大减振器的阻尼力，使得阻尼特性的变化更为平缓，实现更为柔软舒适的悬架响应。为始终保持车辆稳定性并防止车身发生摇晃与振动，PCV阀系在较高活塞运动速度时，阻尼力将会再次加大。

在高速时，通过流体间的摩擦产生较高的阻尼力，从而提升车辆运行的安全性；同时，全新的阀系几何尺寸设计还能将液压流动噪声，以及向邻近部件传递的非减振器噪声降至最低。

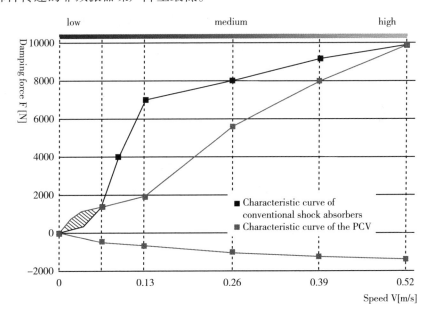

图3　PCV减振器及普通减振器阻尼特性曲线示意图

三　客车空气悬架系统的发展趋势

（一）低地板客车悬架应用愈发广泛

随着中国人口老龄化的加快，老年人乘坐的传统板簧客车安全性已无法保证，GB 19260－2016明确指出：对于9米以上的低地板、低入口城市客车结构，强制性要求使用低地板、低入口的空气悬架。

对于6.1～7.9米公交车，预计2019年国内该车型将有一个比较快的市场规模增长。

对于8～10米公交车，该车型在中型城市的使用量将增加。

对于10～12米公交车，低入口式客车将会成为中大型城市的主打车型。

（二）客车独立空气悬架应用逐渐扩大

对于7～8米的低入口客车，目前国内暂无刚性桥可以满足性能要求（见图4），只能采用3.5t的独立悬架结构。独立悬架由于两侧车轮均单独通过悬架系统同车架连接，可以单独运动、互不影响，并且具备簧下质量更小的特点，可以实现更优的整车平顺性和操纵稳定性，还能简化在低地板空间上的结构布置。

图4 7～8米低入口客车用门式前桥模块

1. 集成式配套

悬架系统和转向系统通过副车架（下纵梁）模块化开发，提高四轮定位的精准性，切实解决了客户因车架精度带来的四轮定位不准之痛（见图5）。

图5 集成式独立空气悬架模块

2. 轻量化设计

上、下 A 型臂和承载座均采用高强度合金钢材料，并通过合理的结构设计和 CAE 优化，实现减重设计。

3. 免维护轴承单元

轮边轴承单元采用进口 FAG 轴承的免维护轴承单元设计，可满足 3 年、5 年甚至 8 年免维护，并正在进行国产 C&U 轴承的配置工作。

4. 转向节采用复合轴承设计

转向节上点保持原有衬套设计，下点采用滚针轴承设计，既可以减小转向阻尼力、改善回正性能，又可以避免方向盘"打手"现象发生，具体结构如图 6 所示。

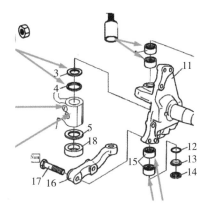

图 6　转向节复合轴承设计

注：3. 油封；4. 调整垫片；5. 油封；11. 转向节；12. 调整垫片；13. 端盖；14. 卡簧；15. 滚针轴承；16. 转向节臂；17. 螺栓；18. 止推轴承。

5. 悬架球铰链

悬架球铰链是一种球面副连接件，在悬架中能替代轴承、橡胶球铰链等复杂运动件连接方式，如图 7 至图 10 所示，优点如下。

（1）简化悬架结构，增加悬架空间，减轻悬架质量。

（2）免维护，减少悬架的维护成本。

（3）独立悬架上、下控制臂采用悬架球铰链结构，能实现转向功能

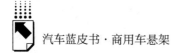

（轮毂绕上、下球铰链连线转动），并替代实体主销，增加悬架空间，减轻悬架质量。

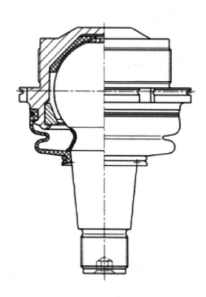

图7　悬架球铰链

图8　装有悬架球铰链的悬架控制臂

图9　装有悬架球铰链的独立悬架

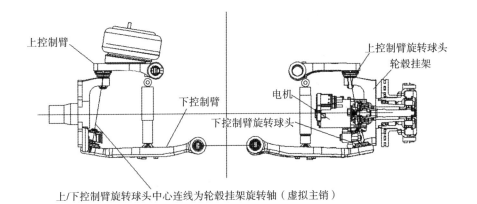

上控制臂

上控制臂旋转球头
轮毂挂架

下控制臂

电机

下控制臂旋转球头

上/下控制臂旋转球头中心连线为轮毂挂架旋转轴（虚拟主销）

图10　控制臂集成悬架球铰的独立悬架

6. 双横臂结构

虽然独立悬架从结构上分为双横臂、麦弗逊、双纵臂等型式（见图11至图13），但是双横臂结构更为常见，也是今后的重点发展趋势。

图11　双横臂式独立空气悬架（常规结构）

（三）空气悬架轻量化技术受到重视

随着国内新能源客车规模的增长，市场对整车的平顺性及轻量化要求进一步提高。空气悬架作为整车的关键系统，在轻量化方面还有比较大的提升空间。目前，国内由于整车企业诸多，空气悬架系统各成体系，导致外部接口结构诸多，限制了空气悬架产业的轻量化发展。空气悬架的轻量化需要车桥厂、悬架厂和整车厂协同合作，切实减少外部接口型式，才能让空气悬架

图 12　麦弗逊式独立空气悬架（主要应用 3t 以下车型）

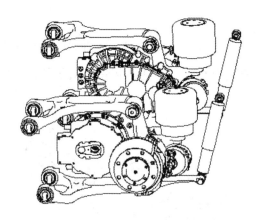

图 13　双纵臂式独立空气悬架

的轻量化有更大的可行性。

对于空气悬架自身零件的减重，则主要通过采用高强度钢、铝合金挤压铸造等型式来实现，具体实例如表 1 所示。

针对铝合金挤压铸造，其原理是对进入型腔内的液态或半固态金属施加较大的机械压力（约 100MPa），使其成型凝固，从而获得铸件。由于高压凝固及塑性变型同时存在，铸件组织致密，无气孔、疏松等缺陷，晶粒细化，可进行 T6 热处理。此外，其力学性能明显高于普通铸件，接近同种合金的锻件水平，是实现轻量化的优良工艺。其中，充型和凝固是挤压铸造工

表 1 空气悬架系统自身零件的减重示意

序号	项目名称	原始状态		轻量化状态		项目市场使用节点
		样式	说明	样式	说明	
1	活塞		活塞底部异性，斜度小，所需要将其支承的气囊座直径需大于120mm		活塞底部异性，斜度大，更有效的分散垂向力，所需要将其支承的气囊座圆盘直径控制在80～90mm即可，可减轻支撑座圆盘的重量，可整体材质不变50%。	主机厂已在批量使用
2	一级踏步气囊座		此气囊座材质为ZG270-500，整体镂空位置少，市场使用的件，重量在26kg		此气囊座材质等级提高，正火处理，加工后重量为16kg，单台可实现减重20kg	主机厂已在批量使用
3	二级踏步气囊座		此气囊座材质为ZG270-500，市场使用的件，重量在38kg		此气囊座材质为铝，热处理，加工后重量在11～12.5kg，较市场常用的重量降低19～27kg，单台车可实现减重50kg	主机厂已在小批量使用
4	C形梁		此梁常用材质为B510L，市场使用的件，重量在90kg左右		新结构C型梁采用最新推出的QStE700TM高强钢（屈服强度700MPa，材料力学性能比屈服强度为355MPa传统大梁钢B510L提升一倍），成本降低，能降低自重质量，缓解簧下冲击，提高整车平顺性、操纵稳定性和燃油经济性	台架试验阶段

艺中两个重要的环节，低速充型和快速高压补缩凝固是挤压铸造工艺的典型特点（见表2、表3、图14）。

表2 液态模锻工艺的综合性能对比

指标	液态模锻	重力铸造	低压铸造	高压铸造
机械性能	高	中	中	低
铸件质量	晶粒细、组织致密、气密性好	晶粒细、组织致密、气密性好	组织致密、气密性好	晶粒细、内部气孔、疏密
热处理	可固溶（T6）	可固溶（T6）	可固溶（T6）	NO
表面质量	良好	中等	中等	良好
生产效率	高	低	中	高
设备成本	高	中	中	高

表3 挤压铸造的力学性能对比

合类类别	合金牌号	成型方法	热处理状态	力学性能	
				σb（MPa）	δ（%）
AL–Si 铸造合金	ZL115	挤压铸造	铸态（F）	280～290	7～8
			淬火及时效（T6）	300～340	—
		金属型铸造	淬火（T4）	270	6
	ZL106	挤压铸造	淬火及时效（T5）	351	11.3
		金属型铸造	淬火及时效（T5）	≥235	≥0.5
	A356.2（美）	挤压铸造	铸态	270～280	6～8
			淬火及时效（T6）	296～310	10～14
		金属型铸造	淬火及时效（T5）	283～303	3～5
	ADC12（日）	压力铸造	铸态	194	1.5
		挤压铸造	铸态	288	3.5
		挤压铸造	淬火及时效（T6）	316～423	4.4～5.7
Al–Cu 系铸造合金	ZL201	挤压铸造	淬火及时效（T5）	449	16.7
		金属型铸造	淬火及时效（T5）	329	2.6
Al–Cu 系变型合金	2A14	挤压铸造	淬火及人工时效	496	5.8
		锻造	淬火及人工时效	≥353	≥4
Al–Zn–Mg–Cu 系变型合金	7A04	挤压铸造	淬火及人工时效	552	5.5
		锻造	淬火及人工时效	≥441	≥3

前悬架减：91kg   后悬架减：196kg

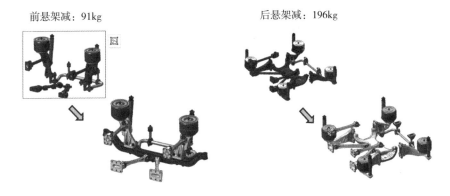

图14   低地板客车空气悬架减重实例

车型轻量化案例：通过对包含气囊支撑臂、气囊支座等在内的多个部件的充分优化设计，可以实现低地板客车空气悬架单车减重287kg的目标。

其中，对于中大型客车用的气囊支撑臂和气囊支座，采用A356材料、T6热处理型式，满足抗拉强度≥320MPa、屈服≥250MPa、延伸率≥8%的性能需求，实现高强度、耐疲劳特性（见图15、图16）。

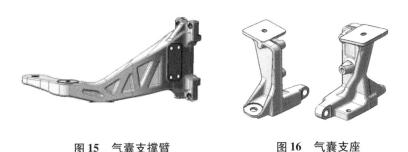

图15   气囊支撑臂   图16   气囊支座

（四）空气悬架电驱动模块产品方兴未艾

契合国内新能源客车的推广趋势，目前空气悬架的电驱动模块产品技术路线主要分为以下三种。

（1）对于混合动力车型，即在传统燃油车上加装电力驱动装置，作为传统车向新能源的过渡，其悬架系统基本不需要变更。

（2）对于改装电动车型，即在燃油车基础上，将发动机改换成电动机，属于集中式驱动技术，依然保留传统车的复杂机械传动系统，其悬架系统也基本不需要变更。

（3）对于正向研发的纯电动车型，即按电动汽车的结构要求进行布置和设计，全新正向自主开发，与在传统汽车车身进行改装的电动汽车相比，其结构合理性优势明显，需要对悬架系统进行全新的设计布置。

按照电机的布置型式，可以将电机驱动桥分成三类：轮边电机驱动桥、中央电机驱动桥、轮毂电机驱动桥。其中，轮边电机驱动桥常见于客车或商用车；中央电机驱动桥普遍用于乘用车，比如特斯拉的经典车型 P85D；而轮毂电机驱动桥由于设计难度较大，尚不能广泛应用于电动汽车。无论从生产规模还是从经济效益来看，集中式驱动技术在未来相当长的时间内将会是纯电动客车市场的主流，这个时间至少要持续 3 ~ 5 年，其市场主导地位近期内无法撼动。

采用轮边电机，可以让传动系统进一步减重，取消了商用车"后牙包"，实现了前后贯通低的地板，同时结合独立悬架的架构，可以使公交车实现宽通道，从而满足电动客车对整车轻量化和更大面积低地板的强烈需求。但是，轮边电机的技术要求比其他驱动电机更高。首先，轮边电机居于簧下，需要更好的抗震性和密封性；其次，要以较小的体积、较低的重量获得足够的扭矩、低噪声、低发热，设计难度变大；最后，其实用验证时间不如中央直驱电机（集中直驱），还需要市场给予更多的时间来验证。

目前，轮边双电机驱动桥在客车上的应用，主要分为普通空气悬架和独立悬架两种结合形式。

（1）普通空气悬架 + 轮边驱动。

采埃孚是国际上第一家采用轮边电机驱动桥的企业，而国内陆续有比亚迪、长江客车，中植客车推出带空气悬架轮边电机的客车，并进入公告目录，宇通正在积极研发的生产轮边电机，应该很快进入公告目录。

相较于欧洲市场，国内客车领域的电动化发展更好，但是自主产品的推广速度仍然偏缓。其中，AVE130车桥作为采埃孚最新研发的创新产品（见图17），主要应用于纯电动和串联混合动力公交车。该产品基于电动独立轮驱动，车桥两侧轮端分别内置一个水冷式三相异步感应电机，与标准低地板车桥拥有几乎相同的安装尺寸。此外，其合计输出功率为250kW，同传统发动机相当。因此，可以实现更好的加速性能和更低的底盘振动，车辆的乘坐体验更舒适、更安静。

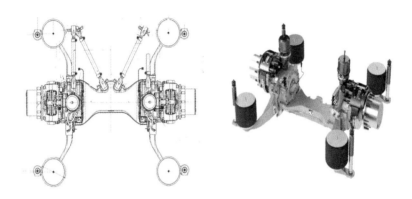

图17 采埃孚AVE130低地板电驱动车桥

（2）独立悬架+轮边驱动/轮毂电机。

将轮边电机或轮毂电机驱动集成到独立悬架中，可以缩短独立悬架的横向空间，从而提高通道宽度、方便乘客通行、提高整体的乘坐舒适性。此外，针对带转向功能的独立悬架，集成轮边电机或轮毂电机后（见图18），可以实现整车全轮转向和全轮驱动，同时通过单桥两个轮胎驱动的设计，可以实现双桥四轮胎驱动、三桥六轮胎驱动等多种先进匹配方式。

（五）线控底盘推动半主动/主动空气悬架发展

随着生活水平的提高和道路条件的日益改善，人们对客车的操纵稳定性及乘坐舒适性有了更高的要求。智能驾驶及无人驾驶是未来的发展方向，底盘线控技术与智能驾驶和智能交通、云计算相结合，可以共享交通资源，有效提升道路运输效率与安全水平。

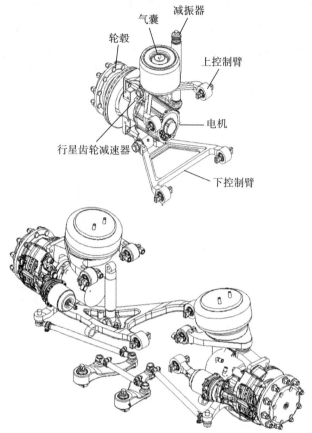

图18 集成轮边电机/轮毂电机的独立悬架

主动空气悬架作为底盘线控技术的重要组成部分，通过实车运行的信号输入，针对不同的路况实时对悬架刚度、减振器阻尼力进行自适应调节，从而提高整车运行的操纵稳定性及乘坐舒适性，是底盘实现电子化、线控化的前提。

当汽车载荷、行驶速度、路面状况等行驶条件（急刹车点头、急速起步、急转弯侧倾）发生变化，均由加速度传感器输出信号，通过电控板去控制弹簧内部的变容电磁阀，促使主动悬挂系统能自动调整悬挂刚度及阻尼，使弹簧具备理想缓冲性能和减振性能，从而满足汽车的行驶平顺性、操纵稳定性等各方面的要求，以最大限度地减小急刹车点头、急速起步后仰、急转弯侧倾。因此，主动悬架功能效能主要表现为以下几方面。

（1）实现更加平缓柔软的乘坐平顺性。

（2）能大幅度地减少加减速时和转向操纵时车辆姿态的变化，并维持平缓的姿态、相应路面和车速的最佳车高控制。

（3）提高车辆的乘坐舒适性，减小车身加速度值和俯仰角加速度值，并减小悬架动行程以降低悬架击穿概率。

（4）提高车辆在恶化乘坐环境或者相同振动条件时的行驶车速。

（5）提高车辆的操纵稳定性，减小轮胎与地面的动态接触力的变化范围，以及特殊工况下的防滑。主动悬架技术不受驾驶员的心理和情绪干扰，能够比人类更加精准地计算并缩短响应时间，可以有效减少人为所造成的交通事故，提高汽车的主动安全性能，防止侧翻，提升道路运输效率与安全水平。

（6）降低车轮动载荷，并降低车辆轮胎对地面的动态作用力，以延长道路的使用寿命。欧洲有关重型车辆的研究文献表明，采用主动悬架后一般可以将轮胎动载荷降低 10% ~20%，相应可以将路面损害的程度减少 70%。

此外，所谓半主动悬架就是在普通被动悬架的基础上，通过改变悬架的参数减振器的阻尼系数，达到调节并优化悬架性能的目的。在实际应用中最容易实现的是通过调节减振器的阻尼系数，改变阻尼力达到改善悬架减振性能的目的。目前看来这种悬架的应用前景最好，优越的性价比和可靠性使得其具有广阔的市场前景。由于无须更换原被动悬架的弹性元件，只需对阻尼元件进行可控化改造即可实现，改造费用低，适用性强。如何降低主动/半主动悬架的能耗、提高经济性将是一个长期的研究热点。

目前，国内主要的主动/半主动悬架大致分为如下三种。

（1）CDC 可变阻尼半主动悬架系统。如图 19 所示，CDC 连续可变阻尼电控悬架主要由如下八大主要部件构成。

① 3 个车身垂向加速度传感器。

② 6 根 CDC 连续可调阻尼减振器。

③ 6 个变刚度阀。

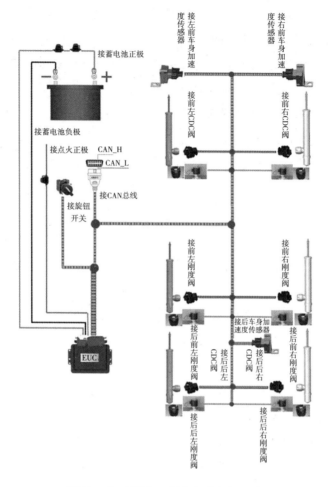

图 19　CDC 可变阻尼半主动悬架系统

④ 6 个辅助储气筒。

⑤ 1 套线束。

⑥ 1 个控制器 ECU。

⑦ 1 个阻尼模式选择开关。

⑧ CAN 通信。

其中，最关键的部件是 CDC 连续可变阻尼减振器和变刚度阀（见图 20）。对于可变阻尼减振器，基本原理如下。

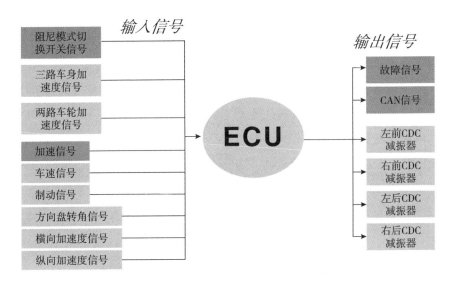

图 20　CDC 连续可变阻尼电控悬架工作原理

在传统减振器的基础上增加了外缸筒和溢流阀、电磁阀。活塞杆总成把活塞腔室分成上、下两个腔室：活塞缸与活塞杆形成的环形腔室为上腔，与底阀总成之间的腔室是下腔。活塞缸与储液缸形成的腔室就是储液室，中间腔为活塞缸与第二缸形成的腔室（见图 21）。

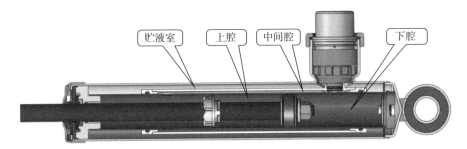

图 21　可变阻尼减振器结构

当减振器拉伸时，活塞上移，活塞上腔油压升高，上腔的工作液通过活塞节流孔，推开复原阀系流入下腔。由于活塞杆的存在，自上腔流来的工作液不足以充满下腔所增加的容积，在压差的作用下，储液室的工作液便通过底阀上的常通孔推开底阀阀片流入下腔。同时，上腔压力仍大于储液缸，因此，中间腔工作液经电磁比例阀流向储液腔（见图22）。

当减振器受压时，活塞下移，活塞下腔室容积减小，油压升高，工作液流经活塞上的常通孔，顶开阀片流到上腔。由于上腔被活塞杆占去一部分，上腔内增加的容积小于下腔减小的容积，还有一部分工作液推开压缩阀，流入储液缸。上腔压力大于储液缸，因此，中间腔工作液经电磁比例阀流向储液腔（见图23）。

图 22　减振器拉伸工作状态

图 23　减振器压缩工作状态

电磁阀采用吸式比例电磁铁，电液比例节流阀为常闭式。

①当电磁铁线圈输入电流 $i=0$ 时，阀芯凸肩完全遮盖阀体的节流口，此时减振器本体的阻尼力最大，记为 FDmax。

②增大电磁铁线圈输入电流 i，电磁铁吸力按比例增大，衔铁吸引阀芯向下移动，阀体节流口打开通流，从而使减振器本体的流量减小，阻尼力减小。阀体节流口的开度通流面积与输入电流 i 成正比。

③当电磁铁线圈输入电流增大到额定电流时，节流口开度达到最大，此时电磁阀流量最大，减振器本体的流量最小，阻尼力最小，记为 FDmin。

④利用叠加阀片实现减振器高速动作时电磁阀的卸荷。

综上所述，当电磁铁线圈输入电流 i 从 0 开始无级改变时，减振器本体的阻尼力从 FDmax 到 FDmin 无级连续可调。

对于变刚度阀，通常安装在气簧和辅助储气筒中间，基于各路输入信号，通过内部算法确定各种工况，ECU 输出相应信号控制变刚度阀打开或关闭。当变刚度阀处于关闭状态时，气簧和辅助储气筒不连通，气簧处于大刚度状态；当变刚度阀处于关闭状态时，气簧和辅助储气筒连通，储气筒相当于辅助气室，降低气簧刚度。

（2）钢筒式气弹簧主动悬架系统。

钢筒式气弹簧通过行程改变气弹簧的压缩、伸长气室体积和活塞的有效受力面积，使弹簧的压缩先软（刚度小）后硬（刚度大），而伸长瞬间弹力迅速下降而后很软（刚度小）。将智能气弹簧应用到汽车悬架上能让汽车行走机构自动实时适应各种路面，再加入压缩气室体积和气体压力的电控装置便可构成全主动悬架系统，极大提高车辆的乘坐舒适性和操作稳定安全性，并减小车轮对路面的冲击和破坏（见图 24 至图 26）。

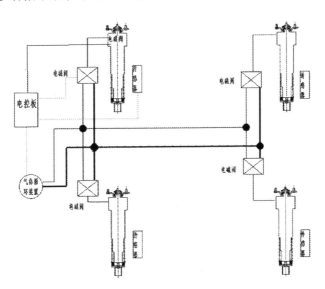

图 24　钢筒式气弹簧主动悬架的系统构成

图 25　钢筒式气弹簧前悬架（代替气囊及减振器）

图 26　四连杆钢筒式气弹簧后悬架（代替气囊及减振器）

钢筒式气弹簧与橡胶空气弹簧、油气弹簧的设计理念完全不同，主要采用自动车高控制和人工升降调节的双控模式。

①自动车高控制：随着载荷的增加，车身下降，车高传感器输出电压（电流）变化，电控板将高压电磁阀打开向弹簧补气，以维持车身高度不变，随着载荷的减小，电控系统同理维持车身高度不变。电控板在车门未关闭时对车身高度初调，在车门关闭后再精调。

②人工升降调节：由驾驶员手动有级、无级操纵开关打开电磁阀升降车身，提高车辆的通过性能。也可由 ECU 根据车速和道路障碍大小自动调整车高，保证乘坐舒适性的同时提高车辆的稳定性。

其中，在急刹车点头、急速起步、急转弯侧倾均由加速度传感器输出信号通过电控板去控制弹簧内部的变容电磁阀关闭，增加相应的弹簧刚度，可最大限度地减小急刹车点头、急速起步后仰、急转弯侧倾。根据车辆的不同用途可以设计合适的行程和刚度性能，最大限度地提升车辆的乘坐舒适性和操控性。

此外，工作气体采用高压循环系统：弹簧工作压力为 5~10MPa，气体循环装置提供 10~15MPa 的压力储气用于载荷增加时对弹簧补气。当载荷减少时，弹簧排出的气体将被增压装置加压送入高压储气室备用。增压装置体积和供给动力小（300~500W）、效率高，同时不向大气中进行排气，因此相对更加节能。

（3）液压互联悬架。

抗侧倾液压互联系统是液压缸、储能器和液压缸等元件组成，取代原车减振器及横向稳定杆（见图27）。

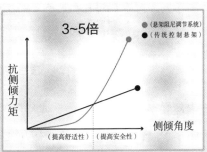

图27　液压互联悬架结构

通过液压互联方式将左、右悬架互联，当车辆发生侧倾时，同样能够为车辆提供附加侧倾刚度，而且附加侧倾刚度的大小可以通过调节系统工作压力的大小而改变同时利用液压的不可压缩性和气体的可压缩性，提供非线性的抗侧倾力矩，实现操稳性与舒适性协调控制，进而能够显著提高客车的安全性、舒适性、可靠性及高效性（见图28）。

参照国家标准（GB/T6323－2014、GB/T4970－2009），对搭载液压互联悬架系统和传统悬架系统的同一台客车（见图29），按相同工况开展操纵

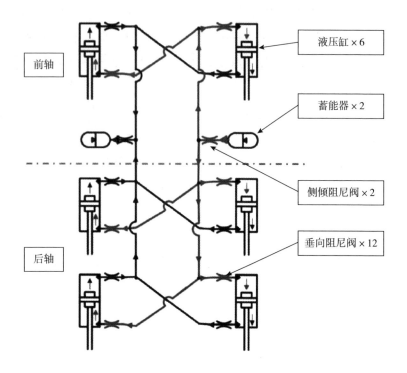

图28 液压互联悬架工作原理示意

稳定性和平顺性对比实验，实验结果表明：不足转向度评分提高 10% 左右，侧倾率评分提高 10% 左右，平顺性降低 3~5dB，双移线侧倾角减小 35% 左右，蛇形侧倾角减小 35% 左右，抗侧倾性能优势明显。

图29 客车实际调校的效果对比

四　小结

客车空气悬架系统经历了从被动悬架到主动悬架的发展。由于车辆的高速行驶稳定性要求，以及人们对车辆乘坐舒适性的要求，独立空气悬架、轮边驱动悬架、半主动/主动悬架系统及空气悬架零件自制将是今后客车空气悬架发展的趋势和方向。

B.3
新能源客车悬架与电驱桥
集成化趋势分析

廉玉波　彭旺　秦宬　徐兆峰*

摘　要：　随着新能源客车技术的不断发展，零部件集成化设计已经成
为必然趋势。通过集成化设计，一方面可以简化主机厂的装
配，提高产品合格率；另一方面可以大规模缩减供应商数量，
还可以达到轻量化、节约成本等目的。电驱动总成的集成化
设计不仅可以实现驱动系统的小型化和轻量化以降低成本，
还可以提高效率、降低整车能耗。随着国家补贴的退坡，且
对能耗指标的要求越来越高，集成化已经成为目前行业发展
的必然趋势。驱动电机集成在后桥上，组成一个整体式电驱
桥，而纯电动客车电驱桥与悬架系统紧密相连，集成化电驱
桥使得整车簧下重量增大，影响整车舒适性、平顺性等问题
已显现；然而悬架与电驱桥集成的独立悬架轮边驱动总成会
有效地降低簧下质量，有利于提高整车的舒适性及平顺性；
集成化对于整车的轻量化、低能耗、低成本等各方面都有积
极意义，故集成化必然是未来客车的一个发展趋势。

关键词：　电驱桥　悬架　驱动电机　集成化　轻量化

---

* 廉玉波，高级工程师，比亚迪股份有限公司高级副总裁；彭旺，中级工程师，比亚迪客车研
究院院长；秦宬，中级工程师，比亚迪客车研究院底盘部经理；徐兆峰，比亚迪客车研究院
底盘部驱动桥科科长。

一 客车驱动市场概况

汽车广泛普及在改变人们生活方式、提高人们生活质量方面发挥了巨大作用，但汽车消耗大量不可再生的石油资源、排放大量有毒有害气体、制造噪声，给人类生活环境带来了不可估量的危害。特别是近二十多年来，世界范围内的能源危机与日益严峻的环境问题加快了人们对可替代石油资源的探索。

新能源客车以环保零排放、低排放，能量来源广泛和均衡，对环境友好等优势，使得社会对新能源汽车的呼声越来越强烈。新能源客车分为纯电动、混合动力、插电式、燃料电池等多种技术形式，大大减少了对石油的依赖和大气的污染。新能源汽车相对于传统内燃机汽车而言，由于能量供给形式不同，不论是整车总布置型式还是驱动系统总成，都发生了巨大变化。其中，驱动系统总成对整车而言至关重要，不仅承担承载功能、驱动功能，而且直接决定了整车的安全和舒适性能。

纯电动客车采用蓄电池、燃料电池或超级电容取代传统的汽油机和柴油机作为整车的动力源，并且整车的驱动方式也与传统汽车不同，目前，我国纯电动客车驱动方式主要分为集中式驱动和分布式驱动两大类，而市场推广以集中式驱动为主，轮边驱动及轮毂驱动两种分布式驱动型式仍处于起步阶段。

（一）集中式驱动是当下市场主流

纯电动客车中央式驱动系统也可称为集中式驱动，该种驱动型式基于传统动力汽车的传动系统，由主电机通过传动轴连接驱动桥，简而言之，借用了传统内燃机驱动的成熟技术及一系列机械传动、差速、制动系统，仅把内燃机换成电动机及相关控制部件。此驱动方案采用一台电动机提供动力同时驱动两侧车轮，差速系统与内燃机式汽车相同，另外操作方式与普通自动挡汽车完全一样，通过油门踏板，改变电机控制器的加速、制动、

停车、倒车、空挡信号，实现驱动电机的正转、反转、停转等动作，进而驱动汽车。

集中式驱动又分单电机与双电机两种方案，单电机有直驱、电机＋变/减速器与中央驱动桥三种型式。双电机方案则有双电机并联＋变/减速器、双电机串联＋变/减速器方案以及两个电机＋变/减速器（两个电机分立在变速器两端）等型式。

其中，直驱电机是目前纯电动客车上应用最为广泛的一种方案，该系统由一台电机通过传动轴与驱动桥连接，结构简单、可靠性高且便于维护。直驱电机技术成熟度较高，更容易被广大客户接受，这也是客车企业普遍采用直驱电机方案的原因所在。

此外，中央集成电驱桥可以看作集中式驱动（见图1）发展至今的升级版。据了解，中央集成电驱桥是将电机横置集中在驱动桥上，由于取消了主减速器，有助于降低能耗，同时集成化的设计也减轻了整体重量，目前在10米以下的车型上具备一定的优势。

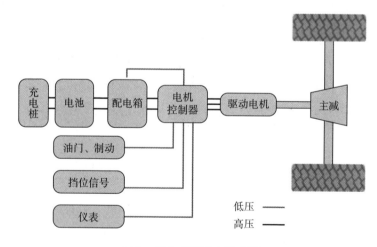

图1　集中式驱动布置方案

不过，集中式驱动技术虽然成熟度较高，但从细分驱动方案来看，也存在缺陷。例如，直驱电机就存在爬坡性能不足、中高速性能欠缺、重量较大、成本较高等问题。

即便如此，汽车企业为了产品能够早日投放市场，一开始基本会选择集中式驱动技术方案。在新能源客车市场化初期，政策红利是主要驱动力，车企肯定会寻求一种改动较为简易的驱动方案来快速抢占市场，而集中式驱动技术就是时下的最佳方案。

（二）分布式驱动渐成未来发展趋势

随着纯电动客车技术研究逐渐深入，其驱动系统的布置结构也逐渐由单一动力源的集中式驱动向多动力源的分布式驱动（见图2）发展。与集中式驱动相比，分布式驱动省去了变速器、传动轴、机械差速器、半轴等部件，把电机移动到车轮侧，使其传动结构变得更为简单。

目前分布式驱动中较为常见的是轮边驱动，该驱动型式是将驱动电机布局在车轮旁边，通过减速机构直接驱动车轮行驶。

首先，采用轮边驱动可以使车辆驱动系统及整车结构更加简洁、紧凑，容易实现低地板及站立面积和载客数的增加。其次，还能使整车重心降低，提高车辆行驶稳定性。再次，轮边驱动系统由于动力传动链短，能通过能源管理和动力系统控制策略优化驱动及制动力分配，降低能源消耗，提升车辆燃油经济性。与内燃机、集中电机驱动车辆相比，轮边驱动技术还能大大改善车辆的行驶动力学性能，通过电机控制技术，较为容易地实现 ABS、TCS 及 ESP 功能。最后，该系统可提高车辆转向行驶性能，并有效减小转向半径，甚至零转向半径，大大增加了转向灵便性。

与轮边驱动技术相比，被誉为纯电动客车终极解决方案的轮毂驱动技术则将分布式驱动的精髓发挥到了极致。

轮毂电机系统最大的特点就是将动力装置、传动装置和制动装置全部整合到轮毂内，从而使电动车的传统系统大为简化。装配轮毂电机的底盘比传统底盘少了很多零部件，在成本上会有较大优势。另外，其传动效率比集中式驱动和轮边驱动都要高。

初步测算，轮毂电机系统要比集中式驱动的效率高出 13% ~ 16%。而轮边驱动系统虽然原理上也是将电机布置在车桥上，但电机系统在通过减速机构后，会有10%左右的效率损失。而轮毂电机则是直接驱动车轮，避免了效率损失这一问题。

虽然优势显而易见，但分布式驱动存在的技术难题同样不容忽视。一方面，轮边电机簧下质量变大会影响整车的平顺性和操控性，目前仍没有一个理想的方案来解决轮边驱动的差速问题，尤其在高速转弯与路面颠簸情况下的差速控制。另一方面，轮毂电机的可靠性及非簧载质量加大的问题更为明显，同时，由于所有部件均集中在轮毂内，散热及电子控制问题也亟待解决。

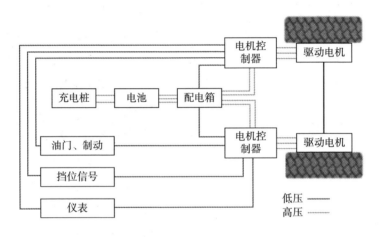

图2　分布式驱动布置方案

二　客车驱动总成及关键零部件概况

（一）驱动电机及特点介绍

1.电动客车对电机的基本要求

电动客车用电机驱动系统除了具有普通电气传动的特性外，还应满足电动汽车特定用途的要求：既能高速飞驰，又要能频繁启动、制动、上下坡、快速超车、紧急刹车、制动能量回收；既能适应恶劣气候条件，又要能承受道路的颠簸震动，还要保证司乘人员的舒适和安全。因此，电动客车对电机驱动系统有以下几点要求。

（1）基速以下输出大转矩，以适应车辆的启动、加速、负荷爬坡、频繁启动停止等复杂工况；基速以上为恒功率、高速运行，以适应最高车速、超车等要求。

（2）在恒转矩和恒功率区域，有较宽的调速范围和快速的转矩响应。

（3）全速响应范围内的效率最优化，以提高车辆的续驶里程。

（4）高功率密度和高恒功率比、良好的环境适应性、高可靠性和强鲁棒性。

（5）有高效的制动能量回收能力。

（6）电机体积小、质量轻，具有抗撞击、抗震动和抗腐蚀能力且价格合理。

与普通工业用驱动电机系统及通用变频器不同，电动汽车用驱动电机系统的特点是高可靠性、高性能、高效率、低成本、调速范围宽，如表1所示。

表1　工业用与汽车用驱动电机系统的主要差别

项目	工业用电机	汽车用电机
封装尺寸	空间不受限制,可用标准封装配套的各种应用	布置空间有限,必须根据具体产品进行特殊的针对性设计
工作环境	环境温度适中($-20℃\sim40℃$)	环境温度变化大($-40℃\sim105℃$)
可靠性要求	较高,以保证生产效率	很高,以保障乘车者安全,防护等级要求高
冷却方式	通常为风冷(体积大)	通常为水冷(体积小)
控制性能	多为变频调速控制	需要精确的力矩控制,动态性能较好
功率密度	较低($0.2kW/kg$)	较高($1\sim1.5kW/kg$)

2. 电动客车用电动机种类及比较

驱动电机是将电动客车中的电能转换成机械能的动力部件。目前，正在应用或开发的电动汽车驱动电机主要有直流电机、交流感应电机、永磁同步电机、开关磁阻电机四类，其中，开关磁阻电机仍处于研发状态，其他产业

应用产品分别介绍如下。

（1）直流电机

直流电机的制造技术较为成熟、调速性能好（平滑和准确）、结构简单，电磁转矩控制特性优良，但是由于直流电机笨重、可维护性差、机械接触的电刷换向器具有噪声、火花和无线电干扰、寿命短等缺点，逐步被其他类型的电动机取代。

图3　直流电机

（2）交流感应电机

交流感应电机具有结构简单可靠、免维护、体积小、重量轻、成本低、调速范围宽、对环境的适应性好等优点。交流感应电机的主要缺点是效率偏低，比交流永磁电机效率低约4%，且控制复杂。

（3）永磁同步电机

交流永磁电机具有效率高（95%）、功率密度大、可靠性高等优点，发展前景十分广阔，已在国内外多种电动车辆中获得应用。其缺点是成本较高、永磁体可靠性较低、制造难度大。

电动客车以前采用控制性能最好和成本较低的直流电机。随着电机技

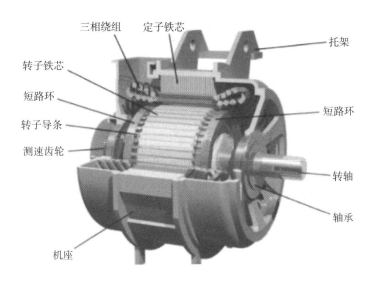

图 4 交流感应电机

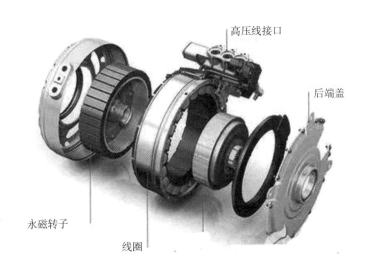

图 5 交流永磁同步的电机

术、机械制造技术、电力电子技术和自动控制技术的不断发展，交流异步电机与交流永磁电机逐步取代了直流电机。表 2 为现代电动客车所采用的各种电机的基本性能比较。

表2　现代电动客车电机的基本性能比较

项目	直流电机	交流感应电机	永磁同步电机
功率密度	低	中	高
峰值效率(%)	85~89	90~95	95~97
负荷效率(%)	80~87	90~92	85~97
转速范围(r/min)	4000~8000	12000~15000	4000~10000
可靠性	一般	高	非常高
结构坚固性	差	好	一般
电机外形尺寸	大	中	小
电机质量	重	中	轻
电机成本	低	高	高
控制器成本	低	高	高

3. 中国电动客车电机发展现状

在交流感应电机领域，中国已建立了具有自主知识产权异步电机驱动系统开发平台，形成了小批量生产的开发、制造、试验及服务体系；产品性能基本满足整车需求，大功率异步电机系统已广泛应用于各类电动客车；通过示范运行和小规模市场化应用，产品可靠性得到了初步验证。

在永磁同步电机驱动系统领域，中国已形成了一定的研发和生产能力，开发了不同系列产品，可应用于各类电动客车；产品部分技术指标接近国际先进水平，但总体水平与国外仍有一定差距；同时，虽然国内基本具备永磁同步电机集成化设计能力，但是多数公司仍处于小规模试制生产，少数公司已投资建立车用驱动电机系统专用生产线。此外，永磁电机的主要材料有钕铁硼磁钢、硅钢等。部分公司掌握了电机转子磁体先装配后充磁的整体充磁技术。虽然国内研制的钕铁硼永磁体最高工作温度可达280℃，但技术水平仍与德国和日本有较大差距。由于是硅钢作为制造电机铁芯的重要磁性材料，成本占电机本体的20%左右，厚度对铁耗有较大影响，日本已生产出0.27mm硅钢片用于车用电机，中国仅开发出0.35mm硅钢片。电机控制器关键部件电机控制器用位置转速传感器多为旋转变压器，目前基本采用进口产品，我国部分公司已具备旋转变压器的研发生产能力，但产品精度、可靠性与国外仍有差距。

4.电机技术发展趋势

驱动电机系统必须满足动力总成一体化的要求，并支持整车产品的系列化和生产的规模化，未来需要重点研究的内容：①系统的集成化；②高性能电机控制策略，电机效率优化；③系统热管理；④系统失效模式分析，系统可靠性、耐久性预测与快速评估方法；⑤系统电磁兼容，环境适应性研究及试验验证，电机系统成本控制等。综合技术和市场趋势分析，未来，车用驱动电机系统的三个技术发展方向是永磁化、数字化和集成化，如表3所示。

（1）永磁化指永磁电机具有功率密度和转矩密度高、效率高、便于维护的优点。

（2）数字化包括驱动控制的数字化、驱动到数控系统接口的数字化和测量单元数字化。用软件最大限度地代替硬件，具有保护、故障监控、自诊断等其他功能。

（3）集成化主要体现在两个方面：①电机方面：电机与发动机总成、电机与变速箱总成的集成化；②控制器方面：电力电子总成（功率器件、驱动、控制、传感器、电源等）的集成化。

表3　汽车电机及控制系统发展方向

项目	发展方向	特点及优势
电机类型	永磁化:永磁同步电机	高功率密度和高转矩密度、调速范围更宽、结构简单、重量轻、可靠性、操作性能好
控制系统	数字化:控制系统及控制功能单元数字化	高速、高集成度、成本低，并可具备保护、故障监控、自诊断等其他功能
电机结构	集成化:电机与变/减速器集成化、电机与电控集成化、电机与车桥集成化	减小体积和重量并降低成本

（二）驱动桥及特点介绍

驱动桥是位于传动系末端能改变来自变速器的转速和转矩，并将它们传递给驱动轮的机构。驱动桥一般由主减速器、差速器、车轮传动装置和驱动桥壳等组成,转向驱动桥还有等速万向节。另外,驱动桥还要承受作用于路面和车架或车身之间的垂直力、纵向力和横向力,以及制动力矩和反作用力。

1. 传统中央差减驱动桥

驱动桥的结构型式与驱动车轮的悬架形式密切相关(见图6)。当车轮采用非独立悬架时,驱动桥应为非断开式,即驱动桥壳是一根连接左右驱动车轮的刚性空心梁而主减速器、差速器及车轮传动装置都装在它里面。当采用独立悬架时,为保证运动协调,驱动桥应为断开式,这种驱动桥无刚性的整体外壳主减速器及其壳体装在车架或车身两侧,驱动车轮则与车架或车身做弹性联系并可彼此独立地分别相对于车架或车身做上下摆动,车轮传动装置采用万向节传动。具有桥壳的非断开式驱动桥结构简单、制造工艺性好、成本低、工作可靠、维修调整容易,广泛应用于各种载货汽车、客车及多数的越野汽车和部分小轿车上。但整个驱动桥均属于簧下质量,对汽车平顺性和降低动载荷不利。断开式驱动桥结构较复杂、成本较高,但它大大地增加了离地间隙,减小了簧下质量,从而改善了行驶平顺性,延长了汽车的平均车速,减小了汽车在行驶时作用在车轮和车桥上的动载荷,延长了零部件的使用寿命,由于驱动车轮与地面的接触情况及对各种地形的适应性较高,大大增加了车轮的抗侧滑能力。

图6 传统驱动桥

2.门式低地板驱动桥

门式低地板驱动桥也称门式桥(见图7),是一种应用于低地板公交车上的专用驱动桥,采用铸造桥壳,承载能力强,系统刚性好。门式桥离地重心低,四个支撑点采用空气气囊悬挂,抗冲击能力强,整车重心低,适合气簧悬挂,乘坐舒适平稳,整车内通道宽敞。此外,由于采用双级减速,传动可靠，齿轮形体小，受益于多点支撑传动，齿轮受到的外力冲击小，与传统车桥相比，传动噪声小。

图7　门式低地板驱动桥

配备了门式桥的客车（见图8）与普通公交客车相比，具有上车时没有台阶、一步就进入车厢且内部空间更大等特点，不仅使乘客上下车方便，减缓车上拥挤，而且使运行中停车时间缩短，增大了客运量。同时，轮椅车、婴儿车都可以方便进出车内。车门区无踏板，车内无横台阶，车内无座椅平台，座椅数量较多且乘坐舒适；离座、下车也更加安全方便。

图8　低地板客车

3. 先进驱动桥发展

电动客车作为新能源汽车发展的主流已经被世界公认，随着不可再生能源的消耗越来越大,作为能源消耗大户的汽车产业电动化趋势越来越明显。受限于目前的储能技术,电动汽车的续航里程和充电方便程度都无法和传统汽车相比。因此,作为具有时间和地点确定的公交客车成为电动汽车试点的排头兵,近几年中国各大城市公交客车电动化的速度之快震惊世界,引得无数资本争相进入纯电动客车行业,为了提高产品的市场竞争力,新技术的应用加快。

近年来驱动电机与驱动车桥的集成设计探索成为提高电动汽车性能指标、提高电动汽车安全可靠性设计的前沿方向。传统公交客车动力总成路线布置为"发动机 + 变速箱 + 缓速器 + 传动轴 + 车桥",为了快速实现电动客车产业化,各车企选择的最简便的方式是,将传统动力总成中的"发动机 + 变速箱 + 缓速器"置换成驱动电机,因此就有了第一代电动客车动力总成路线布置为"驱动电机 + 传动轴 + 车桥",这种结构优点是可以快速产业化,当然也带来了很多的不足,其中最典型的有三条:①没有充分发挥电驱动的优势,传动效率低下,系统的效率不会超过80%;②系统集成度不高,不符合汽车轻量化的发展方向;③制动能量回收率低下,受传统车桥锥齿轮固有特性限制,制动能量回收低于30%。

驱动电机与驱动桥集成后,取消了电机在车架上的布置、悬置附件及传动轴总成,整个总成在整车上的布置及安装也变得简单,只需要设计悬架系统与车桥连接即可,无需再单独设计电机的布置。对纯电动客车来说,由于增加了动力电池的放置,整车的布置空间异常紧张,集成化电驱桥可以缓解整车布置空间,提高整车底盘设计的效率。

(三)客车悬架及特点介绍

悬架是汽车的车架与车桥之间的一切传力连接装置的总成,其作用是传递作用在车轮和车架之间的力和扭矩,并且缓冲由不平路面传给车架或车身的冲击力,减少由此引起的震动,以保持汽车能平顺地行驶。客车常用悬架有钢板弹簧式非独立悬架、空气弹簧式非独立悬架、横臂式独立悬架、多连杆式独立悬架等。

1. 非独立悬架

非独立悬架的结构特点是两侧车轮由一根整体式车桥相连，车轮连同车桥一起通过弹性悬架悬挂在车架或车身的下面。非独立悬架具有结构简单、成本低、强度高、保养容易、行车中前轮定位变化小的优点，但由于舒适性及操纵稳定性都较差，在现代轿车中基本上已不再使用，多用在货车和大客车上。

（1）钢板弹簧式非独立悬架

钢板弹簧一般用两个 U 型螺栓固定在前桥上弹簧两端的卷耳孔中压入衬套。前端卷耳用钢板弹簧销与前支架相连，形成固定的铰链支点；后端卷耳则通过前板簧吊耳销与用铰链挂在吊耳支架上，可以自由摆动的吊耳相连接，从而保证了弹簧变形时，两卷耳中心线间的距离有改变的可能（见图9）。

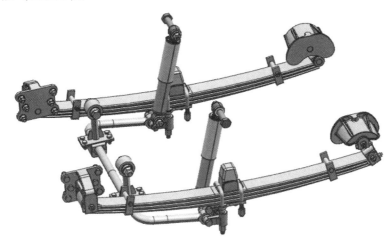

图9　板簧悬架

（2）空气弹簧式非独立悬架

空气弹簧非独立悬架是非独立悬架中的弹性元件采用空气弹簧时的悬架（见图10）。由压气机、储气筒、高度控制阀、空气弹簧、控制杆等组成，此外还有减振器、导向臂、横向稳定杆等。

图10　非独立空气悬架

采用空气悬架使汽车行驶具备良好的平顺性，同时还可以实现单轴或多轴的提升，以及改变车身高度和对路面破坏小等一系列优点，但也有结构复杂、对密封要求严格等缺点。目前，国内在商用客车、货车及部分挂车上得到应用。

2. 独立悬架

独立悬架是每一侧的车轮都是单独地通过弹性悬架悬挂在车架或车身下面，优点是：质量轻，减少了车身受到的冲击，并提高了车轮的地面附着力；可用刚度较小的软弹簧，改善汽车的舒适性；可以使整车重心降到很低，从而提高汽车的行驶稳定性；左右车轮单独跳动，互不相干，能减小车身的倾斜和震动。按其结构型式的不同，独立悬架又可分为横臂式、多连杆式等。

（1）横臂式独立悬架

横臂式独立悬架是指车轮在汽车横向平面内摆动的独立悬架，按横臂数量又分为单横臂式独立悬架和双横臂式独立悬架。

单横臂式悬架具有结构简单、侧倾中心高、抗侧倾能力较强的优点。但随着现代汽车速度的提高，侧倾中心过高会引起车轮跳动时轮距变化大，轮胎磨损加剧，而且在急转弯时左右车轮垂直力转移过大，发生导致后轮外倾增大。同时，由于减少了后轮侧偏刚度，高速甩尾等严重工况的概率大大增加。单横臂式独立悬架多应用在后悬架上，但由于不能适应高速行驶的要求，目前应用仍然不多（见图11）。

图11　单横臂式悬架

双横臂式独立悬架按上下横臂是否等长，又分为等长双横臂式和不等长双横臂式悬架两种。等长双横臂式悬架在车轮上下跳动时，能保持主销倾角不变，但轮距变化大（与单横臂式相类似），造成轮胎磨损严重，现已很少用。对于不等长双横臂式悬架，只要适当选择、优化上下横臂的长度，并通过合理的布置，就可以使轮距及前轮定位参数变化均在可接受的限定范围内，保证汽车具有良好的行驶稳定性。目前不等长双横臂式悬架已广泛应用在轿车的前后悬架上，部分运动型轿车及赛车的后轮也采用这一悬架结构（见图12）。

（2）多连杆式独立悬架

多连杆式独立悬架（见图13）是由3~5根杆件组合起来控制车轮的位置变化的悬架。其能使车轮绕着与汽车纵轴线成一定角度的轴线内摆动，是横臂式和纵臂式的折中方案，适当地选择摆臂轴线与汽车纵轴线所成的夹角，可不同程度地获得横臂式与纵臂式悬架的优点，能满足不同的使用性能要求。多连杆式悬架的主要优点是：车轮跳动时轮距的变化很小，不管汽车是在驱动状态还是制动状态，都可以按司机的意图进行平稳的转向。其不足之处是汽车高速行驶时有轴摆动现象。

上横臂

下横臂

图 12　双横臂式独立悬架

图 13　多连杆式悬架

（3）双纵臂式独立悬架

纵臂式独立悬架（见图 14）是指车轮在汽车纵向平面内摆动的悬架结构，分为单纵臂式和双纵臂式两种。单纵臂式悬架，当车轮上下跳动时会使主销后倾角产生较大的变化，因此单纵臂式悬架不用在转向轮上，双纵臂式

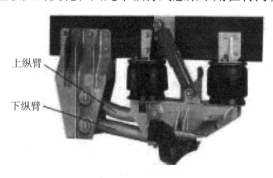

上纵臂

下纵臂

图 14　双纵臂式独立悬架

悬架的两个摆臂一般做成等长的，形成一个平行四杆结构，这样，当车轮上下跳动时主销的后倾角保持不变。

3. 客车悬架发展概况

近年来，空气悬架系统在客车上的应用越来越多，尤其是在新能源客车市场出现井喷的背景下，空气悬架的发展迎来了契机。随着人们对乘车舒适性要求的逐步提高，空气悬架系统在客车上的配装率会越来越高。

随着新能源客车技术的不断发展，空气悬架依然是未来的发展趋势。另外，对轻量化、智能化、低能耗的特殊需求，零部件集成化设计成为必然趋势。通过集成化设计，一方面可以简化主机厂的装配，提高产品合格率；另一方面零部件集成化后，不仅增大整车布置空间，有利于整车的个性化设计，而且使整车 NVH、平顺性、能耗等方面都有不同程度的提升。电驱动总成的集成化设计不仅可以实现驱动系统的小型化和轻量化以降低成本，还可以提高效率，降低整车能耗。目前，集成化电驱桥已经大量涌现市场，以采埃孚、比亚迪为代表的整体式轮边电驱总成已经大量应用，纯电动客车的电驱总成又与悬架系统紧密相连，整体式的轮边电驱总成簧下质量重、影响舒适性等问题已显现。悬架与轮边电驱总成集成将会有效地降低簧下质量，提高整车的舒适性及平顺性。此外，悬架与电驱动总成进一步集成是一个方向，但是此方案目前尚不成熟，还需一定的时间来验证和改善。

三　客车集成化电驱总成概况

在传统公交客车中，客车动力总成包括发动机、变速箱、缓速器、传动轴、车桥等，这些零部件共同组成了动力总成系统。而纯电动客车和传统的公交客车不同，采用的是电驱动，这也是新能源电动客车能源消耗较低的原因。最初的新能源电动客车中，采用的是最简单的设计方法，也就是将原有的发动机、变速箱和缓速器换成驱动电机，客车的动力总成系统就变成驱动电机、传动轴、车桥。随着新能源电动汽车市场越来越活跃，关于电动客车电驱总成的一体化研究开始进入工程师的视野，通过将驱动电机、驱动桥、减速器三个部件一体化、集成化，可以实现轻量化、高效、小型化，同时降低成本，在一定程度上解放空间、利于整车布置。应对市场对集成化电驱桥的需求，各式各样的集成客车动力总成不断涌现，各种集成化动力总成各有其特点。

（一）中央集成电驱桥

中央集成电驱桥总成是将驱动电机与传动装置高度集成在桥壳上，为整车提供动力、承载并传递车身扭力的装置。根据驱动电机输出轴方向与车轮轴方向的布置分为纵置中央集成电驱桥和横置中央集成电驱桥。

1. 纵置中央集成电驱桥

纵置中央集成电驱桥是指驱动电机输出轴方向与车轮轴方向垂直的电驱桥（见图15），比较典型的代表是美驰车桥蓝色地平线（Blue Horizon）电驱动桥。此种结构电驱桥采用螺旋伞齿的减速器机构，使得电机、减速器机构、驱动桥高度集成，整个电驱桥结构紧凑，极大地增加了整车布置空间。但是依赖传统准双曲面齿轮的减速方式，也限制了速比的优化，导致电机转速不能过高，电机的功率密度也就无从谈起。此外，比起主流的平行轴布置，螺旋齿轮无论是成本、精度、NVH还是装配调整，都比圆柱齿轮困难得多。

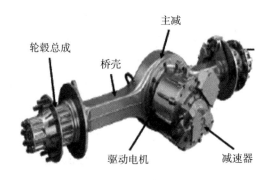

图15　纵置中央集成电驱桥

2. 横置中央集成电驱桥

横置中央集成电驱桥是指驱动电机输出轴方向与车轮轴方向平行的电驱桥（见图16）。横置集成驱动桥是驱动电机与变速箱连接，取消了传统的传动半轴，由单个永磁电机作为动力源，经变速器将动力传递给车轮。横置集成驱动桥主要由驱动电机、变速箱、差速器、制动系统、空气悬臂和桥壳、轮毂等零部件构成。比较典型的代表有比亚迪中央集成桥、东风德纳中央集成桥。

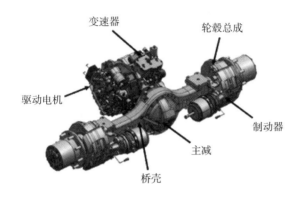

图16　横置中央集成电驱桥

（二）轮边电驱桥

轮边电驱桥（见图17）摒弃了传统内燃机汽车的发动机、离合器、变速箱、传动轴、差速器等部件，通过轮边减速机构把驱动电机集成在轮边，此驱动方案采用电子差速代替机械差速功能，需要把方向盘转角信号和左右两轮转速信号发送至电机控制器，经电机控制器分析计算后发出不同的指令，驱动两侧电机以不同速度旋转来实现等速或差速运动。

轮边电驱桥作为一种新的驱动方式，与中央集成桥驱动相比，轮边电机驱动桥有以下独特的优势。

（1）增加车内空间，降低车厢底板高度。可以让客车布置型式更加方便，让底盘设计更能满足内部空间和乘客安全的要求。

（2）增加整车设计的自由度。由于没有传动轴、变速箱以及差速器，

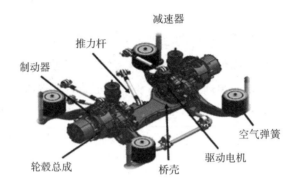

图 17　轮边电驱桥

车辆纵梁的设计自由度大大增加，进一步增加了整车的安全性，可以将动力电池组布置在客车底板或者车顶，达到较合理的质量分配比。

（3）控制更优。动力控制由硬连接变为软连接，能通过电子控制，实现各车轮从零到最大速度之间的无级变速和车轮间的差速要求以及 ABS、TCS 等电控系统，提升车辆行驶性能。

（4）容易实现轮毂的电气制动、机电复合制动和制动过程中的能量回馈。轮边电驱桥一般采用圆柱齿轮，较传统主减的螺旋伞齿有较高的回馈承受能力，可有效地提高整车续航里程。

（5）对轮边电机驱动的电动汽车，若进一步导入四轮转向技术（4WS），减小转向半径，还可能实现零半径转向。

（6）轻量化整车。由于省去了不必要的差速器和传动轴，采用分布式驱动型式大大减轻了整车的质量。

（三）独立悬架轮边电驱桥

1. 双横臂独立悬架轮边电驱总成

双横臂轮边驱动独立空气悬架主要包括独立式后空气悬架和驱动电机。而独立式后空气悬架又包括轮边装置、上控制臂和下控制臂，其中，驱动电机通过法兰装置与轮边装置连接，从而驱动轮边装置内的车轮转动；上控制臂和下控制臂的一端分别与轮边装置铰接，上控制臂和下控制臂与轮边系统的连接处分别位于轮边装置的上方和下方，驱动电机与控制器连接，左右轮分别被各自独立电机直接驱动，通过控制器的差速控制实现转弯时内外车轮不同转速运动，提高了传动效率，同时降低了传动噪声，且各个轮子由此悬架单独控制，互不相干，能减小车身的倾斜和震动，增加了整车的舒适性。采用轮边驱动及独立悬架，将中央驱动型式变化为分布的轮边驱动，节省车辆大量中部空间的同时，可增加传动效率，特别适用于低地板、宽通道需求的纯电动客车。

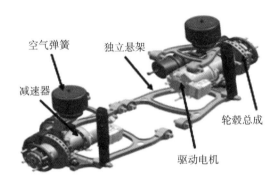

图18　双横臂独立悬架轮边电驱总成

2.双纵臂独立悬架轮边电驱总成

双纵臂空气独立悬架轮边驱动总成包括左悬架及对称布置在车身两侧的右悬架。左悬架与右悬架结构相同，均包括减速器、驱动电机、车轮装置、轮毂、半轴、上摆臂、支撑臂、气囊组件、减振器及下摆臂。通过将驱动电机布置在客车的车轮部位，驱动电机位于减速器的输出轴所在的一侧，其输出轴与电动客车轮毂连接，可实现对客车的驱动。此外，两个减速器之间的距离即为客车的过道宽度，从而达到增大客车车内空间、降低客车地板高度的目的。

（四）轮毂电机电驱桥

轮毂电机驱动方式是将电机安装于车轮的轮毂内，输出转矩直接驱动车轮，对驱动系统来说是一个革命性的创新。该方案也需要将方向盘转角信号经电机控制器传递给两侧车轮来实现差速或转向。整车控制器通过检测整车

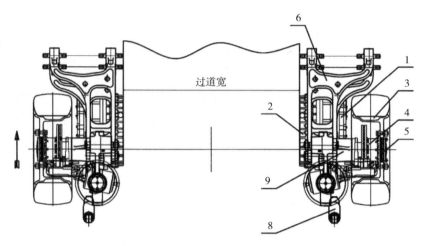

图19　双纵臂独立悬架轮边电驱总成

注：1. 驱动电机；2. 减速器；3. 车轮装置；4. 轮毂；5. 半轴；6. 上摆臂；7. 支撑臂；8. 气囊组件、减振器；9. 下摆臂。

状态与方向盘信号，对左右车轮轮毂电机控制器发出不同控制指令，以满足车辆各种路况的行驶要求。

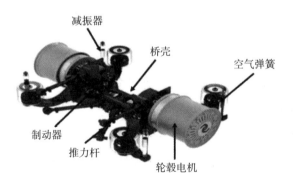

图20　轮毂电机电驱总成

轮毂电驱桥相对于轮边电驱桥有以下优势。

（1）省略大量传动部件，让车辆结构更简单。除了结构更为简单之外，采用轮毂电机驱动的车辆可以获得更高的空间利用率，同时传动效率大大提升。

（2）可实现多种复杂的驱动方式。由于轮毂电机具备单个车轮独立驱动的特性，无论是前驱、后驱还是四驱形式，都可以比较轻松地实现，尤其是全时四驱的应用。同时，轮毂电机可以通过左右车轮的不同转速甚至反转实现类似履带式车辆的差动转向，大大减小车辆的转弯半径，在特殊情况下几乎可以实现原地转向（不过此时对车辆转向机构和轮胎的磨损较大），对于特种车辆很有价值。

（五）电驱桥特点分析

随着新能源汽车技术的不断发展，零部件集成化设计已经成为必然趋势。通过集成化设计，一方面可以简化主机厂的装配，提高产品合格率；另一方面可以大规模缩减供应商数量，还可以达到轻量化、节约成本等目的。应对市场对集成化电驱桥的需求，各式各样的集成客车动力总成不断涌现，各种集成化动力总成各有特点（见表4）。

表4　电驱桥特点分析

驱动方式	示意图	优势	劣势
直驱		·开发成本和制造成本低	·占用空间大 ·重量大
集成桥		·集成度高，结构紧凑，便于整车布置 ·集成化后可换挡	·无法应用于低地板公交车 ·维修便利性差 ·簧下质量大且偏置，整车舒适性差
同轴桥		·集成度高，结构紧凑 ·重量轻 ·传动效率高	·无法应用于低地板公交车 ·维修便利性差 ·簧下质量大，整车舒适性差 ·电机壳体受承载变形，风险高
轮边桥		·可实现全通道低地板车型布置 ·可跛行	·维修便利性差 ·簧下质量大，整车舒适性差 ·开发成本和制造成本高 ·无法匹配板簧悬架和鼓式制动器 ·控制要求高
轮毂驱动桥		·可实现全通道低地板车型布置 ·可跛行 ·传动效率高	·维修便利性差 ·簧下质量大，整车舒适性差 ·开发成本和制造成本高 ·控制要求高 ·对电机开发成本高

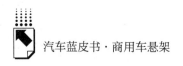

四　客车集成化电驱桥行业发展趋势

（一）电驱桥行业现状

驱动后桥动力总成系统作为纯电动商用车的主要动力来源及主要承载件和传动件，其质量直接关系到车辆的使用品质和使用寿命。在驱动桥的设计过程中，为了保证车辆的承载能力，需要增加驱动桥的桥壳厚度。然而，桥壳厚度的增加不仅会增加驱动桥的质量使制造成本升高，而且会降低汽车的燃油经济性，增加对环境的污染。传统燃油车的驱动后桥已形成几种固有的使用结构，可以保证承载能力的同时做到轻量化。但是电动商用车不同于传统燃油汽车，其动力源由发动机转变成电机，能源由汽油转变成电能。因此需要对驱动后桥结构进行新的设计，在达到电动汽车承载能力的同时，做到体积最小来满足电动电池的空间排布需求。

1. 国外电驱桥

国外客车分散式驱动研究相对国内较早，90 年代就有相关企业从事该方面的研究。在大巴、城市公交车领域，AVE130 电驱总成（见图 21）作为采埃孚最新研发的创新产品，主要应用于纯电动和串联混合动力公交车。该产品基于电动独立轮驱动，车桥两侧轮端分别内置一个水冷式三相异步感应电机，与标准低地板车桥拥有几乎相同的安装尺寸。

图 21　采埃孚 AVE130 轮边电驱总成

荷兰 E-Traction 公司开发出适用于大型客车的轮毂电机技术，将轮毂电机控制系统、IGBT 及 ABS 传感器等与驱动电机本体共同集成在轮毂内，动力系统控制器结合转角方向、大小、电机转速及轮毂内微控传感器信号综合计算得出轮边电机差速值。其轮毂系统在欧洲 VDL 公司的 12 米纯电动城市客车上进行了应用（见图 23）。

图 22　多挡中央集成电驱桥

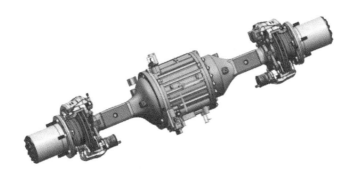

图 23　同轴式中央集成电驱桥

2017 年北美亚特兰大展会上美驰推出了美驰蓝色地平线（Blue Horizon）电驱桥，2018 年 7 月 31 日，Blue Horizon 电驱桥在国内徐州工程正式亮相，这也是美驰电驱桥首次登陆中国市场。

2. 国内电驱桥

比亚迪最早于 2009 年开始研发轮边电驱总成的，自 2011 年起，比亚迪装载轮边电机的客车在国内问世，随后在南京、杭州、深圳等地推广，受到了广大公交公司的欢迎。目前搭载轮边电驱总成的 K9 已经有数万辆公交车在运行。2014 年比亚迪推出了中央集成电驱桥，主要搭载 8 米左右的轻型客车，目前已有上千辆客车搭载其运营（见图 24）。

图 24　单挡中央集成电驱桥

长江汽车以及天津天海同步科技公司对于轮边电机驱动桥技术的研发投入。使得其在该领域成为全球最强最大的研发与生产基地，迄今已经形成 5 吨、8～10 吨、13 吨等规格的轮边电机驱动桥（见图 25、图 26）。在商用车领域，长江汽车全新自主研发了轮边电机驱动桥，取代了传统车的发动机、变速器、离合器、传动轴和后桥，实现了高度集成，提高了可靠性和传动效率。同时采用低速高扭驱动电机，自带配置 IMU，实现 ESC 主动控制策略

图 25　轮边电驱桥

协调再生制动策略，由电机直接驱动减速器。全新行星太阳轮设计，能够满足峰值扭矩内的任意扭矩回收或辅助制动，多处部件采用铝合金材料，实现轻量化设计。

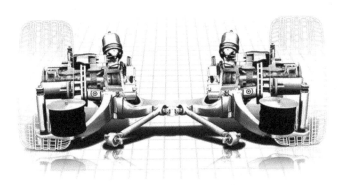

图26　长江轮边电驱总成

中植汽车与乌克兰科学家团队历经三年的论证和调试，完成国内首批独立悬架轮边驱动总成在纯电动客车量产。该车采用国内领先轮边科技，无"桥"传动，更少能量损耗，整车同比减重20%，可以实现更长续驶里程。目前，发布"中植牌"轮边驱动城市客车。

2016年在上海国际车辆及零部件展览会上，东风德纳车桥展出了一款针对新能源车辆研发的电驱桥（见图27、图28），这块电驱桥针对GVW为6～8t的纯电城市物流车、8米纯电动客车、7米纯电动旅游客车，是东风耗资1000多万元研发的四合一电驱总成（电机、差速器、减速器、车桥）。

图27　东风德纳四合一集成电驱桥

图 28　东风德纳中央集成电桥

（二）客车轻量化促使电机、驱动桥以及悬架的集成化

1. 客车轻量化

近年来随着城市空气污染的加剧，整个社会对城市车辆电动化的呼声越来越高，作为我国重点发展的战略性产业，新能源客车在交通运输中的地位已经被认可，尤其是纯电动客车的研究，使得电动汽车在城市运行中为营造和谐城市公交发挥了重要的作用。纯电动客车动力总成改变了传统客车传动系统的动力总成的布置型式，车桥总成与驱动电机集成为一体，自成驱动系统，整车设计中无须考虑电机的布置及传动轴的设计，极大地提升了整车车内空间，使整车布置更加自由多样化。

基于轻量化技术及集成化设计思路，采用集成化动力系统及四轮独立悬架，实现了客车底盘动力平台的轻量化，具备四驱能力，可显著提高汽车动力性能及在低附着路面下的通过性能，增强客车在雨雪湿滑路面的行驶安全性，不仅结构简单、紧凑，体积小，操纵稳定性、乘坐舒适性及 NVH 性能好，而且简化了客车生产装配步骤，有效提高了生产效率（见图 29）。

2. 客车低地板需求

低地板客车已在欧美等发达国家广为应用，在我国则处于起步阶段。德国公司开发的城市客车底盘专用的低位前轴、前轮独立悬架，以及低位后驱动桥总成，在 21 世纪初即已在欧洲得到广泛采用，从而使城市客车的地板高度得以降低到很低。其前门及中门处均与车内地板平齐，取消了车门台阶，前走道及中段地板形成平坦通道，轮椅车及婴儿车都可进出方便，中段

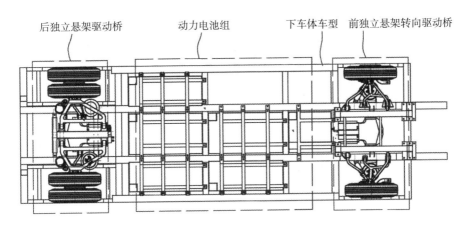

后独立悬架驱动桥　　　动力电池组　　　下车体车型　前独立悬架转向驱动桥

图29　四轮独立悬架客车

还留出空间用于停放轮椅车，并有挂钩可将轮椅车固定，避免轮椅车在城市客车行进中出现前后窜移或左右摇晃。而低入口客车与低地板客车的区别主要在于底盘底架的后桥区域。低入口客车仅在前门与中门后轴前的地板区域为一级踏板，其在后桥区域通过一级台阶踏板与前段地板通道相连；低地板客车则是从前轴前到后桥后的地板通道保持一级踏板或在后桥区域以斜坡过渡方式保证地板通道的连续性，一般在后桥后可以加开第三乘客门。国外先进低地板客车采用轮边驱动技术，则可实现全通道低地板，车内空间更大，整车布置更灵活（见图30）。

目前市场上的新能源客车大多存在以下问题：客车前桥轴荷轻，后桥轴荷重，客车前轴、后轴轴荷比小于1∶1；要保证安全性，客车只能采用前单胎、后双胎的布置型式，导致客车后桥处通道狭窄，车内后部通用性差，乘客乘坐舒适度不佳。

客车采用独立悬架轮边驱动总成，减少了传统客车上电机与传统轴的布置空间需求，在均衡客车前、后轴荷的同时大大增加了客车的内部空间。另外，客车采用独立悬架轮边驱动总成，有效降低了客车的地板高度，提高上、下车的方便性及舒适性；为使客车前轴、后轴的轴荷相等，设置在客车上的空调和电池箱由客车后部移至前部，有效地将客车后部载荷均衡至前

图30 全通道低地板客车

部；客车的前轴、后轴轴荷均衡之后，客车后胎可采用单胎布置形式，大大增加了车内后桥通道宽度，提高客车通用性和乘客乘坐舒适性。

（三）电驱桥行业发展趋势

随着电动客车数量越来越多，市场对电动客车的续驶里程及其舒适性要求越来越高，能量利用率要求也越来越高，集成化已然成为电动客车发展的一个重要方向。但目前人们真正研究集成化电驱桥的时间还很短，还有很多问题需要解决，这些问题都制约着电驱桥的应用与发展，因此未来还需要在以下几个方面进行深入研究。

1. 电机技术

电机性能直接决定了电动汽车性能。异步电动机、永磁同步电动机等电动客车常用的电动机不同指标需要综合考量来满足不同的使用情况。此外还要进一步加强定子绕组设计、定子裂比、齿槽数的优化、磁钢尺寸的优化、永磁材料的研究和保护等电动机结构的设计研究。

2. 高传递效率

在全球化能源短缺的现状下，提高机械产品的传动效率日益成为人们关注的热点,提高传动效率迫在眉睫;在机械传递方面,通过降低齿轮传递损失、搅油损失,可有效地提高传动效率;而在电驱桥方面,提高电机效率、提高电机高效区占比、优化电机高效区也是不错的措施;在制造方面,可通过提高电驱桥的加工及装配精度、降低装配和加工误差等措施提高传动效率。

3. 低噪声

汽车噪声是汽车制造鉴定中一个重要的指标,它是交通噪声中最主要的部分。现代汽车的噪声特性是衡量汽车质量的重要标志之一。汽车噪声不仅造成周围环境的污染,影响人们的生活和工作,而且车内的噪声与振动、温度、湿度等环境因素相比是降低车辆舒适性的主要因素之一。为了提高车辆的舒适性,世界各大汽车公司都把车内噪声的控制作为重要的研究方向。

4. 轻量化设计

质量是影响整车续驶里程及能耗的一个重要指标,所以电驱桥的轻量化设计刻不容缓。在材料方面,尽量采用新型高强度材料和轻型合金材料,加快新材料的研究;在结构方面,合理布局,通过拓扑优化,尽量减少材料。

五 小结

随着新能源客车技术的不断发展,零部件集成化、通用化设计已经成为必然趋势,一方面可以简化主机厂的装配,提高产品合格率;另一方面对于整车的模块化、平台化、轻量化、系列化都具有划时代的意义。电驱动总成的集成化设计不仅可以实现驱动系统的小型化和轻量化以降低成本,还可以提高效率,降低整车能耗。另外,随着国家补贴的退坡,且对能耗指标的要求越来越高,轻量化、集成化已经成为行业发展的必然趋势。

B.4
商用车悬架系统智能化应用进展概述

李跃伟　李军　邓友浪*

摘　要： 本文对目前在商用车领域所普遍采用的智能化空气悬架系统进行了分析，从系统结构入手，梳理了目前国内外普遍采用的 ECAS 的结构及性能特点；然后结合行业发展趋势，尤其是国内外相关零部件以及主机厂的技术发展趋势，提出了智能化悬架未来可能的发展方向。

关键词： ECAS　智能化悬架　商用车

目前在商用车领域，悬架系统主要有传统的钢板弹簧悬架以及空气悬架两种。空气悬架凭借着更高的舒适性、智能化以及对路面和货物的保护能力，在国外得到了普遍应用。20 世纪 50 年代初期，欧美开始在客车和卡车上使用汽车空气悬架系统，90 年代末期空气悬架在欧美客车的使用比例达到 95% 以上，卡车及半挂车的使用比例达到 80% 以上；日本二十多年前开始使用空气悬架，现在各厂家生产的卡车中，4×2 牵引车空气悬架已占到 90%，6×2 货车空气悬架已占到 60%，而钢板弹簧悬架多用于军车。

对于国内商用车市场，空气悬架的应用主要集中在高级客车上，且以选装国外空气悬架产品为主，而载货车上的应用尚处于起步阶段。随着国内 GB7258-2017 的颁布，总质量 ≥12t 的危险货物运输货车的后轴、所有危险

---

* 李跃伟，高级工程师，北京福田戴姆勒汽车技术中心底盘所专家；李军，高级工程师，北京福田戴姆勒汽车技术中心底盘所所长；邓友浪，中级工程师，北京福田戴姆勒汽车技术中心底盘所悬架系统设计经理。

货物运输半挂车、三轴栏板式/仓栅式半挂车都应装备空气悬架。此外，交通部《营运客车类型划分及等级评定》（JT/T325－2002）规定，大型客车高一级、高二级、高三级必须全部采用空气悬架，在中型客车高二级、高一级 A 型中也必须全部采用空气悬架。《道路车辆外廓尺寸、轴荷及质量限值》（GB1589－2016）规定：单侧装备双胎的承载桥最大允许轴荷限值在装备空气悬架时为 11.5T，而普通悬架最大限值为 10T；双驱动轴为每轴每侧双轮胎且装备空气悬架时，最大允许轴荷的最大限值为 19T，而普通悬架最大限值为 18T。随着悬架系统的发展以及法规的逐渐执行，空气悬架在国内市场必将得到大规模应用。

商用车悬架系统智能化主要是针对空气悬架系统来说，通过在系统中增加传感器、控制单元以及执行机构来实现悬架高度、刚度、阻尼等单一或全部参数的调节，满足车辆不同的使用要求以及保证良好的性能。

一 国内外相关产业的发展现状

对于国内各主机厂来说，所匹配的空气悬架简化结构如图 1 所示，通过控制系统对空气弹簧进行充放气来保证车辆在各种工况下对悬架系统的不同需求。图 1 所示为匹配 ECAS（Electrical Control Air Suspension）的空气悬架系统。

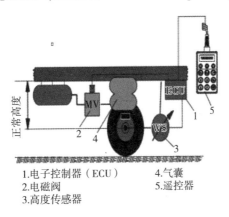

1.电子控制器（ECU）　　4.气囊
2.电磁阀　　　　　　　　5.遥控器
3.高度传感器

图 1　匹配 ECAS 的空气悬架结构示意

目前国内控制单元主要有机械控制系统和ECAS两种。对于机械控制空气悬架系统，其控制原理以及气路如图2和图3所示。

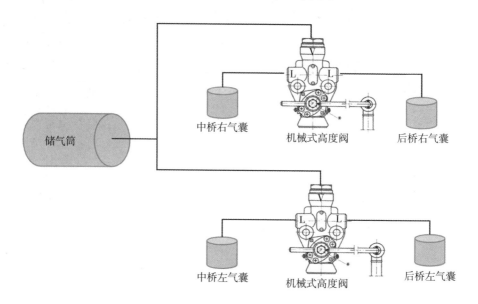

中桥右气囊　　机械式高度阀　　后桥右气囊

中桥左气囊　　机械式高度阀　　后桥左气囊

图2　机械控制式空气悬架原理示意（被动调节）

图2所示的控制系统仅能根据载荷情况被动调节，保证车辆空载、满载悬架高度不变，功能比较单一；图3所示的控制系统除能满足车辆在正常使用情况下车高恒定外，在一些特殊条件下可以通过手动滑阀进行车高人为调节，基本能够实现部分ECAS功能。但该悬架系统仍属于机械控制悬架系统，如表1所示，与智能化悬架有一定差距。出于成本考虑，目前国内各主机部分车型还采用此结构。

随着电控技术的快速发展，以及基于牵引车市场对甩挂运输的要求，欧美和日本等汽车工业发达国家纷纷提出在传统被动空气悬架系统的基础上增加电子控制单元，从而构成电子控制空气悬架系统（ECAS）。ECAS能够实现车身高度的主动调节和自适应控制，对于改善车辆在行驶过程中的乘坐舒适性、操纵稳定性以及燃油经济性都具有重要作用，逐渐成为智能化悬架发展的焦点。ECAS通过采用传感器、电磁阀以及ECU（Electrical Control Unit）

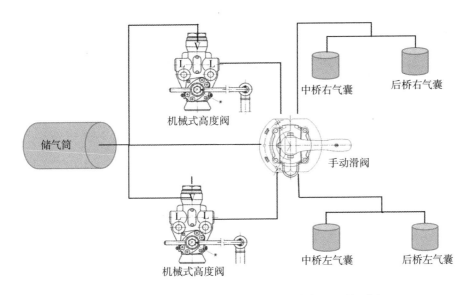

图3　机械控制式空气悬架原理示意（被动＋手动调节）

表1　机械式与 ECAS 系统控制功能对比

控制功能	机械式		ECAS
	高度阀	高度阀 + 手动滑阀	
车高保持	●	●	●
车高调节		●	●
负载/空载高度记忆			●
驾驶过程高度自动调节			●
驱动帮助			●
轴荷检测			●
遥控功能			●
其他用户自定义功能			●
调节方式	—	人工调节	ECU 自动控制或人工操作

等电控原件，实现了空气悬架系统的智能化控制：ECU 将传感器传递过来的各种信号进行分析处理，按照特定的控制逻辑通过电磁阀对空气悬架系统进行实时调节。例如匹配该系统的 6×2 车辆，可以根据车速、载荷等车辆输入信号，实现驱动帮助、后桥提升以及节油车高等悬架自适应调节。匹配 ECAS 的空气悬架系统属于智能化悬架系统的范畴，目前国内主机厂如一

汽、东风、陕重汽、福田等都采用此结构，属于主流配置。

整个 ECAS 系统的主要零部件为 ECU、电磁阀、高度传感器和压力传感器，其控制原理如下。

（1）高度传感器安装在车身（车架）与桥之间，检测车身与车桥之间的高度变化。

（2）检测值转变为电信号传递给 ECU。

（3）ECU 将该检测值与系统设定值进行比较。

（4）如果二者存在偏差，ECU 向电磁阀发出控制信号。

（5）电磁阀根据控制信号对空气弹簧进行充放气，改变车身与车桥之间的高度。

对于国外的商用车主机厂，尤其是欧洲市场，像奔驰、沃尔沃、曼恩、斯堪尼亚等基本采用匹配 ECAS 的空气悬架系统。根据采用高度传感器的数量，一般分为 1 点控制、2 点控制和 3 点控制三种。

（1）1 点控制主要应用于部分空气悬架，将高度传感器安装在前转向桥或后桥。该种控制方式所采用的电磁阀向悬架左右两侧的空气弹簧输出同样的压力，即左右弹簧保持连通状态。该种控制方法优点是：安装简单，节省一个高度传感器可以有效降低成本，同时可以避免由于装配精度不高带来的左右空气弹簧压力不一致；缺点是：由于只安装一个高度传感器，控制精度不高，对几个特殊工况无法有效控制，同时车辆在稳态转向时由于左右空气弹簧连通状态，不能起抑制侧倾的作用，降低悬架系统的侧倾刚度。目前国内外后空气悬架牵引车主要采用此结构，但国外也有部分主机厂采用 2 点控制。

（2）2 点控制分两种情况：一种是用于全空气悬架，前转向桥和后桥各有一个高度传感器；另一种是用于重心较高或载荷左右不均匀的部分空气悬架后桥。对于第二种情况主要是针对目前市场上的平板车，由于在货物装载以及运输过程中存在左右载荷分布不均匀的情况，如果采用 1 点控制会使左右两侧车架高度不一致，导致危险发生，所以对于平板车后空气悬架系统普遍采用 2 点控制。该控制方式所采用的电磁阀能够根据 ECU 的输入指令，向左右两侧空气弹簧提供不同气压，保证车辆即使在左右载荷不一致情况下车架也能保持水平。当车辆在各种转向工况下行驶时，由于左右两侧空气弹簧各自独立，空气弹簧可以起到抑制车辆侧倾的作用，故可以有效地提高悬架侧倾刚度，提升车辆操纵稳定性。目前国外部分匹配后空气悬架系统的牵引车，为了追求更好的性能，也采用此控制方式。

（3）对于 3 点控制，主要用于全空气悬架系统，前转向桥安装一个高度传感器，后桥安装两个高度传感器。该种控制方式是通过两个电磁阀实现对前后空气悬架系统的控制，主要应用在全气囊的载货车以及高档客车上。全气囊平板车之所以采取该结构是为了在满足限高法规的前提下尽量采用大的货箱，这势必会导致整个底盘高度降低，离地间隙减小，但在一些特定工况下，如相对较差的路面行驶时，需要升高整个底盘高度，以提升通过能力。对于高档客车而言，采用 3 点控制还可以实现车身高度调节功能，便于行动不便乘客的上下车。

根据未来商用车发展趋势，空气悬架在适用于高速公路的大中型客车、专用客车、载货车以及挂车上的应用越来越普及；并且在颁布实施的相关标准中，对商用车悬架系统配置做出了明确要求，高级大中型客车以及危险品运输车后悬架使用空气悬架。与此同时，随着重型汽车对路面破坏机理认识的进一步加深，ECAS 在重型汽车中的应用也会进一步扩大。因此，随着相关市场的快速发展，ECAS 的产品需求必将快速增长。然而，国内所装备的ECAS，其电控系统完全依赖于进口，进而导致 ECAS 成本较高，由于目前国内相关产业相对不太成熟，可靠性存在一定问题，暂时无法打破国外企业的行业垄断。目前电控系统的供应商主要有三家：国外厂家是 WEBCO（威伯科）和 KNORR（克诺尔）、国内供应商为浙江瑞立。考虑到可靠性，国内外各商用车主机厂还是以采用国外两家的控制系统为主。但近两年随着国内供应商产品质量的提升，在部分车型上开始匹配其应用。

除 ECAS 外，空气弹簧作为智能化悬架系统的一个重要零部件，未来市场是非常可观的。随着国内空气悬架市场的蓬勃发展，对我国汽车制造业而言，空气悬架项目不仅是一个难得的商机，更重要的意义在于空气悬架的广泛应用可以较快地提升我国商用车的档次、技术水平和市场竞争力,大大缩短我国与国外商用车在技术、等级等方面的差距,巩固和扩大国产商用车的市场份额。图4为未来空气弹簧市场需求的预测数据。就空气弹簧本身来说,各主机厂仍然以采购国外供应商产品为主:卡车市场以德国大陆为主、客车市场以美国凡士通(Firstone)为主。此外,国内也有一些空气弹簧厂家,如青岛四方、广州溜滔钱潮以及山东美晨等,能够生产空气弹簧,但一般以后市场配件为主,由于成本优势,近几年也开始为部分主机厂的特定产品进行配套。

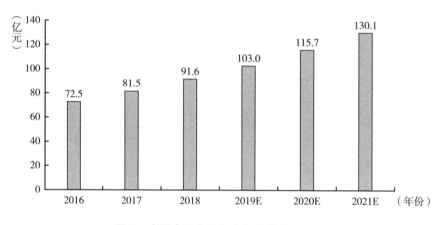

图4 中国商用车悬架空气弹簧市场需求

二 国内外相关产业的发展趋势

尽管匹配ECAS的空气悬架系统能够实现对车高、车桥的承载状态进行实时控制,但该系统还存在一定的局限性。随着电子控制技术的快速发展,集成化、自动化、智能化将成为未来智能化悬架的主要发展趋势。目前,ECAS控制技术的研究主要针对单一的控制目标,即只能对空气弹簧进行控制,通过对空气弹簧充放气来保证车辆在不同工况下悬架的性能要求,而无法对悬架系统的阻尼进行控制。事实上,减振器作为悬架系统的一个重要零部件,对车辆的舒适性以及操稳性有很大的影响;同时二者之间通过空气弹簧可变刚度的独特特性互相影响、互相耦合，不能只做简单的分开，需要综合考虑。因此，如何设计集成阻尼和高度同时控制的智能化悬架系统是当前需要解决的技术问题之一。同时，车辆面临的行驶工况往往复杂多变，当前的 ECAS 普遍存在不能完全适应车辆复杂行驶工况的问题。设计高度自动化的智能化悬架系统，全面考虑车辆在不同行驶工况下对悬架系统性能的不同要求，是未来智能化悬架系统发展的重要方向。智能化是未来控制理论的研究重点，控制理论已经逐渐由现代控制向智能控制发展，针对智能化系统高度集成化、自动化的高性能要求，引入智能控制理论，推进电控技术不断发展，设计开发智能化的悬架控制系统，是主机厂研发人员未来需要重点突破的方向。随着国内市场对于高速物流商用车的要求越来越高，尤其是舒适性、操纵稳定性等方面。同时为了满足排放要求，未来商用车也越来越多地会采用混动以及纯电动等电动化系统，这为悬架系统智能化的进一步提升提供了平台。目前除 ECAS 外，国外的一些主机厂开始对 CDC（Continous Damping Control）减振器以及 ARS（Active Rolling Stabilizer）稳定杆进行了匹配应用，国内一些主机厂也开展了相关研究。

（一）CDC 减振器的匹配应用

车辆在进行减振器阻尼匹配时，为了提高安全性，一般要求阻尼值偏"硬"，但考虑到对运输货物的保护，又要求阻尼值偏"软"设计，这两种要求存在矛盾；传统的减振器由于阻尼不可调，很难做到舒适性和操纵稳定性二者兼顾，一般是阻尼值进行折中设计，如图 5 所示。为了解决上述矛盾，近年来国外一些主机厂开始在商用车空气悬架系统上进行 CDC 减振器的匹配研究，如沃尔沃。CDC 减振器主要是根据车辆上的车身加速度传感器、车轮加速度传感器、横向加速度传感器等传感器的输入数据来判断车辆行驶状态，由中央控制单元 ECU 进行运算，随后 ECU 对减振器上的 CDC 控制单元发出指令，使减振器提供适应当前状态的阻尼，如图 6 所示。目前该系统的供货商是来自德国的知名厂家 ZF

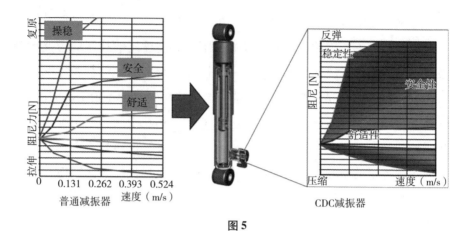

图 5

图 6　减振器工作原理

Sachs（采埃孚萨克斯）。资料显示，该系统能够在 1 毫秒内读取车辆的行驶数据，并在同样短的时间内完成对减振器的调节。也就是说，理论上来讲这套系统的工作频率可以达到每秒钟 1000 次。

目前市场上所采用的 CDC 减振器主要有磁流变和电流变两种。磁流变减振器一般也称为 MR（Magnetorheological）减振器，是利用磁场的作用使减振器液体在液态和类固态之间变化，实时改变阻尼力值；其过程是可控的、可逆的。电流变减振器一般也称为 ER（Electrorheological）减振器，是通过改变减振器液体的黏度来改变阻尼力值。磁流变减振器在国内外一些高档的乘用车上得到了成熟应用。国内该方面资源比较少，相关的开发还处于研究阶段，不具备批量能力。同时由于该结构成本较高，其在商用车上的应用还需要一段时间。

（二）ARS 稳定杆的匹配应用

横向稳定杆作为悬架系统的主要零部件，其作用是提高悬架系统侧倾刚度，主要功能有：一是防止车辆在转弯、紧急避让等工况下，由于侧向力的作用车辆侧倾过大，严重时导致车辆翻车；二是提高车辆在变道行驶工况下，保证车辆的跟随性，提升车辆的操纵稳定性和驾驶性能。但传统的稳定杆均为被动稳定杆结构，该稳定杆除车辆在出现侧倾时起作用外，当车辆行驶在不平路面时，会导致单侧悬架刚度的增加，从而影响车辆的平顺性。为了解决上述矛盾，主动的侧倾稳定杆（ARS）首先在乘用车上得到了应用，像奥迪、宝马等。安装 ARS 的悬架系统除了能够抑制侧倾外，还可以改善车辆在制动以及驱动过程中的"点头"和"俯仰"。但目前国内外在商用车领域还没有该方面的匹配研究。随着商用车电动化的进程，未来商用车在该方面也会有一定的发展，具体结构如图 7 所示。

图7 ARS 稳定杆结构示意

德国舍弗勒公司在"第 44 届东京车展 2015"上展出了正在开发的支持48V 的电动主动式横向稳定杆（ARS）。与传统稳定杆相比，该机构仅在车辆转弯时通过方向盘转角传感器、车速传感器等输入信号判断当前车辆状态，通过 ECU 发出指令，利用电机和减速机构的动力来抑制侧倾。在车辆正常直线行驶时，保持左右悬挂的自由运动状态，该机构完美解决了上述矛盾。

（三）系统集成技术

随着智能化悬架的智能化程度越来越高，其控制系统以及执行机构也越来越复杂；由单一的 ECAS 控制发展为与 CDC 减振器以及 ARS 稳定杆联合控制，从而有效解决传输信号的重叠和控制系统的冗余问题。对于零部件供应商来说，主要通过功能集成来减少零部件数量，如图 8 所示，克诺尔将电磁阀与压力传感器集成开发出集成式电磁阀；大陆将高度传感器集成到空气弹簧内部。通过这些措施优化了 ECAS，大大减少了零部件数量，同时有效降低了成本。对于国内主机厂来说，目前普遍采用单独的 ECAS。该系统有自身的 ECU 控制。但国外主机厂，如奔驰、沃尔沃等已经开始将 ECAS 的 ECU 集成到整车控制器（VCU），取消空气悬架单独的控制单元。随着悬架系统智能化程度越来越高，国内部分主机厂也开始开发自己的 VCU，如一汽解放等。商用车整车控制器（VCU）主要用于车辆各系统的协调与控制，

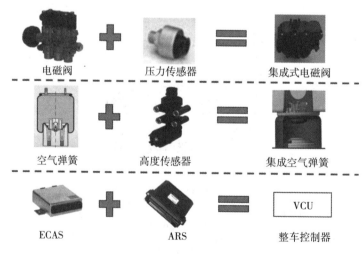

电磁阀	压力传感器	集成式电磁阀
空气弹簧	高度传感器	集成空气弹簧
ECAS	ARS	整车控制器

图8　智能化悬架系统的集成路径

从整车的角度进行综合控制。引入 VCU 可以更好地实现车辆的智能化控制，更好地进行功能扩展，有效解决商用车同一平台多种配置的管理问题，同时也降低开发多种车型的成本，还可以使整车厂根据消费者喜好以及产品的市场定位，开发自定义功能，进行差异化竞争，提高市场竞争力。集成化是未来智能化悬架发展的另一个趋势，这也是目前各零部件厂以及主机厂研究的方向。

（四）目前智能化悬架与未来智能化悬架对比

随着智能化悬架的发展，未来商用车智能化悬架与现在产品对比情况如表 2 所示，整个系统智能化程度更高、控制参数更加复杂、集成化程度也更高。

表 2　智能化悬架当前产品与未来产品对比

项目	现状	未来产品
控制系统	ECAS	VCU 综合控制
控制系统部件	ECU + 高度传感器 + 压力传感器 + 电磁阀	集成空气弹簧 + 集成电磁阀
空气弹簧	可控	可控
减振器	普通减振器	CDC 减振器
侧倾稳定杆	普通稳定杆	ARS 稳定杆

三　小结

本文基于对智能化悬架现状以及产业发展方向的分析得出如下结论。

（1）匹配 ECAS 的商用车空气悬架系统会迎来更加广阔的市场，通过不同结构的对比分析，为国内的相关产业提供了一个发展方向。

（2）为了进一步提升车辆的舒适性以及操纵稳定性，使车辆在不同驾驶条件下都能接近理想状态，未来智能化悬架系统可控元素更加多元化。

（3）为了进一步降低成本，优化系统结构，集成化是未来空气悬架发

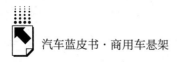

展的另一个方向；相关零部件供应商主要集中在通过集成功能减少零部件数量，各主机厂主要通过集成的整车 VCU 控制系统减少冗余。

（4）目前国内的相关产业发展还比较滞后，空气弹簧、CDC 减振器等主要依赖国外进口，这也给国内相关产业带来了新的机遇和挑战。

B.5
重型卡车悬架系统轻量化产业现状与发展趋势

苏宇 左雄*

摘 要： 2008年开始我国成为全球最大重型卡车市场，销量约占全球总销量的40%~50%，但相比欧美重型卡车工业强国，我国重型卡车工业依然大而不强。近年来，在政策法规和市场需求变化的背景下，重型卡车轻量化已然成为我国重型卡车工业的主要发展趋势。悬架系统作为重型卡车的关键承载部分，重量占底盘总重量的10%左右，是重型卡车轻量化设计的重点对象之一，因此国内外主流重型卡车企业近年来在悬架系统轻量化研究方面投入了大量的人力、物力，并取得了一定成果。伴随新材料、新工艺和先进的优化设计等轻量化手段的应用，悬架系统轻量化技术及产业也将得到进一步的发展。

关键词： 重型卡车 悬架系统 轻量化

一 重型卡车产业蓬勃发展，轻量化趋势明显

（一）我国重型卡车产销量和保有量持续增长

近年来，我国重型卡车产业蓬勃发展，产销量和保有量都呈现了急剧增

---

* 苏宇，上汽依维柯红岩商用车有限公司技术中心总监；左雄，上汽依维柯红岩商用车有限公司技术中心悬架系统工程师。

加。2005～2018 年重型卡车销量和保有量统计数据显示，截至 2018 年我国重型卡车保有量超过了 600 万辆，2017 年、2018 年重型卡车年销量已经超过了 110 万辆，如图 1 所示。

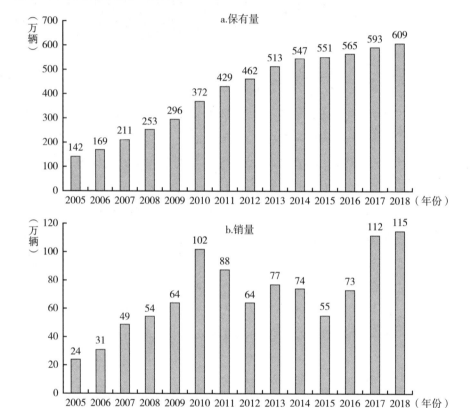

图 1 2005～2018 年我国重型卡车保有量和销量统计

从 2017 年全球重型卡车销量 TOP 20 厂商来看，我国重型卡车企业已经占据 9 席。销量全球排名前五的企业中，我国已占据 4 席，仅戴姆勒占据第二位，如图 2 所示。从销售总量来看，我国重型卡车总销量占比约为全球总数的 40%～50%，其中 2009 年、2010 年和 2017 年销量均超过全球总销量的 50%，最高峰的 2010 年销量占比甚至达到了全球总销量的 57%。

重型卡车作为生产资料，是我国物流运输和工程建设的重要生产工具。随着规模型物流企业的逐渐形成，"一带一路"合作项目的开展，受国家经

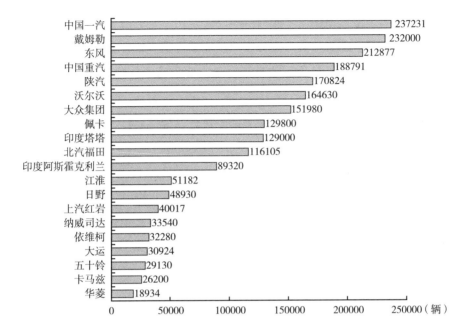

图2　2017 年全球重型卡车销量 TOP 20 厂商

济增速减缓，为巩固经济稳中向好的发展势头而在交通、民生等基础设施建设等方面加大投资，加之限超限重政策更加严格，排放标准的不断升级、重型卡车周期性更换等因素，我国重型卡车在未来一段时间仍将存在较大的市场需求。

（二）我国重型卡车轻量化发展趋势明显

随着我国汽车保有量的快速增加，近年来我国车用燃油消耗量年均增长率超过了 10%，石油供应安全面临着严峻挑战。汽车燃油消耗的快速增长将给我国经济和社会的可持续发展带来巨大考验，产生了油耗、安全和环保等问题。针对这些愈加严重的问题，我国政府部门也出具了相应的油耗法规、安全法规以及排放法规等。汽车轻量化是实现汽车节能减排的重要手段，发展汽车轻量化技术是必然趋势。国内各重型卡车企业一直致力于轻量化设计开发，并取得了一定的进步。

近年来，我国各主流重型卡车企业纷纷通过各种手段使得整车质量进一步降低。例如，重汽 HOWO - A7 标载 6×4 牵引车，通过采用轻量化新型橡胶悬架系统、变截面少片簧、高强度单层纵梁车架、铝合金变速箱应用等进行轻量化设计，经过轻量化后的整车重量由 9.2 吨降低到 8.08 吨，减重达到 1.12 吨。东风天龙系列轻量化牵引车，通过对车架、前钢板弹簧、后钢板弹簧、平衡轴、推力杆和后悬架等部分进行系统优化设计，以及零部件的模块化设计，跨功能整合，以减少零部件的数量，实现轻量化。结合铝合金、高强钢等轻量化新材料和替代材料的应用，最终轻量化天龙 6×4 牵引车整备质量仅 8.26 吨，比轻量化前实现减重超过 1 吨。一汽解放 J6P 轻量化牵引车通过变截面少片簧、盘式制动器的应用，以及铝合金轻量化材料的大量使用等手段进行轻量化，轻量化后的整车重量仅 8.5 吨，相比减重前的9.2 吨，降低了近 700 千克。陕汽德龙 F3000 轻量化牵引车，通过对前悬架和后悬架进行 BEST 轻量化优化，整体采用变截面少片簧结构板簧设计，并大量使用超高强度钢、复合材料等进行减重，减重后整备质量仅为 8.59 吨。上汽红岩杰狮 6×4 轻量化牵引车，通过高强度轻量化车架、前/后悬架变截面少片簧结构、轻量化断开式平衡轴、轻量化真空胎的应用等实现轻量化减重设计，经减重设计后的杰狮 6×4 轻量化牵引车自重降低到了 8.38 吨。

由轻量化后整车质量变化可以看出，即使在车辆不断改进升级和配置不断增加的情况下，国内主流重型卡车实际整备质量大多由 9.3 吨左右下降到8.3 吨左右，平均整车减重将近 1 吨，减重幅度达到了约 10%。

汽车工业的发展关系到我国节能减排战略的实现和社会经济的可持续发展。而汽车轻量化是实现汽车节能减排的重要手段，发展汽车轻量化技术是必然趋势。如何进一步降低车辆的自重，生产符合用户需求、符合法规的车辆也将是重型卡车车企未来的工作重点。

二　重型卡车悬架系统轻量化发展现状

悬架系统是传递作用在车轮与车架之间的一切力和力扭，并缓和由不平路面传递给车架或车身的冲击力，并减少因冲击而引起的振动，以保证汽车的平顺行驶。对重型卡车来说悬架系统包含前悬架系统和后悬架系统。常见的前悬架系统包含板簧式前悬架系统和气囊式空气悬架系统；后悬架系统分为单后桥、双后桥以及提升桥悬架系统，其中双后桥后悬架系统常见的有板簧式平衡悬架系统、空气悬架系统、橡胶悬架系统等结构。

悬架系统作为重型卡车的关键承载部分，重量占到底盘总重量的 10% 左右，是重型卡车轻量化设计的重点对象之一，因此国内外主流重型卡车企业近年来在悬架系统轻量化研究方面投入了大量的人力、物力，也取得了一定成果。

（一）悬架呈多元化发展，轻量化趋势明显

随着平衡悬架技术的发展，平衡悬架已从单一的整体式钢板弹簧悬架发展到分体断开式平衡悬架、空气平衡悬架和橡胶平衡悬架等多种悬架结构型式并存的状态，在结构类型丰富的同时，大幅实现了轻量化的发展。

1. 板簧式平衡悬架结构轻量化发展显著

板簧式平衡悬架是双后桥重型卡车后悬架的传统使用结构。如今板簧式平衡悬架因承载能力强、结构简单、成本低、便于维护保养等优点，在国内仍然被广泛地应用在重型卡车上。近年来，随着计算机分析软件应用的发展，对车辆运动力学、材料力学理论的深入研究以及测试技术的提高，对平衡悬架的研究分析更加全面、准确。国内外主流重型卡车企业在悬架产品结构优化、材料应用、性能提升、减重降本等核心问题上取得了很大进步。

我国从 20 世纪 60 年代开始，就拥有了具有独立知识产权的板簧式平衡悬架。国内主要重型卡车生产企业和优秀的平衡悬架制造企业，在借鉴、吸收外来悬架技术的基础上，根据国内重型卡车的实际使用工况需求，自主开发的平衡悬架品种不断丰富、结构日趋合理，也具有独特优势。其中板簧式平衡悬架也存在多种结构型式。根据平衡轴结构型式的差异，板簧式平衡悬架可分为整体式平衡轴和断开式平衡轴两种。

整体式平衡轴的左、右轴为一个整体，平衡轴与两侧支架通常采用热压

过盈配合装配。整体式平衡轴的应用，提高了悬架的承载能力，同时也改善了车架横梁的受力，如图 3 所示。

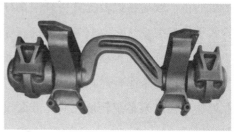

图 3　整体式平衡轴总成

国内重型卡车最初引进的斯太尔技术采用的就是这种类型的平衡轴。整体式平衡轴装配时需配合中间连接支座与车架相连接，导致整车重量较大。目前针对整体式平衡轴产品主要进行改进细节结构和优化中间连接支座，实现增加承载能力，降低产品自重和悬架高度。国内以陕汽重型卡车和福田戴姆勒重型卡车为主的企业在部分重载型自卸车上使用整体式平衡轴。

断开式平衡轴的左、右轴是分开的两件，分别运用过盈配合热压装配与左、右支架连接，或采用高性能球铁铸造一体结构。断开式平衡轴是目前主流的板簧式平衡悬架，通过布置优化和结构优化，取消了传统斯太尔平衡轴的中间连接支座，优化了与车架的连接方式，大幅降低了平衡轴总成重量。与整体式平衡轴相比可实现整车减重将近 100kg。同时，改善了产品装配性和维护性，如图 4 所示。

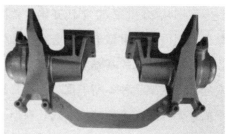

图 4　断开式平衡轴总成

随着材料技术和铸造水平的提升，铸造一体断开式平衡轴得到极大推广。通过将单侧平衡轴支架与平衡轴采用高强度和高韧性铸造球铁铸造一体，实现以高性能球铁代替传统高牌号42CrMo钢材平衡轴的应用，结合结构优化设计，采用免维护橡胶轴承等，实现大幅降重目的。目前通用的铸造一体断开式平衡轴总成重量已经降低到200kg以内，相比传统整体式平衡轴可实现整车减重将近200kg，如图5所示。

图5　铸造一体断开式平衡轴总成

铸造一体断开式平衡轴在国内外已被普遍使用，国内一汽、东风、重汽、陕汽等几乎所有主流重型卡车企业在公路型重型卡车上均有所使用。在国外除空气悬架和橡胶悬架车型外的平衡悬架结构几乎都采用该种结构，包括奔驰、斯堪尼亚、沃尔沃等。

根据后悬架板簧的布置型式差异，又可以将平衡悬架分为板簧上置式平衡悬架和板簧下置式平衡悬架。

板簧上置式平衡悬架，顾名思义板簧布置在平衡轴的上方，平衡轴主要承受拉力。这种平衡悬架的布置型式较为成熟，是目前市场使用最为广泛的。

板簧下置式平衡悬架，即采用板簧布置在平衡轴下方的布置型式，平衡轴主要承受压力，如图6所示。将两个分体平衡轴总成分别布置在车架左右两侧纵梁的腹面，并通过车架与V推支座相连接，这样使得车辆在承载时后悬架系统受力结构更合理，也确保了平衡悬架与车架的连接更可靠。同

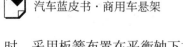
时，采用板簧布置在平衡轴下方的布置型式，使得平衡轴主要承受压力，产品结构可以更加简化，通过结构优化可大大减轻平衡悬架的总成重量，并更有利于车架的布置和优化。目前板簧下置式平衡悬架通过布置优化和结构优化后，重量可降低约120kg。

图6　板簧下置式平衡悬架布置方案

随着轻量化进程的推进，板簧下置式平衡悬架在轻量化车型上得到广泛使用。在国外车型以达夫为主，在板簧式平衡悬架车辆上大量采用该种结构。在国内上汽红岩开发的轻量化板簧下置式板簧平衡悬架广泛应用于公路用重型卡车。

2.空气悬架系统应用逐步推广

空气悬架诞生于19世纪中期，早期主要发挥机械设备的隔震效用。到20世纪中期开始被应用在车辆上，用作悬架系统承载。空气悬架系统以空气弹簧为弹性元件，通过利用气体的可压缩性代替金属板簧，起到承载和减振的作用。其具有可变刚度的优点，刚度随载荷变化而变化，载荷变化时固有频率几乎不变。同时空气悬架固有频率较板簧悬架更低，使得车辆的舒适性、平顺性更好。采用气囊系统，取代传统重型卡车钢板弹簧，结合空气悬架的结构优化，使得空气悬架与传统板簧悬架相比具有轻量化优势。与相同变截面少片簧平衡悬架车型相比，采用空气悬架可实现降重超100kg，使得空气悬架系统成为重型卡车轻量化悬架的又一个发展方向。

目前市场上的空气悬架结构型式主要有全气囊结构空气悬架、复合式空气悬架和提升气囊结构空气悬架。欧美地区公路运输重型卡车已全面普及使用空气悬架系统，其中欧洲主要采用全气囊空气悬架，包含前悬架全气囊结构空气悬架，后悬架单桥四气囊的全气囊空气悬架、转向桥空气悬架和转向提升桥空气悬架应用。车型上以全气囊 4×2 牵引车为主，6×4 牵引车极少，载货车以 6×2 全气囊车型为主，后桥多为转向提升桥空气悬架。同时在 8×4 自卸车上也开始采用空气悬架系统。在北美地区重型卡车主要采用单桥双气囊的复合式空气悬架，主要源于其道路工况较好，且复合式空气悬架质量更轻、价格更有优势（见图 7）。

图 7   国外主流空气悬架结构型式

近年来随着国内政策法规倾斜，用户需求转变，空气悬架在我国也得到逐步推广使用。例如，危化品运输车、中置轴轿运车、快递物流车、消防车、公路牵引车等已开始采用空气悬架系统。我国重型卡车企业广泛与欧洲重型卡车企业合作，因此大量采用了欧洲主流的全气囊结构空气悬架。也有部分企业或部分车型采用更具重量和价格优势的复合式气囊悬架（见图8）。

图8 国内空气悬架应用车辆

空气悬架正逐步被国内各大重型卡车企业重视，并在新一代产品平台上规划使用，有望成为我国重型卡车悬架的主流结构，并将形成以全气囊结构空气悬架结构为主，部分车型采用复合式气囊悬架为辅，提升气囊结构空气悬架应用愈发突出的局面。

3.橡胶悬架应用优势突出

橡胶悬架系统以橡胶为主要的弹性单元取代传统钢板弹簧进行承载，主要包含橡胶弹簧、支架总成、均衡梁总成、减振器等，如图9所示。由于橡胶弹簧具有变刚度的特性，根据承受的不同载荷自行调节弹簧本身的刚度。在空载或轻载时刚度较小，可提高空载和轻载的驾驶舒适性。随着车辆装载货物质量的增加，橡胶被压缩后刚度增大，从而增加了对车辆的支撑能力，提升了车辆的稳定性。由于橡胶材质自身具有阻尼特性的特点，能过滤大部分不平路面引起的振动，使得驾驶舒适性更好。并且，当车辆通过复杂路况时可依靠橡胶的变形对轮胎提供更好的路面适应性，使得轮胎接地性更好、承载更均匀，有利于减少轮胎磨损，延长轮胎的使用寿命。同时，橡胶悬架采用橡胶结构弹性单元，无须润滑，只需根据橡胶使用寿命更换橡胶承载件，可实现免维护。

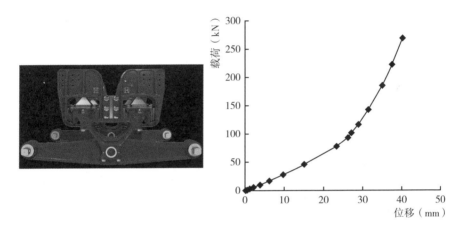

图9 橡胶悬架结构及刚度曲线

由于橡胶悬架结构简单，集成化较高，轻量化效果突出。整套橡胶悬架重量约400kg，相比同类车型的变截面少片钢板弹簧悬架轻约200kg，比多片簧钢板弹簧悬架轻约400kg。橡胶悬架系统在北美应用超过几十年，已有逾10万套产品广泛应用于自卸车、搅拌车、重型运输车、消防车等专用车辆，具有极大的市场需求量和保有量（见图10）。

在国内橡胶悬架主要应用于牵引车、载货车、水泥搅拌车。以我国重汽为代表的HOWO－A7系列重型卡车中就选择了橡胶悬架产品，东风天龙载货车上也装配了橡胶悬架。一汽、陕汽、福田、江淮等国内主流重型卡车企业也在进行橡胶悬架的应用开发和小批量验证工作（见图11）。

4. 变截面少片簧全面应用

钢板弹簧是重型卡车悬架系统实现轻量化的一个重要部件，通过变截面少片簧的应用可以大幅减轻整车重量，同时改善汽车的行驶平顺性。从材料

图10　橡胶悬架在北美市场应用车型

图11　国内车型装配橡胶悬架

力学的观点来说通过应力均布设计，最大限度提高材料的有效利用率，从而使得板簧的质量更轻。变截面少片簧在重型卡车悬架系统中的应用与相同性能参数的多片簧相比，重量可减少30%～50%，片间摩擦阻力更小，运动噪声更低。

随着板簧材料发展，制造工艺提升，结构优化设计得到发展。目前，变截面少片簧在国内外车辆上已得到普遍的使用，结构型式也存在多种。目前国外车型除空气悬架结构和橡胶悬架结构应用车型外，几乎所有车型的前悬架和后悬架均匹配变截面少片簧，前悬架主要为2片簧或者单片簧，后悬架为3片或4片平衡簧或者2+1的主副簧或单片簧。在国内变截面少片簧已使用多年，主要集中在公路用牵引车、载货车、专用车或轻量化公路自卸车上使用，前悬架主要采用3片簧，近年来2片簧和单片簧的应用也在逐步推广，后悬架主要为4片或5片平衡簧或3+2的主副簧结构，这与我国车辆运行存在超载有一定关系（见图12）。

图12　少片簧在国内外车型上的应用

在材料方面，目前国内少片簧领域应用较多材料为铬锰和铬钒钢，如51CrV4，材料抗拉强度为1300MPa，工作应力一般控制在550MPa以内。在国外，目前板簧抗拉强度均在1500MPa以上，轻量化优势更加明显。板弹簧的重量与设计应力的平方成反比，提高钢板弹簧的工作应力能大幅降低悬架重量。随着材料工艺的提升，少片簧会越来越具有轻量化优势。

（二）新材料、新工艺应用，促进悬架零部件轻量化转变

1. 轻量化新材料的应用

实现汽车轻量化的一个主要途径就是采用新材料。目前汽车轻量化用减重材料主要有两大类：一类是高强度材料的应用，如高强度钢、超高强度钢、高强度铸铁等；另一类是低密度轻质材料的应用，包括铝合金、镁合金、复合材料和塑料等。

随着材料技术的发展，以及市场对整车轻量化的追求，在重型卡车悬架系统中出现了大量高强度减重材料应用。作为汽车轻量化的关键材料——高强度钢、超高强度钢的应用优点在于强度大大优于普通钢板，而且在抗碰撞性能、加工工艺性和成本方面相对于铝、镁等合金材料具有显著的优势，是实现汽车减重和降本的首要选择。

高强度钢在汽车零件的减重设计中，常通过减薄设计零件的厚度、优化设计的方式减少原材料的应用，甚至以高强度钢代替原有铸铁件产品来满足

轻量化设计需求。欧美汽车公司在新款汽车开发时都借鉴了超级钢车身ULSAB项目技术，大量高强度钢被运用在悬架系统零部件设计中。国内的宝钢、武钢、攀钢等钢铁企业对高强度钢的开发工作也取得了一定的成绩，目前也具备生产部分高强度钢的能力，相应的产能也得到扩展。

国内重型卡车对高强度钢的使用已经普及。在悬架系统新部件设计开发中也出现了部分以钢板材料代替铸铁件实现轻量化的案例。例如，荷兰达夫通过采用高强度钢板成型的悬架支架总成代替传统铸造材质平衡轴支架，大幅降低悬架系统重量；上汽红岩的轻量化平衡悬架通过采用高强度钢板作为下推力杆支架总成，取代传统铸造平衡轴支架结构，新方案平衡轴支架重量仅50kg；在前悬架系统我国内外车型普遍采用高强度钢板稳定杆吊臂代替传统管材或铸造吊臂，其结构简化、工艺简单、重量更轻，如图13所示。

图13　高强度钢在重型卡车悬架中的应用

随着铸造技术水平提升，高强度、高韧性和高延伸率的球墨铸铁和奥贝球铁也被大量使用。其具有比常规牌号球墨铸铁更高的韧性和延伸率，比常用铸钢件的铸造性能好，易于成型，且成品率高、成本低等优点。高牌号铸造球铁与其他材料性能对比，如图14所示。通过高强度、高韧性和高延伸率的球墨铸铁产品的应用，可以使实现产品轻量化设计在悬架部件上表现得尤为突出。目前常用的高性能球墨铸铁包括 QT600 - 10 和 QT800 - 5 等，广泛用于重型卡车悬架系统铸造平衡轴支架，甚至是铸造一体式平衡轴的生产制造。更高强度的 QT1200 - 3 和奥贝球铁也在滑板座、导向板等特殊要求部件上采用，以提高悬架产品使用性能，降低重量。

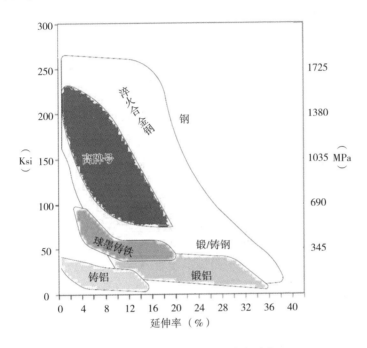

图14　各类材料强度和延伸率对比

低密度轻质材料的应用对实现零部件轻量化具有最直接的效果，通过选用低密度轻质材料在满足产品设计需求性能要求前提下，取代传统高密度钢件、铸铁件产品，由于材料自身密度的降低，可大幅实现产品的轻量化。近年来在重型卡车的悬架系统部件中大量开始采用低密度轻质材料实现轻量化。

铝合金材料在整个重型卡车轻量化中是一种运用较为广泛的材料，因为铝的密度只有铁的1/3。通过采用铝合金代替钢板结构或者铸铁产品，可实现汽车重量降低30%～40%，通过先进工艺成型的铝合金产品甚至可实现降重60%～70%。如图15所示，通过采用半固态压铸铝合金上推力杆支座，取代传统铸铁件产品，实际减重超60%。

图15　各种材料的强度和延伸率

复合材料是指由两种或两种以上不同性质的材料，通过物理或化学的方法，组成具有新性能的材料。各种材料在性能上具有互补作用，因而复合材料的综合性能更优于原组成材料，更能满足各种不同的使用要求。近年来随着材料技术的发展，复合材料在重型卡车悬架中应用也相当普及。例如，通过采用尼龙改性复合材料生产的导向板，具有摩擦系数低、耐磨性好、自润滑性、吸振性和降噪性等特点，能减少板簧与其之间的摩擦力，降低噪声，由于材料密度仅为 $1.15 g/cm^3$，相比钢制材料密度 $7.85 g/cm^3$ 降低很多。以某重型卡车企业生产的导向板为例，通过采用复合材料导向板代替传统锻造或铸造导向板，重量由 4.5kg 降低到 1.2kg，减重比例超过 70%（见图16）。目前复合材料在悬架系统中存在很多以塑代钢、以塑代铸的轻量化应用案例。

图16　复合材料在重型卡车上的应用

2.轻量化新工艺的应用

先进成型工艺技术是实现汽车轻量化的关键技术。近年来，由于新工艺技术的发展，重型卡车悬架系统通过先进成型工艺技术应用实现轻量化，主要包含相位摩擦焊工艺、辊锻成型工艺、半固态压铸成型工艺技术等。

相位摩擦焊接是一种固相连接，通过两种工件间高速旋转产生机械摩擦及施加轴向压力使两工件的摩擦表面产生热量，利用摩擦产生的热量将两焊件金属连接起来，形成牢固的焊接接头，同时根据工件相位设计要求设定初始相位，采用伺服电机驱动，通过高精度传感器实现相位控制。相位摩擦焊接原理如图17所示。由于相位摩擦焊接工艺具有可焊接范围广、焊接表面不易氧化、较容易获得与母材强度相同的接头，且相位精度高、焊接生产率高、焊接性能稳定、产品质量一致性好、制造成本低等特点，在悬架系统推力杆上得到使用。

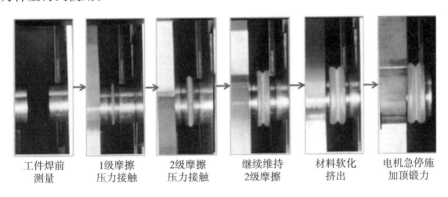

| 工件焊前测量 | 1级摩擦压力接触 | 2级摩擦压力接触 | 继续维持2级摩擦 | 材料软化挤出 | 电机急停施加顶锻力 |

图17　相位摩擦焊接原理

以某重型卡车企业后悬架推力杆为例，经过设计和工艺优化，推力杆加工工序减少了车削杆身内孔、壳体柄部波纹，同时结合杆身尺寸优化，节省了原材料。相比传统热铆工艺生产的推力杆，采用相位摩擦焊接工艺生产的推力杆，单件可实现减重约2kg，如图18所示。

辊锻成型是将原材料在一对反向旋转模具的作用下，通过顺序配置的多次成型轧辊，使之产生塑性变形得到所需锻件或锻坯的成型工艺。辊锻成型具有材料利用率高、生产效率高、锻件产品力学性能更好等优点，结合结构

图18 相位摩擦焊接推力杆

优化可实现产品轻量化设计。以某企业重型卡车悬架系统中的推力杆为例，通过采用现有先进的辊锻成型技术的推力杆与传统冲铆推力杆相比，取消了传统推力杆端头壳体与中部钢管加热铆接工艺，采用整体辊压成型工艺使推力杆端头部分与中部连杆一次锻压成型，杆身中部连杆端面为"工"字型截面，其强度和可靠性更好，如图19所示。

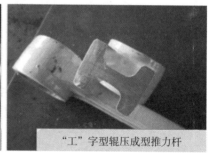

传统铆接工艺推力杆　　　　　"工"字型辊压成型推力杆

图19 传统冲铆推力杆与辊压成型推力杆

通过实际测量传统推力杆重量为16.5kg，辊压成型推力杆重量为14.5kg。通过形状优化结合辊压成型技术的推力杆实现减重1.5kg，减重比例达10%。

半固态铝合金压铸成型技术是指将铝合金等金属材料在由液态向固态凝固的过程中,通过施加一定外力注入模具中而成型的铸造工艺。相对于传统液态浇注产品,半固态压铸成型产品组织更加均匀细小,可避免铸造缺陷的产生;相较于固态锻造机加产品,半固态压铸成型产品能近终成型,适合形状复杂零件,且更具成本优势(见图20)。

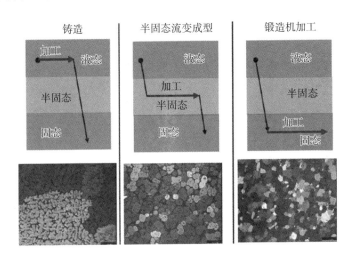

图20 各种成型方式产品组织形态

半固态压铸成型技术始创于20世纪70年代,目前在北美、欧洲、日本、韩国等已经趋于成熟,并在汽车领域得到批量化使用。国内针对铝合金的半固态压铸技术已经成熟,并逐步得到推广使用。

(三)结构优化设计轻量化效果突出,集成设计成为轻量化方向

1. 结构上的轻量化优化设计

结构优化是当前轻量化设计的重要应用手段。以有限元思想为基础的CAE技术,能准确地实现零件几何实体的结构设计和各个零部件结构的布置,并在满足零件结构力学性能要求的前提下对各个零件的厚度、形状、截面尺寸以及加强筋的分布等方面进行分析,通过消除多余的材料,减薄材料的厚度或各减少零件的数量,最终实现结构优化和重量减轻的目的。

在重型卡车悬架系统部件中存在大量优化设计减重产品。例如，通过结构优化设计后的后悬架上推力杆支座，在相同材料和工艺条件下实现减重比例达到20%；通过结构优化设计后的前板簧安装支座，实现降重38%；通过优化设计的后簧吊耳支架实现减重25%；通过优化设计的摇臂吊耳总成实现减重43%，如图21所示。

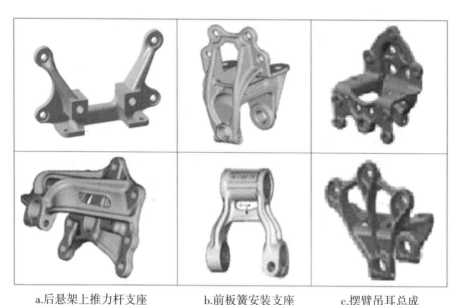

a.后悬架上推力杆支座　　　　b.前板簧安装支座　　　　c.摆臂吊耳总成

图21　结构优化设计案例产品

2. 集成式轻量化优化设计

通过对通用零部件功能、结构和布置空间分析，建立模块化设计方案，从整体结构上考虑零部件优化设计，跨功能整合减少零部件使用数量，从而使实现汽车轻量化的设计理念得到高度重视，这也是结构优化设计的发展趋势。

在重型卡车悬架系统中，将吊耳支架、摇臂吊耳总成、钢板销、黄油嘴等部件通过集成供货考虑整体进行优化。优化设计后的产品重量降低超过30%，也实现了成本降低，同时提高了其在整车上的装配效率；通过悬架V推支座和平衡轴衡量进行跨功能集成化优化设计，新结构优化后可实现减重约50%；通过转向器支架与悬架板簧支架进行跨功能集成化优化设计，实现减重50%，同时其安全系数提升15%，减少了装配螺栓的应用，提升装配效率；通过将推力杆、稳定杆、稳定杆吊臂、安装支架等进行集成化整合设计，实现减重30kg，同时结构简化，空间占用更少，便于底盘布置（见图22）。

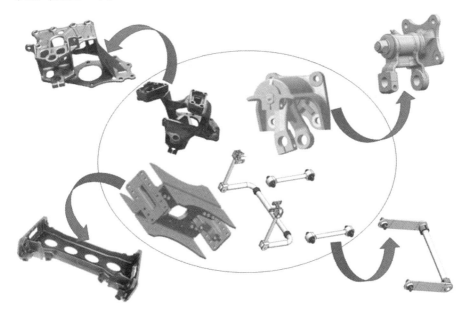

图22　集成化优化设计案例产品

三　重型卡车悬架系统轻量化趋势

（一）法规政策及市场需求引导轻量化成为必然趋势

随着我国汽车保有量的快速增加，我国车用燃油消耗量增长迅速，原油对外依存度已超过60%，能源供应安全将面临严峻挑战。同时，汽车的发展给人们的生产和生活带来了便捷的同时，也产生了油耗、安全和环保等问题。针对这些愈加严重的问题，世界各国都出具了相应的法律、法规，主要

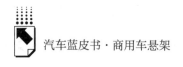

有油耗法规、安全法规以及排放法规等。

我国自 2015 年以来接连颁布汽车轻量化产业规划政策与支持政策。其中 2015 年颁布的"中国制造 2025"提出，掌握汽车低碳化、轻量化材料等核心技术产业化，从关键零部件到整车的完整工业体系，推进轻量化产业发展。2016 年发布了《新材料产业发展指南》，指出应加快调整先进基础材料产品结构，扩展高性能复合材料应用范围，支撑汽车轻量化发展。

2016 年 7 月 26 日发布实施的 GB1589－2016《汽车、挂车及汽车列车外廓尺寸、轴荷及质量限值》对车辆的最大载荷做了相关规定。比如，6 轴列车的总重限制在 49 吨，相对之前的 55 吨减少了 16%；4 轴重型卡车载货列车将被限重在 31 吨，相对原来 40 吨减少 22.5%，整体来看单车重型卡车普遍运力下降了 10% 以上。2016 年下半年，多部委开展整治公路货车违法超限超载行为专项行动，统一执法标准，严禁公路货车违法超限超载。同时，我国各省对超载的治理力度增强，完善了现有的计重收费相关运输政策。

装载量对于车辆运输的整体效益有着重要的影响，轻量化是实现装载量的重要措施与有效途径。在超载以及高效的转化之间，各种具有超载性能优势的重型卡车产品也逐渐地淡出市场，轻量化的车型逐渐地得到人们的重视。

现阶段在重型卡车行业轻量化成为市场的主流趋势之一。基于政策法规要求和用户需求转变，只有轻量化的重型卡车设计才可以有效地满足实际用户对于整体效益以及燃油等经济性能的需求。各大企业对重型卡车轻量化高度重视，在企业产品平台开发上充分考虑轻量化需求。

（二）高强度少片簧成为发展方向，非金属复合材料板簧发展迎来机遇

变截面少片簧取代传统多片簧是现阶段重型卡车行业实现轻量化的主要手段。随着轻量化进程的推进，高应力板簧的技术发展使得少片簧继续轻量化成更轻的单片簧成为必经之路。

钢板弹簧的材料直接影响到弹簧的强度和使用寿命，选择好材料非常重要。通过对欧洲商用车钢板弹簧产品与国内产品的技术对比，可以得出欧洲大多数板簧产品工作应力超过700MPa。就目前国内板簧产品的应力状况，前悬架板簧工作应力一般控制在450MPa以内，后悬架板簧工作应力一般控制在550MPa以内。采用高强度钢新材料开发高应力钢板弹簧是当前我国板簧轻量化的主流发展方向。

高应力板簧轻量化应用的主要发展趋势如下：①高强度弹簧钢新材料发展方面，通过采用高强度［按GB/T1222或GB/T33164.1标准中，其屈服强度（ReL）≥1600MPa］的新材料提高板簧工作应力，减少材料利用，从而实现轻量化设计；②高应力板簧喷丸强化工艺改进方面，采用预加应力的强化喷丸工艺，在受拉面产生更大的残余压缩应力，以便部分消除因垂直载荷产生的弯曲应力，提高表面强度及疲劳强度；③高应力少片簧的结构设计方面，通过采用平卷耳结构降低板簧销的位置，以减少卷耳应力，避免通过加厚端部尺寸满足应力要求。

与此同时，非金属复合材料作为低密度轻质材料代替传统钢板弹簧，轻量化效果突出，在如今追求轻量化的市场需求下，必将迎来新的发展机遇。

非金属复合材料板簧具有轻质（仅是钢板弹簧的20%左右）、高比强度和高比模量（比弹性能比钢板簧要高出5倍以上）、良好的阻尼减振性、良好的耐腐蚀性能等优点（见表1）。

表1 复合材料板簧与钢板弹簧性能对比

项目	弹簧钢	玻璃纤维/环氧	对比
密度 ρ（g/cm³）	7.8	1.9	4:1
拉伸强度 σ（MPa）	1100	1200	1:1.1
弹性模量 E（GPa）	210	43.5	5:1
比弹性模量 E/ρ（×10⁵m）	2.7	2.3	5:4
比强度 σ/ρ（×10⁵m）	1.3	3.2	2:5
比弹性能 σ2/ρE（MPa）	0.06	0.44	1:7

国外研究应用复合材料板簧相对较早,技术研究相对成熟。在20世纪80年代初期,美国通用工程部就率先开展了复合材料板簧的研制工作。由于复合材料板簧有钢板弹簧难以取代的优点,美、英、德等国也竞相开展相关研发工作,并取得了巨大的成果。英国GKN已进行批量生产,年产量为50万根。德国IFC复合材料板簧日产量已超过1000根。欧美汽车厂商在20世纪80年代已广泛将复合材料板簧应用于新开发车型。

国内同济大学与上海汽车钢板弹簧厂在1985年就已开始合作研发GFRP板簧。目前,南京依维柯汽车部分车型已经使用复合材料板簧。北京中材汽车开发的复合材料板簧已在国外依维柯车型上获得批量应用,并与我国一汽、东风二汽等单位建立了密切合作关系,共同开发生产新型复合材料板簧。株洲时代新材与厦门金龙合作开发的商务车复合材料板簧也取得了重要进展。此外,哈尔滨工业大学、武汉理工大学、上汽商用车等单位都在研究复合材料板簧项目。

由于非金属复合材料板簧轻量化优势,近几年国内主要汽车公司推出复合材料板簧替代钢板弹簧轻量化项目计划,如一汽物流车、宇通客车、伊维柯轻客、江淮轻卡等。同时,国内涌现一批复合材料板簧开发应用的企业,如中航复合材料有限责任公司、北京中材汽车复合材料有限公司、株洲时代新材有限公司等,还有板簧行业一些企业也在陆续开展相关研究。国内目前虽没有形成大规模商业化生产,但已初具规模,复合材料板簧的大量使用将是发展趋势。

(三)空气悬架市场普及加快,电控化趋势明显

2017年9月29日发布的GB7258-2017《机动车运行安全技术条件》,作为机动车运行和车辆生产制造的安全标准,将代替GB7258-2012《机动车运行安全技术条件》,通过增删和修改相关规定,对车辆生产制造进行更详细、更有针对性的约束和管理,同时也给危险品运输行业带来重大影响。比如,对总质量≥12000kg的危险货物运输货车的后轴、所有危险货物运输半挂车,以及三轴栏板式、仓栅式半挂车应装备空气悬架的规定,实行日期

为 2020 年 1 月 1 日。

在最新修订的 GB1589 - 2016 中，在最大允许轴荷限值的表格中规定，对于单轴每侧双轮胎非驱动轴的轴荷限值 10000kg，装备空气悬架时最大允许轴荷的最大限值为 11500kg；当二轴组汽车驱动轴为每轴每侧双轮胎且装备空气悬架时，最大允许轴荷的最大限值为 19000kg，增加了 1000kg。在最大允许总质量限值规定中，三轴客车、货车及半挂牵引车总重限值 25 吨，双转向轴四轴货车总重限值 31 吨（当驱动轴为每轴每侧双轮胎且装备空气悬架时，最大允许总质量限值增加 1000kg）；四轴汽车列车（牵引车 + 半挂车）总重限值 36 吨，当驱动轴为每轴每侧双轮胎并装备空气悬架且半挂车的两轴之间的距离≥1800mm 的铰接列车，最大允许总质量限值为 37 吨。

同时，随着用户对车辆舒适性的追求越来越高，空气悬架变成一种必然的选择。政策法规的出台和用户需求的转变，势必使得空气悬架未来得到发展，也促进了重型卡车的轻量化进程。

空气悬架的发展经历了"钢板弹簧—气囊复合式悬架—被动全空气悬架—主动全空气悬架（即 ECAS 系统）"。ECAS（即电子控制空气悬架系统）由气囊、传感器、ECV、电磁阀以及遥控器组成。高度传感器用于检测车辆高度的变化，通过传感器传递给 ECV 判断车辆状态，再通过电磁阀实现对气囊的充放气。

ECAS 在欧美重型卡车上已经普遍应用。近年来物流行业逐渐增加的甩挂运输需求，极大促进了 ECAS 的应用。通过 ECAS 遥控操控升降功能使主车和挂车间的上挂和卸挂更方便、更高效。同时，该功能还能使箱体上升到一定高度后，打开箱体上的支腿，再降低底盘高度，实现底盘和货箱的分离，进一步提高运输效率。

（四）橡胶悬架市场化应用崭露头角

相比于钢板弹簧悬架，橡胶悬架具有自重轻、对车辆操控性较好、免维护，同时兼具一定舒适性和承载能力的特点。但是在我国橡胶悬架市场化普及程度偏低，主要原因在于：相比于钢板弹簧悬架使用钢板的维护保养更方便，虽然橡胶悬架使用的橡胶经过添加配比但是主要成分还是橡胶，橡胶会因其特性而老化，需要定期更换，使用成本较高。在我国钢板悬架无论从市场占有率还是用户的使用情况来看，都占据绝对地位，特别是变截面少片簧的开发及应用。同时，国内橡胶悬架配套生产厂家的数量较少。

但由于橡胶悬架适应能力强，可用于超载环境。在北美地区橡胶悬架主要用于非公路用车或使用工况恶劣、对车辆载荷要求大的汽车上，与国内橡胶悬架主要用于牵引车、载货车存在很大不同，主要源于我国非公路车辆存在严重超载的情况。对于公路车来说抛物线钢板以及空气悬架更适合，橡胶悬架失去竞争优势。

随着国家对超载限重的全面控制、橡胶悬架国产化进程的推进，在橡胶悬架的成本得到控制后，由于相对于板簧悬架的舒适性和操控性、相对于空气悬架的承载能力和路面适应能力，橡胶悬架必将得到普及。

（五）材料发展成为重型卡车轻量化的主方向，市场需求庞大

汽车轻量化主要有三种实现途径，其中材料应用轻量化是见效最快也是效果最好的选择。目前，北美汽车轻量化材料是全球最大的市场，欧洲是全球第二大市场。未来，亚太地区轻量化材料市场将是这个行业中发展最快的地区。2015年，亚太地区的产量占全球的50%。亚太地区的轻量化材料市场正在随着越来越多的汽车轻量化需求而增长。

中国汽车轻量化起步较晚，借助政策驱动和市场需求转变对发达国家呈现赶超之势。汽车轻量化已经从分散化、高端化、单一化的时代走向集约化、普及化、多元化的时代。轻量化的发展受到智能网联、节能减排、性能提升等多重需求牵引，通过全产业上下游深度合作，在轻量化材料应用、制造工艺、结构优化、零部件研发领域多面发力，使轻量化应用车型普及。

经过测算，我国在未来三年汽车轻量化材料市场规模将逼近5000亿元。对于先进高强度钢，《节能与新能源汽车技术路线图》中给出的规划是至2020年，强度600MPa以上的AHSS钢应用达到50%。预计到2020年先进高强度钢的规模将超过1320亿元。对于铝合金和镁合金，《节能与新能源汽

车技术路线图》中给出的规划是至2020年单车用量分别达到190kg和15kg。到2020年金属合金的市场空间预计将超过2700亿元。对于塑料及复合材料，预估至2020年，需求量将达到33万吨。

四　小结

重型卡车作为现代公路运输的主要工具，具有自重重、油耗高、平均行驶里程长的特点，对油耗和排放有着重要影响。随着相关法规政策的陆续出台，限超限载政策的严格执行，市场对轻量化的需求日益突出。我国近年来在重型卡车悬架系统，乃至重型卡车整车轻量化方面不断开展工作。不论是在新型悬架结构型式的应用、零部件结构优化设计、轻量化材料的应用上还是在轻量化成型工艺技术的发展上都有所进步。但相对于欧美先进重型卡车企业的轻量化程度，我国重型卡车还存在一定的差距。这也说明我国重型卡车未来轻量化趋势很明显，轻量化设计空间很大。在政策法规的驱动下，伴随着轻量化材料水平的提升、关键零部件国产化技术的突破等，我国重型卡车轻量化将会迎来突破性的进展。

B.6
重型卡车油气悬架系统产业应用与发展分析

杨志刚　晁鹏翔　杨银辉　赵化刚*

摘　要： 本文简要概述了商用车悬架系统分类，并系统阐述了商用车油气悬架的技术现状、研究进度和产业化应用的配套格局。同时，通过对国内外商用车油气悬架的技术水平和产业配套进行对比分析，定性地对国内商用车油气悬架发展趋势做出判断，并提出了可行性的建议。

关键词： 重型卡车　油气悬架　技术研究　产业应用

一　重卡产业现状

（一）重卡产业规模

中国汽车工业协会统计数据显示，2018年商用车销售总量437.1万辆，较2017年增长5.1%；重卡销量114.8万辆，较2017年增长2.8%，均成功赶超2017年销量，创下中国销量历史新高，如图1所示。同时，重卡市场销量占商用车市场销量比重也由16%逐年上升至26%，且从近5年的销量走势来看，中国重卡市场将会继续保持稳中向好的态势。

---

*　杨志刚，陕西汽车控股集团有限公司汽车工程研究院院长；晁鹏翔，陕西汽车控股集团有限公司汽车工程研究院底盘所所长；杨银辉，就职于陕西汽车控股集团有限公司汽车工程研究院；赵化刚，就职于陕西汽车控股集团有限公司汽车工程研究院。

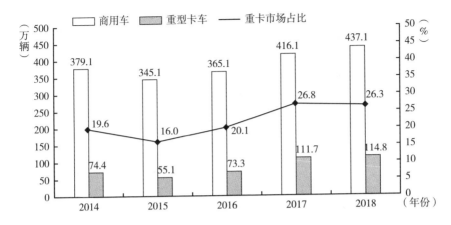

图1　2014～2018 年中国商用车及重型卡车市场销量统计

（二）重卡悬架系统发展

悬架系统作为汽车的重要组成系统，一般由弹性元件、导向机构、减振机构等部件组成，发挥着重要的承载和多个方向的力学传递作用。根据弹性元件种类的不同，重卡常见悬架系统可分为板簧悬架、橡胶悬架、空气悬架和油气悬架等（见图2）。

板簧悬架又分为变截面少片簧悬架和等截面多片簧悬架。目前国内95%以上的重卡悬架都是以钢板弹簧作为弹性元件与导向机构的非独立悬架，主要优点是结构简单、承载力强、成本低、工作可靠。由于钢板弹簧为线性刚度，难以兼顾空满载的平顺性要求，且钢板弹簧自重较大，这些问题都是制约板簧悬架发展的重要因素。

橡胶悬架系统最大的特点是以橡胶弹簧取代传统的钢板弹簧，橡胶弹簧具有变刚度、重量轻、体积小、无须润滑、寿命长等优点，但其对环境温度敏感、耐候性差、易腐蚀、易老化。

空气悬架是以空气弹簧为弹性元件，以空气为弹性介质，在一个密封的容器内充入压缩空气，利用气体的可压缩性实现其弹性作用。这种弹簧的刚度可变，具有较理想的弹性特性。空气悬架的控制方式有机械控制和电子控制两类，其中电子控制可提高空气悬架的智能化水平和控制精度，使悬架系

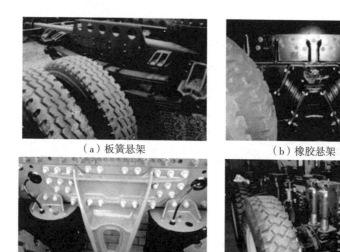

（a）板簧悬架 　　　　　　　　　（b）橡胶悬架

（c）空气悬架 　　　　　　　　　（d）油气悬架

图 2　重型卡车主要悬架系统

统的性能得到很大提升。

　　油气悬架以油气弹簧为弹性元件和减振元件，具有良好的非线性刚度和阻尼特性，可降低车辆振动频率，调节悬架的刚度和车辆姿态，从而保证车辆在恶劣路况上正常行驶。但油气悬架系统对元件的密封性要求较高，系统结构复杂，导致其价格偏高。

　　随着我国高等级公路的发展、运输量的增加、计量收费政策的普及，以及用户对汽车的操纵稳定性、平顺性、安全性和舒适性要求的不断提高，重卡悬架系统正朝着轻量化、智能化、舒适性、安全性的方向发展。

二　油气悬架系统概述

（一）油气悬架结构及原理

　　油气悬架系统一般由油气弹簧、蓄能器、液压系统和电子控制系统组成，典型的油气悬架系统结构如图 3 所示。

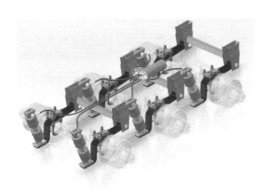

图 3　油气悬架系统典型结构

1. 油气弹簧

如图 4 所示，油气弹簧作为油气悬架的核心部件，对保证车辆行驶平顺性和操纵稳定性具有重要作用。油气弹簧的原理主要是以密封的惰性气体（一般为氮气）为弹性介质，以油液为传力介质，并利用弹性橡胶膜（或活塞）将充入的惰性气体与油液分隔，保证油液与气体的相对稳定状态。

图 4　油气弹簧

2. 蓄能器

如图 5 所示，蓄能器是液压气动系统中的一种能量储存装置。它可将系统中的能量转变为压缩能或位能储存起来，当系统需要时，又能将压缩能或者位能转变为液压或气压等能量而释放出来,重新供给系统。当系统压力瞬间增大时,它可以吸收这部分的能量,以保证整个系统正常工作。

图5 蓄能器

3. 液压系统

图6为油气悬架常见的一种液压系统原理简图。系统将4个油气悬架分成两组,可以通过液压系统的控制,实现车辆上升、下降、前倾、后仰、左倾、右倾的动作。

在车辆行驶过程中,悬架系统中串联的控制阀将前轴左右油气弹簧交叉连接在一起,后轴油气弹簧左右交叉连接在一起。当车辆在平坦路面行驶时,左右载荷变化基本相同,左右油缸相互补偿,更有效地衰减车轮产生的振动。车辆转弯时,两侧车轮载荷变化不均匀,交叉互联使车辆两侧车轮同方向变化,降低侧倾角,保证车辆在复杂路面以较高速行驶或转弯时的稳定性。

4. 电子控制系统

如图7所示,电子控制系统是油气悬架的重要组成部分,其可以自动控制油气悬架,实施车辆调高、调平,以适应不同路况的需要,当自动功能失效后,可以手动对车辆姿态进行调整以满足行驶要求。

电子控制系统实现车辆姿态调节,是一个简单的闭环控制系统。悬架控制器接收到调节指令后,通过角位移传感器检测当前车高,根据控制目标(高位、中位或低位),控制各油气弹簧的充放油,从而实现左前、右前、左后和右后的车高调整;在达到车高要求后,通过采集倾角传感器信号对车辆进行调平,改善车辆的稳定性。

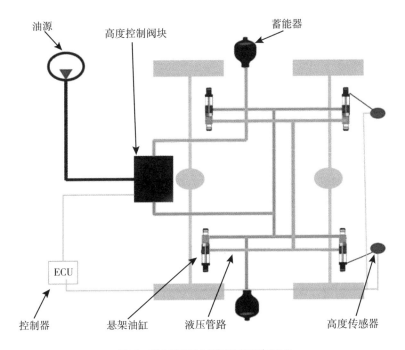

图 6　油气悬架典型液压系统原理

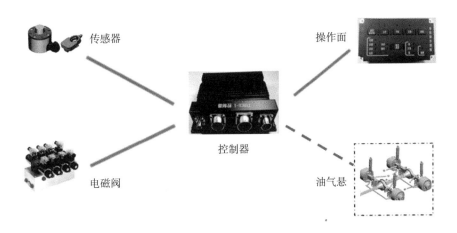

图 7　油气悬架电子控制系统

（二）油气悬架的分类

油气悬架主要分为以下几类。

（1）按蓄能器的气室个数分为单气室、双气室油气悬架。

（2）按车桥各悬架油缸是否相连分为独立式和互连式油气悬架。

（3）按车辆行驶过程中悬架控制方式及外部能量需求，分为被动式、半主动式和主动式油气悬架。

（三）油气悬架的特点

油气悬架相比传统的板簧悬架、空气悬架和橡胶悬架，有其自身的特点，具体对比如表1所示，即具备更优的承载能力、更好的轴荷平衡性能以及更轻的装备质量，但是价格仍然偏高，受到制造成本和配套体系的限制，国内的市场应用率较国外普遍偏低。

表1　各类悬架特点对比分析

项目	油气悬架	板簧悬架	空气悬架	橡胶悬架
承载	强	中	一般	较强
平衡轴荷性能	优	一般	较优	中
平顺性	较优	一般	优	中
价格	高	低	较高	中
重量	轻	重	中	较轻
寿命	较高	低	高	中

三　油气悬架技术研究现状

（一）油气悬架国外研究现状

1. 油气悬架理论研究现状

国外对油气弹簧的研究开展较早，经过几十年的不断发展和改进，其研究和应用相比于国内更全面和广泛。早在 20 世纪 50 年代美国汽车科技公司威伯科（WABCO）就首次提出"油气弹簧"这一概念。随后，法国汽车公司雪铁龙（Citroen）研制出世界上首辆装有油气弹簧的汽车，获得突破性成果的是其在 DS 系列赛车上的成功应用。到了 20 世纪七八十年代，以美国为主的少数发达国家也先后在不同类型的车辆中成功应用油气弹簧。图 8 为应用油气弹簧悬架的矿用自卸车辆、军事车辆和工程车辆。

图 8　国外油气悬架应用车型

国外对于油气悬架的研究主要基于参数化的理论建模和试验研究两大方面。针对参数化建模研究主要集中在建立更加符合实际的理论模型，通过引入不同的影响因子来分析其对悬架系统的响应特性，随后依据分析结果对油气悬架的参数不断进行修正和优化，以改善悬架的理论模型，获得更加接近实际的参数化模型。目前对于油气悬架的参数化建模研究主要基于四轴及以下的车型，并且侧重于通过理论分析获得悬架系统特性。

针对油气悬架的试验研究主要通过对比多路况和车速等因素，研究油气悬架系统对于整车的动力学特性、路面激励的响应特性、整车操稳性和行驶平顺性等方面的影响。通过采集试验参数对悬架系统的刚度和阻尼等参数进行优化，以达到更优的悬架系统性能。研究表明油气悬架对于降低整车的固有频率、载荷分配的均匀性以及悬架系统的减振效果具有明显的优势，且能够提高整车的行驶平顺性和操纵稳定性。如图 9 所示，装有油气悬架的车辆具有更好的路面适应性。

图 9　搭载装有油气悬架车辆的路面适应性

2.关键技术研究现状

（1）油气弹簧技术

油气弹簧作为油气悬架的核心部件，使用对保证车辆行驶平顺性和操纵稳定性具有重要作用，直接决定着油气悬架的性能。国外工业发达国家的高压技术和密封技术较为成熟，因此其油气弹簧产品相对较为先进，相同承载能力的油气弹簧，重量比钢板弹簧轻 50% 左右，表现出明显的优势，如图 10 所示。

油气弹簧作为一种典型的液压系统，其密封元件多采用非金属高分子弹性体，搭配辅助金属的补强材料而组成复合结构，使用的材料主要有合成橡胶、夹织物橡胶、皮革、聚氨酯和聚四氟乙烯等。而对于油气弹簧这类动态密封除了满足对工作介质所必要的耐油性和适应温度及压力速度变化的要求外，还应考虑其动作方式（往复运动）以及运动速度、摩擦力、允漏量、密封副滑移面的粗糙度等因素。

图 10　代表性油气弹簧产品

当前，针对油气弹簧的设计研究主要集中于油气弹簧的非线性建模、液压系统的仿真分析和刚度阻尼研究等方面。对于油气弹簧的数学建模主要通过液压与气压传动、气体状态方程等理论来建立起弹簧的非线性数学模型，其数学模型均需要考虑油液的可压缩性、活塞与气筒之间的摩擦等非线性因素的影响。该过程偏向于定量化的理论研究，通过理论方法能够较好地建立起油气弹簧刚度、阻尼等特性与结构参数之间的数学关系。

针对油气弹簧的试验研究主要通过采集油气弹簧的刚度与阻尼数据，通过对试验数据进行非线性拟合，建立起油气弹簧的非线性模型，该方法的精度取决于所采集数据的精度。随着计算机技术的发展，借助液压仿真软件，通过在软件中直接建立油气弹簧的仿真模型，对其刚度与阻尼进行仿真研究，该方法相对较为简单、直观，并且可以满足工程应用。

（2）高压组合密封技术

随着液压技术的不断发展，液压系统正朝着集成化、轻量化、耐高温、耐高压以及高响应性的方向发展，因此，这将对密封技术在结构和材料等方面提出更苛刻的要求。

目前，在液压密封领域，居世界领先地位的国家是日本，其液压传动的发展虽然较欧美等发达国家晚了近 20 年，但发展迅速并一直保持着领先地位。现阶段液压系统虽然普遍应用，但对液压密封的设计研究依然存在一些问题，比如液压密封件的润滑状态判断还不够准确。液压往复密封的关键件是弹性体，无论是从油膜厚度还是摩擦特性来说，在弹流润滑和边界润滑之间还存在盲区，近几年虽然也提出了薄膜润滑理论，但对其作用机理还不是很清楚，需进一步研究。此外，目前液压密封件还不具备自适应、自修复和自补偿的功能。

传统的密封件材料主要有丁腈橡胶、硅橡胶、氟橡胶、天然橡胶、聚氨酯等，这些材料虽然能够满足密封性能要求，但耐磨性差，与金属材料的摩擦系数大，强度低，耐油与耐水性差，耐高温性能也较差，长期使用其密封可靠性也较低。近年来随着材料技术的发展，国外研究出了改良型的密封材料，使得密封技术可靠性有了很大的提升，比如，聚醚聚氨酯材料，解决了传统聚氨酯易水解的问题，同时压缩变形小、耐磨损能力强，通过特殊配方，还能实现自润滑功能；又如，加入了石墨基的丁腈橡胶，其耐磨性得到很大提升；再如，改性的氟橡胶适用于高温、高压、腐蚀、臭氧环境。

着眼未来，油气弹簧高压密封件的发展主要集中在以下几个方面。

①进一步提高密封性能，可以从截面形状、材料选择、组合设计等方面进一步提升密封性与可靠性。

②提升密封系统的智能化水平，使其能够感知磨损、泄漏等情况的发生，及时反馈并处理，避免严重问题的发生。

③提升液压密封件的自适应、自调节能力，并能够自动修复密封件在工作中的损伤。

（3）油气悬架的控制技术研究现状

国外学者对油气悬架系统控制方面进行了大量理论分析和试验研究，当前实现控制的方法主要包含最优控制、PID 控制、模糊控制、自适应控制和鲁棒控制等，针对主动、半主动控制油气悬架，以数学模型为基础研究阻尼与刚度特性，并运用主动、半主动控制方法对油气悬架进行控制，可实现对阻尼和刚度特性的调节，有效解决传统悬架在大激励下被击穿的不足，从而更好地提升车辆的行驶平顺性与操纵稳定性。当前，对于悬架的控制已经发展到主动悬架的初步应用阶段。

①油气悬架耦连技术

油气悬架耦连特性源于同侧耦连技术的研究，油气悬架的耦连方式一般分为以下三种类型。

（a）各轮油气悬架相互独立。

（b）同轴两轮的油气悬架上下腔交叉连，即同一轴的悬架油缸左侧有杆腔连通右侧无杆腔，左侧无杆腔连通右侧有杆腔。

（c）4 个车轮的油气弹簧对角交叉连，即左前有杆腔连通右后无杆腔，左前无杆腔连通右后有杆腔，右前有杆腔连通左后无杆腔，右前无杆腔连通左后有杆腔。

国外 Nagai 首次将两轴油气悬架车辆同侧并联，发现整车具有更优的俯仰振动特性，为油气悬架耦连技术的研究拉开了帷幕。Fukuda 针对全地形车辆设计了一种新型互联式油气悬架系统，实现了车辆姿态调节和良好的轮胎接地性。本田研发人员更换本田 CRV 的悬架为互联悬架系统之后，试验发现整车在 Fishhook 试验的极限车速提高了 40％，并且在试验中互联悬架可以兼顾车辆平顺性和稳定性。Rakheja 对紧凑对角互连式油气悬架的分析发现，油气悬架对角互联之后可明显提高侧倾刚度和俯仰刚度，提高了操稳性、舒适性和轮胎接地性。随后，悉尼大学的 Zhang 等人分别对装有混合互连式油气悬架、增加稳定杆的螺旋弹簧悬架以及螺旋弹簧悬架的三种悬架系统的两轴车辆进行了试验研究，发现在扭转运动模式下，互连油气悬架车辆的轮胎接地性明显优于传统悬架的车型。Yin 等人基于行驶与转向耦合的两轴铰链车的三自由度多提体动力学模型，对油气悬架的活塞直径、节流阀面积、单向阀开启压力等参数优化之后，结果表明，在保证稳定转向的前提下，仅在前轴安装油气悬架，车辆平顺性被提高了30％。通过大量的研究发现采用同侧耦连技术可以获得满意的俯仰和侧倾刚度、降低整车的固有频率和实现载荷的自动平衡。悬架耦连技术的应用如图 11 所示。

图11　油气悬架的耦连技术

②车辆高度调节和悬架平衡技术

车辆高度调节技术是油气悬架的一项关键技术，将油气弹簧、控制阀组件和液压油路作为执行机构，将控制器、人机操作界面等作为控制系统，将传感器和传动杆作为传感装置，通过采集各个关键位置信号，实时获得底盘的高度状态，通过一定的控制算法，控制相应位置油气弹簧的进油或者回油，将底盘高度自动调节至预定值，提高机动性和通过性。车辆高度调节系统的工作原理如图12所示。

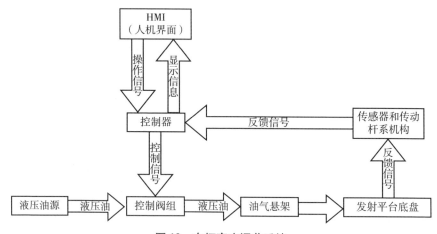

图12　车辆高度调节系统

该控制调节技术同时能够实现车辆在不平路面上的车辆姿态调节（见图13），具有响应速度快、密封性能优越、抗干扰能力强的特点，国外悬架自动调节系统的精度为±10mm，响应时间≤45s。

图13　搭载油气悬架车辆的姿态调节

③半主动悬架和全主动悬架控制技术

随着智能制造以及电子技术和传感器技术的发展，油气悬架采用阻尼控制技术，依据车辆的运动状态进行阻尼的实时调节，是目前较为理想的调节方式，能极大改善汽车的行驶平顺性和操作稳定性。对于主动、半主动控制油气悬架的性能仿真分析，是基于一定随机路面激励输入下，以车辆行驶平顺性为指标来分析主动、半主动控制是否有效。国外对油气悬架的主动、半主动控制进行了大量研究，Deprez利用全局最优策略进行了振动性能改善的研究。Hrovat对最优控制技术在1/4车辆模型和1/2车辆模型以及整车模型上的应用进行了研究，重点强调了LQ最优控制技术在改善车辆平顺性中具有明显的优势。德国KN图什理工大学的Ehsan Sarshari通过对比分析被动油气悬架和采用PID控制的主动油气悬架，发现主动悬架可更好改善车辆的行驶平顺性。

（二）油气悬架国内研究现状

1.油气悬架理论研究现状

相比国外，国内对油气悬架的研究差距明显，但其实国内对油气悬架的研究起步并不晚。早在1959年，北京工业学院成功做出了样件并进行台架试验，次年进行装车试验，得到了国内该领域的第一手资料。但由于国内整体工业水平较低，油气悬架系统一直得不到很好的应用。20世纪70年代，解放牌60吨矿用自卸汽车中就应用了油气悬架技术，可是高昂的成本再加上国内配套零部件质量不过关，导致产品未能定型，最终没有走进市场。直到1980年，国内才真正有实际样机出现，但依旧处于引进、消化、吸收阶段，自主创新能力低，如1984年自主设计了上海SH380、SH382矿用自卸车，如图14所示，借鉴了美国别拉斯单气室油气悬架系统，但其密封效果不理想、可靠性差，因而得不到推广。

图14 上海SH380矿用自卸车

1992年徐州工程机械集团有限公司从德国利勃海尔公司引进LTM1025全路面汽车起重机，得到了不错的效果，更促进了油气悬架技术在国内的推广应用。此后，部分高等院校也相继展开了油气悬架技术的研究，国内期刊对油气悬架系统研究和参数都有介绍，进入2000年油气悬架技术逐渐成为各高校和机构研究的热点。但由于油气悬架的制作成本高，严重限制其实验研究，国内大多研究都停留在理论基础方面。目前国内对油气悬架系统的研究主要集中在以下几方面。

（1）基本的设计理论研究。基于车辆的类型、性能、参数及油气弹簧内、外部的工作环境等因素，研究人员完成油气弹簧最佳阻尼匹配特性、油液节流损失性能、阀片应力、应变特性及阻尼、刚度等特性的研究，得出油气弹簧工作特性的变化规律，为我国自主研发提供重要的技术理论。

（2）油气悬架的刚度及阻尼特性的仿真研究。国内研究人员对这方面研究得最多，主要是油气悬架的刚度和阻尼的非线性特性的仿真建模定性分析及对整车行驶平顺性能的评价指标分析。主要的软件工具是 MATLAB 中的 SIMULINK 模块，如设计平衡悬架来达到整车刚度可变，实现改善车身倾侧性能。经过科研工作人员的不懈努力，在该方面取得了突出的成绩，并且在各大高校的相关科研工作也开展得如火如荼。

（3）特定车型（多为引进）的油气悬架系统的仿真及特性分析。徐重、中联浦沅等国内企业进行了测绘和仿真特性研究，并建立了试验平台，在试验的基础上，改进自身产品。国内部分高校也开始采用 ADAMS 软件建立参数化油气悬架机械模型，并将液压系统纳入模型，通过有限元分析软件建立油气悬架的柔性力学模型和振动模型，进行了一些静力学和动力学分析，同时对悬架结构进行了初步的优化设计，但应用较少，还处于研究阶段。

（4）新型结构形式油气悬架的开发与研究。该项研究目前多集中于科研院所，如图 15 是国内车型常用的可控刚度油气悬架模型。采用了主、副两个储气室，副储气室的预充气压力高于主储气室且高于静平衡位置时的油气弹簧工作压力，ECU 通过传感器采集油气悬架工作压力等信号，根据车辆行驶状态的判断来确定开关阀打开与否，控制悬架的刚度随着车身状态而相应改变。

2. 关键技术研究现状

目前，国外油气悬架技术已经向全方位、多领域、智能化领域发展，并渗透到车辆悬架系统的各个领域。国外在油气悬架系统研制方面对其结构形式与性能进行了大量的理论分析和试验研究，已经发展到主动悬架的实际应用阶段，开发了一些采用主动油气悬架控制的产品，在油气悬架的数学模型建立、新型结构形式的油气悬架的开发和主动控制策略的研究方面取得了很多研究成果，我国在这些方面还存在差距，国内部分技术指标还未达到国外的先进性，需要在以下几方面深入研究，不断提升我国油气悬架技术水平。

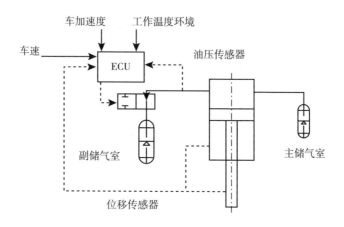

图15　可控油气悬架模型

（1）油气弹簧技术

国内油气弹簧的研究主要集中在油气弹簧结构设计、刚度阻尼特性分析、数学模型建立、静动态性能分析、性能仿真试验等理论研究方面，很多企业和科研院所都对其进行了研究，国内的研究还处于初步阶段，使得目前没有真正意义上的高质量成熟产品能够批量供货，而且没有得出一套能够指导设计并且相对成熟的设计规则手册。我国北方车辆公司生产的油气弹簧在工程车辆和军车仅有少量的应用，如图16所示，因此国内油气弹簧的研究及生产方面还有很长的路要走。

图16　北方车辆公司油气弹簧

（2）高压组合密封技术

油气悬架采用气体作为弹性介质，以油液流经小孔产生阻尼力，其性能大大优于其他弹性元件，但对气体和油液的密封提出了较高要求。油气悬架的工作特点是往复运动频繁，冲击大，频率较高，频带较宽，因而动密封技术是元件能否长期有效工作的关键技术。油气悬架易漏油和密封件寿命短是其突出的缺点，成为几十年来国内外研究的关键技术问题。

一般常规密封件为 O 型密封圈，应用广泛，但在活塞运动时容易造成密封圈的滚动和扭曲，失效严重，漏油明显。Y 型密封圈，是单向密封，缺口朝着高压方向，压力越高，缺口越张开，密封越紧，有自封作用，在密封效果上有所增强，但是加大了运动过程中的摩擦力。为了进一步提高油气悬架的工作可靠性，国内开发了如图 17 所示的密封型式，由斯特封与弹性 O 型圈构成滑环式组合密封结构，用于油气悬架的活塞杆与悬架缸筒的密封，也可用于活塞与缸筒的密封。这种密封具有良好的自润滑性、防爬性和耐腐蚀性，且摩擦系数低、使用温度宽（－50℃～204℃）。组合密封技术的出现，较好地解决了油气弹簧的动密封问题，也促进了国内油气悬架研发进程。原来国内生产的高压组合密封的临界工作压力通常不超过 30MPa，随着研究人员的不断深入，进一步将工作压力提升至 60MPa，弹簧抗泄漏可靠性也得到改善，为油气悬架的自主开发提供技术支撑。

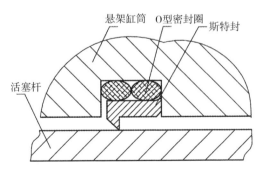

图 17　油气悬架缸密封结构

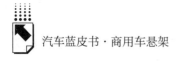

（3）油气悬架的控制技术研究现状

①油气悬架耦连技术

国内在这方面的研究始于近几年，主要集中为理论分析，湖南大学的丁飞研究了重型商用车液压互联悬架特性，为机械液压耦合系统提供新的建模方法，并为液压互联悬架系统的基础理论研究提供新思路；西南交通大学的马超研究了矿用车同侧耦连油气悬架平顺性和通过性，为矿用车的平顺性优化和改善道路通过性提供理论基础；长安大学田文朋研究了油气悬架耦连型式对车辆稳定性的影响，类比了不同布置结构之间的性能差异。

②车辆高度调节和悬架平衡技术

车辆高度调节和平衡为油气悬架关键技术之一，也是国内技术人员研究重点。国内徐工、中联等企业在引进起重机、矿用自卸车等产品之初，就对原车所应用的车辆姿态调节及平衡技术进行了大量分析，为后续的深入研究积累了原始资料。后续各大院校及研究机构，主要工作基于不同姿态调节方法，结合辅助软件进行仿真理论研究，对比各调节方法优缺点，优化控制精度，不断缩小与国外的差距。目前，随着我国电子控制技术的不断发展及生产制造水平的提高，结合前期大量理论分析和试验验证成果，国内车辆姿态调节精度已由 ±30mm 提升到 ±10mm 以内，调节时间由原来的60s 降至45s 以内，优化了控制精度和响应时间，在满足用户正常使用要求的同时，显著提高了油气弹簧寿命和系统的可维护性。

③半主动悬架和全主动悬架控制技术

根据车辆行驶时悬架刚度和阻尼是否可调，可分为被动、半主动和主动悬架，各悬架控制性能对比如表2所示。目前国内以被动为主，半主动有少量的应用，主动悬架还处于起步阶段。

半主动悬架方面，国内各大汽车公司的研究起步较晚，对半主动悬架技术的应用特别是在商用车领域仍处于起步阶段。早期主要集中于对半主动悬架控制策略的研究。无论是汪桂香等人设计的模糊滑模控制器，还是廖昌荣等采用频域加权最优控制方法，使用单一控制方法在特定情况下都与实际工况有着较大的差异，运用某一种特定的控制方法很难使半主动悬架取得较理

表 2　不同悬架控制性能对比

项目	被动系统	半主动系统	主动系统
工作原理	刚度、阻尼参数固定不变	通过传感器感知路面输入和车身姿态,实时调节输出阻尼大小	通过传感器感知路面输入和车身姿态,实时调节输出阻尼和刚度值
可控元件	无	可调阻尼	可调刚度和阻尼
能量需要	无	少	多
性能优劣	差	较好	最好
成本	低	较高	高

想的控制效果。后来研究人员逐渐开始将研究重点集中到多种控制算法相融合上,经过多年的深入研究,取得了较大的进步。陈无畏教授设计的神经网络自适应 PID 控制器、洪家娣等人提出的神经网络自适应模糊控制器,都能有效地提升汽车半主动悬架系统的整体性能。目前,经过多年持续的科研投入和自主研发,中国自主品牌汽车企业取得了一系列技术突破和创新。宇通客车经过多年的自主研发,成功开发了一种以变刚度气囊组件和新型变阻尼减振器为载体的半主动悬架系统,并成功应用到宇通豪华大巴上,使整车的乘坐舒适性能和弯道操控性能得到了均衡提升。东风悬架弹簧公司自主开发了能够提供更好承载和乘坐舒适性的液气复合式和电磁式半主动悬架系统,打破了国外对汽车半主动悬架技术的垄断,大幅度提升了国内汽车半主动悬架系统的综合性能。

主动悬架控制方面,国内还处于起步阶段,主要集中为可靠性研究、贴近实际的数学模型建立方法的研究、油气悬架的优化设计方法研究及油气悬架主动控制理论的研究。

四　油气悬架产业应用现状

(一)国外油气悬架产业应用现状

油气悬架相对于传统的板簧悬架具有路面适应性强、固有频率低和侧倾

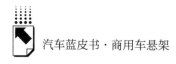

刚度大等优点，因此能够广泛应用于特种车辆、工程自卸车等领域，如图 18 所示。

图 18　油气悬架的工程应用

德国利勃海尔（Liebberr）全地面起重机 LTM 系列和 CXP 系列，在道路较好的情况下采用独立悬架，在路况较为恶劣情况下采用互联式悬架，这样极大地增强了车辆的行驶平顺性和操作稳定性。

美国卡特彼勒公司（Caterpillar）生产的 TS‒24B 自行式铲运机和大型矿用自卸车以及美国格鲁夫（Grove）公司 KMK 系列汽车起重机如图 19 所示。

图 19　卡特彼勒和格鲁夫油气悬架工程车

日本日立建机（Hitach Construction Machinery）生产的 10T 级轮式挖掘机等，日本神户（Kobelco）钢铁株式会社生产的 PK 系列越野轮胎起重机。

瑞典沃尔沃（VOLVO）公司生产的 VMER90 系列大型矿用自卸车，白俄罗斯别拉斯（Belaz）公司的 75600 型矿用自卸车，如图 20 所示。

图 20　VOLVO 和 Belaz 油气悬架矿用自卸车

油气悬架系统在重卡领域应用较少，荷兰 GINAF 公司和德国奔驰公司有部分产品（见图 21），尤其是荷兰 GINAF 油气悬架重型卡车，以良好的

图 21　荷兰 GINAF 公司和奔驰公司油气悬架产品

路面适应性和越野性能获得业界广泛关注。得益于智能控制技术的发展，带有主动控制系统的油气悬架具有自感知环境功能，且能够适应复杂路面以及根据车辆载荷分配情况实现车身姿态的主动调节（见图22）。

图22　车辆平衡功能在重卡上

（二）国内油气悬架产业应用现状

油气弹簧在引进我国初期，主要应用于军用车辆和工程机械车辆。在军用车辆方面，如航天15所研制的固定型号移动式导弹发射车，采用了混合式油气弹簧，无车高调整功能，并使用了简易的负荷平衡措施，即将车辆两侧油气弹簧的气室连通。重庆256厂研制的自行榴弹炮车采用了隔离式油气弹簧，具备静态车辆姿态调节功能，主要用于调整车辆的发射状态。北京理工大学研制的某型装甲输送车，采用了双缸式带反压气室的油气弹簧，并附加了整车调节系统，同时能够实现悬架的刚性闭锁。北方车辆研究所研制的某型导弹发射车，吸收了俄罗斯相关车辆的底盘技术，具有整车车辆姿态调节系统。北京重型汽车制造厂开发的BJZ3364Q型22T矿用自卸车、泰安特种车制造厂开发的TAS5690超重型越野汽车等。在工程机械方面主要应用于大吨位自卸车、全路面汽车起重机、挖掘机等，代表车型有陕汽生产的120T宽体矿用自卸车、陕西同力重工生产的32T矿用车及徐工生产的宽体矿用车等（见图23～图26）。

图 23 陕汽宽体自卸车

图 24 陕西同力宽体自卸车

近些年来，由于国内生产建设需求的增大和经济持续增长，以及国内研究机构对于油气悬架的深入研究，促进了相关产业的发展，代表企业有镇江瑞美克斯机械制造有限公司生产的大/中吨位油气悬架、北方车辆研究所开发的双筒油气悬架（见图 27）、湖北优软生产的油气悬架（见图 28）。

图 25　徐工宽体自卸车

图 26　扬州盛大宽体自卸车

　　GB1589 和 GB7258 国家标准修订版的发布促进了商用汽车的快速增长，仅 2018 年全国销售各类商用汽车达到 437 万辆。为进一步提升产品竞争力，各主机厂结合智能化和轻量化技术，逐步将油气悬架应用于商用汽车，如公路自卸汽车、危化品和快递运输半挂车等。在 2016 年上海宝马展上，徐工展出汉风牌五轴全地形自卸车，配置全油气悬架，可适应公路与非公路的复

图 27　北方车辆的双筒油气悬架

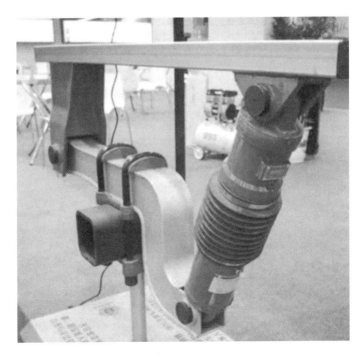

图 28　湖北优软的油气悬架

合使用工况（见图29）；中集近期开发的用于危化品运输的半挂车，该车采用油气悬架（见图30）。

图29　徐工的 10×6 自卸车

图30　中集的半挂车

五 油气悬架产业国内外对比分析

对油气悬架技术的研究，国内外开始的都比较早。目前，国外对油气悬架的研究和应用比较成熟，产品已经应用于工程机械领域，但国内由于成本高昂，发展受阻，直到80年代才开始有产品应用。近几年我国有部分企业开始研究油气悬架在商用车上的应用，如中国北方车辆研究所、陕西中航气弹簧有限公司、优软商用车悬架有限公司等企业。

（一）油气悬架研究对比

国内外对油气悬架的研究对比如表3所示。

表3 国内外对油气悬架的研究对比

项目	国内	国外
主要研究内容	国内油气悬架的研究还处于追赶国外技术的阶段，设计、生产单位利用对国外产品进行测绘、试验得出的数据反求油气悬架各零部件的参数，通过试验的手段得出最真实、准确反映油气悬架各部件的特性数据，在此基础上，制作样件进行试制、试装、试验	国外主要研究内容集中在油气悬架如何提升整车平顺性和操稳性，通过研究油气悬架车辆高度调节技术、油气悬架平衡技术、悬架耦连技术以及降低整车振动频率和优化悬架系统阻尼特性，并根据实际应用优化控制策略实现整车平顺性和操稳性的提升
零部件研究	①国内对油气悬架各重要零部件已经做了很多研究，相关科研单位和高校都有对油气弹簧的仿真及相关软件的开发研究，并积累了大量经验，国内也具备了一些油气弹簧的设计、生产和试验能力 ②国内蓄能器和液压油缸都有企业生产，由于高压密封等技术参数的差异，产品尺寸及重量较国外产品仍有一定差距 ③高度控制阀和高度传感器产业也较为成熟，基本满足油气悬架性能要求	国外油气悬架各零部件生产企业已形成产业链，其生产制造的零部件精度比较高，承载质量比也较大

项目	国内	国外
控制策略研究	①国内控制技术研究主要为半主动控制策略研究。近几年我国一些企业已经将半主动油气悬架应用在商用车上,有些技术甚至已经达到了世界先进水平 ②主动悬架的控制技术方面,我国还处在起步阶段,各大高校和科研单位有一定的研究	①国外半主动控制油气悬架已经广泛应用于工程机械车辆 ②国外近几年控制技术已经发展到主动油气悬架的初步应用阶段,已经开发了主动油气悬架控制的产品
成本	油气悬架在国内主要进行油气悬架的应用和理论研究,具备一定设计、生产配套能力,但成本仍然较高,暂未在商用车领域形成产业链	国外油气悬架技术研究及整车匹配已发展成熟,但由于成本较高,商用车领域应用较少

(二)油气悬架系统主要技术指标对比

当前国内与国外油气悬架的相关技术指标存在一定差距,但部分国内研究机构技术指标达到国际领先水平。国内外油气悬架技术指标对比如表4所示。

表4 国内外油气悬架系统技术指标对比

项目	国内指标	国外指标	国内部分研究机构
车辆姿态调节时间	≤60s	≤45s	30~40s
车辆姿态调节精度	±30mm	±10mm	±5mm
单轮悬架闭锁力值	5t	15t	14t
油气弹簧临界压力	30MPa	≥60MPa	60MPa
无稳定杆转弯侧倾角	≥6°	≤4°	≤2.5°
振动加速度均方根值	≥0.5g	≤0.2g	0.2g
平均故障间隔里程	15000km	20000km	40000km

(三)油气悬架产业对比

由于国内高压密封技术、刚度阻尼特性研究技术不成熟,国内生产相同承载能力的油气弹簧较国外产品有一定差距,油气悬架其他核心部件的研究与应用和同行业零部件的发展同步,国内外采用常规产品进行匹配应用。国内外油气悬架其他关键部件对比如表5所示。

表5 国内外油气悬架其他关键部件对比

重要部件	示意图	简介	关键技术/参数指标		国内生产企业	国外生产企业
			国内	国外		
油气弹簧		油气悬架的弹性元件和阻尼元件	单筒式、双筒式油气弹簧 体积、重量较大	单筒式、双筒式油气弹簧 体积、重量较小	中国北方车辆、优软商用车、陕西中航气弹簧等企业	美国 Hydrair、德国 Weber-Hydraulik 等企业
高压密封		系统压力越高，承载质量比越大，高压密封技术主要应用在活塞密封、端面密封、液压管路密封、结构密封	温度范围 -40℃~110℃ 压力最高30MPa	温度范围 -40℃~130℃ 压力：最高60MPa，特殊结构需求密封结构可达到100MPa	台湾 BAK 等企业	美国 Parker 等企业
动力单元		主动油气悬架需动力单元，主要由高压柱塞泵组成，半主动和被动油气悬架无需动力单元	温度范围 -40℃~110℃ 压力最高30MPa	温度范围 -40℃~130℃ 压力：最高60MPa	秦川液压、烟台海德等企业	博世等企业
高度控制阀块		阀块主要根据控制信号，执行液压缸充放油，从而调节车辆高度变化、整车姿态等	压力：最高32MPa 寿命:1000万次	压力：最高60MPa 寿命:1500万次	北京华德液压、榆次液压、力源液压等企业	日本油研、美国伊顿威格士、德国力士乐等企业

续表

重要部件	示意图	简介	关键技术参数指标 国内	关键技术参数指标 国外	国内生产企业	国外生产企业
蓄能器		蓄能器将系统中的能量转变为压缩能或位能存起来,当系统需要时,将储存的能量转变为液压或气压等能量	温度范围-10℃~70℃ 压力:最高45MPa	温度范围-6℃~80℃ 压力:最高100MPa	宁波科力远液、天津奥其蓄能器等企业	美国Parker、德国HYDAC等企业
高度传感器		传感器精度越高,制造成本越大。高度传感器有高度阀、电磁高度阀和光栅传感器	国内电磁传感器精度一般可达1~10μm	国外光栅类传感器测量精度最高可达0.02~1μm	航天电子、天水华天科技、航天机电等企业	德国HBM、西门子、霍尼韦尔、施耐德等企业
控制器及软件		主动油气悬架系统中,采集高度传感器、控制开关等,经软件逻辑驱动相应阀体执行相应动作	国内控制器企业的制造能力能满足要求,但控制器核心技术为控制策略,目前国外控制策略在工程机械上已得到验证,较为成熟。控制程序较国内的完善,控制精度也较国内高		常州易控,北京恒润,江苏罗斯维尔等企业	德国倍福(BECKHOFF),大陆、博世、联电等企业

零部件质量决定油气悬架系统的控制精度，国内各零部件生产企业已经具备生产油气悬架零部件的能力，但部分零部件制造精度达不到国外企业水平，以目前国内产业链的生产制造能力，生产的油气悬架控制精度和国外产品还有一定的差距。要制造出同质量产品，还需要依托国外一些先进技术及企业的产品。

六　油气悬架发展趋势及建议措施

（一）发展趋势分析

1. 技术发展趋势

现阶段重卡悬架系统的技术发展方向为智能、可靠、安全、平顺、轻量化。综合来看，油气悬架相较板簧悬架及空气悬架有一定优势，后期在推广油气悬架方面需关注以下技术发展趋势。

（1）油气悬架整车控制系统

基于智能化需求，国内重卡生产企业应开发完全自主的控制策略及算法，实现升降整车高度、调整车辆姿态、轴荷分配、驱动辅助、监控车货总重等功能，才能在应用油气悬架时提高企业车辆竞争力、降低成本、提升与市场需求的契合度；基于安全性、平顺性、可靠性的需求，系统的响应速度及精度均需进一步提升，控制系统在整车标定后能够快速准确地测量车辆的簧上质量，且车辆在加载货物不匀时能够及时地调整左右侧油气弹簧系统压力，抑或在车辆侧倾角度较大时，能够及时地弥补侧倾角刚度，对车辆侧倾角进行快速的修正，保证车辆在重载或者高速转向时的安全性；基于网联化趋势，控制系统应具备 OTA 功能，并可及时将数据上传到云端进行大数据分析及策略算法优化，降低系统维护及升级成本。

（2）油气弹簧及蓄能器

在整车布置中，油气弹簧左右侧跨距越大越有利于整车性能。受限于整车空间，现有油气弹簧空间尺寸仅能够满足公路标载车型，对于工程矿用自

167

卸车，因现有车架宽度和轮胎中间空间较小，油气弹簧的布置空间显然比较紧张。故油气弹簧的后续技术发展趋势为占用整车空间小同时承载能力强，其直径应进一步缩小，这就要求油气弹簧、蓄能器需能够承受更高的系统压力，在解决空间布置问题的基础上自身也能够轻量化。针对高压力油气弹簧，对油气弹簧密封结构提出更高的要求，为满足高压力、高温下的密封需求，需对密封件开展进一步研究，提高其可靠性及耐久性。

2.产业发展趋势

根据油气悬架系统特点及重卡细分市场特点，油气悬架在重卡领域产业发展趋势大致如下。

油气悬架具有空气悬架的相关功能，如升降车辆高度、轴荷分配、驱动辅助等，有利于挂车搭接、为驱动桥提供充足动力，故油气悬架系统可在牵引车、部分地区限高车等车型上应用；油气悬架能够监控车货总重，可用于牵引、载货、自卸车，实时掌握车辆装载的货物重量，并且能够为城建渣土车按时按地进行渣土倾倒的管控提供支持；针对悬架平衡能力强的特点，可在工程自卸车、专用车上应用，能够及时调整车辆姿态，防止车辆高承载时因路况差而发生侧翻情况。

随着国家大力推广节能减排政策，空气悬架用气量进一步减小的空间有限，不利于车辆能耗的降低。同时重卡对车辆平顺性的要求在不断提高，不需要能耗的被动油气悬架则会被优先考虑，因为其能够同时兼顾低能耗、轻量化、平顺性的需求。

（二）建议措施

油气悬架要在重卡车型上批量使用，如何根据油气悬架优势挖掘细分市场需求，保持细分市场车型的技术先进性，并持续降低产品成本是需要解决的主要问题。建议从以下六个方面进行。

（1）整车企业持续增加研发投入，不断挖掘细分市场需求，并根据细分市场需求完善油气悬架型谱，开发具有油气悬架特点的细分市场车型。

（2）整车企业持续进行技术攻关，掌握并完善控制策略，开发具有自主知识产权的控制系统，降低控制系统成本，提升油气悬架性能。

（3）油气弹簧厂家对更高压力下的密封件进行技术攻关，提高油气弹簧品质及轻量化水平。

（4）实现网联化功能，利于整车企业进行大数据分析，并不断地完善控制策略来满足用户需求。

（5）制定油气悬架相关核心零部件行业标准，通过产品的系列化和通用化，减少产品规格，提升单个产品产量，降低油气悬架整体制造和管理成本。

（6）制定油气悬架相关核心零部件台架试验方法及验收标准，对油气悬架行业试验要求进行规范化管理。

B.7
半挂车先进悬架系统产业发展概述

邬世锋*

摘　要： 最新国家标准关于半挂车搭载空气悬架以及提升相应最大允许轴荷的规定，将对半挂车悬架系统的产业发展产生重大影响，中短期内，半挂车空气悬架的市场配套率将迅速增加，年需求量预计保持在 30 万~50 万套，并将有力推动半挂车悬架产业的多元化、专业化发展。

关键词： 半挂车　钢板弹簧悬架　空气悬架　标准法规

一　半挂车悬架系统产业发展概况

（一）半挂车悬架系统发展进程

我国半挂车行业起步于 70 年代初，早期货运车辆主要是由 4×2 长头货车和由货车牵引的全挂车组成，货运效率较低。从 80 年代开始，由于半挂车相对于全挂车在行驶安全性、最大装载质量方面均有一定优势，并且装载量也远大于常规货车，半挂车的应用开始逐渐增加。到 90 年代初，半挂车的使用已形成规模，相应的种类也越来越多，已涉及货运行业的各个领域。目前，半挂车根据产品结构和运输货物的不同，可以分为栏板半挂车、仓栅半挂车、集装箱运输半挂车、厢式运输半挂车、液罐运输半挂车、粉罐运输

---

* 邬世锋，研究员级高级工程师，扬州中集通华专用车有限公司技术中心副总工程师。

半挂车、车辆运输半挂车、低平板半挂车、CNG 天然气运输半挂车、自卸半挂车以及各种其他特殊用途半挂车。经历了 30 多年的快速发展，半挂车现已成为国内公路长途运输最为主要的车型。

半挂车悬架系统作为半挂车最主要的结构性部件，在不断地产业优化过程中，经历了多元化的发展阶段。

（1）早期半挂车悬架主要为单轴悬架，基本采用了货车的悬架系统。悬架主要有"东风板簧悬架"和"黄河板簧悬架"，这类板簧悬架为"主簧＋副簧"结构，空载时主簧承载，满载时主簧和副簧共同承载。虽然该种悬架受力方式造成空载、满载状态下，车架承载面高度变形量大，但是整体减振性能相对较好。因此，早期的悬架系统只适合总吨位较低的单轴半挂车使用。

（2）随着改革开放的深入，进出口贸易扩大，集装箱运输半挂车开始在国内兴起，两轴和三轴的钢板弹簧悬架首先在集装箱运输半挂车领域开始使用。这种悬架按照结构特性，基本分为"美国式悬架"、"日本式悬架"以及各种变形悬架，主要特点是两根车轴的悬架之间共用一个簧支架，并且通过平衡臂分别与前后板簧连接。其中，两轴悬架有一个平衡臂，三轴悬架有两个平衡臂。平衡臂可以平衡车轴之间的受力，同时防止因路面不平和车辆前后高度偏差造成车轴受力不均。由于结构可靠，车轴轮胎受力平衡性好，成本较低，该种悬架型式开始在越来越多的半挂车上使用。经过多年发展，目前多轴串接式板簧悬架已经成为国内半挂车最主要的应用型式。

（3）由于各种半挂车结构和适用路况的不同，近年来半挂车悬架系统开始朝专用化和多元化方向快速发展。目前，半挂车主要使用的各类悬架包括单轴主副簧悬架、板簧串接式悬架、空气悬架、单点悬架、液压悬架、刚性悬架、橡胶悬架、油气悬架等。其中，空气悬架在近几年来成为发展最迅速的悬架系统。从 90 年代初期，空气悬架最先应用于一些高档危化品罐式半挂车、铝合金罐式半挂车、冷藏半挂车和高档厢式半挂车，现在中高端的普通半挂车也开始增加空气悬架的市场配套率。

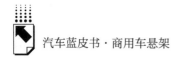

（4）随着新材料和新技术的快速发展，部分技术含量较高的油气悬架、橡胶悬架等也开始积极运用到半挂车上，特别是超轻量化的复合材料板簧悬架已开始得到尝试性应用，其未来发展也备受关注。

（二）半挂车悬架系统产业规模

半挂车作为专用车的重要构成，绝大部分专用车生产企业均生产半挂车。由于近几年行业的持续高速发展，专用车生产企业数量猛增，行业投资热情高涨。其中，2018 年 1～10 月累计新增专用车生产企业 130 家，成为发展最为迅速的一年。截至 2018 年 10 月底，全国具有生产资质的专用车生产企业数量已经到达 1381 家，在产企业约为 1114 家。

根据行业主管部门公开统计数据，如表 1 所示，2017 年 1～10 月全国各类半挂车产量 58.4 万辆，2018 年 1～10 月各类半挂车产量 47.8 万辆，主要车型集中在仓栅半挂车、低平板半挂车、罐式半挂车和普通栏板半挂车领域。近两年由于国家 GB1589 和 GB7258 最新标准的发布，特别是加大对超限车辆运输车的整治力度，各类车型在 2017 年和 2018 年的市场占比均出现不同程度的变化，但是仓栅半挂车和低平板半挂车一直占据半挂车的前两位，也是未来先进悬架系统推广普及的重要领域。

表 1　2017～2018 年 1～10 月国内半挂车分类型产量及占比

单位：辆，%

半挂车种类	2017 年 1～10 月产量	占比	2018 年 1～10 月产量	占比
厢式半挂车	7850	1.3	8008	1.7
罐式半挂车	65017	11.1	64274	13.4
低平板半挂车	129443	22.2	96301	20.1
普通栏板半挂车	61853	10.6	46911	9.8
仓栅半挂车	224313	38.4	143457	30.0
集装箱半挂车	36673	6.3	32186	7.4
车辆运输半挂车	6285	1.1	35148	7.4
自卸半挂车	48258	8.2	40659	8.5
其他半挂车	4569	0.8	11132	2.3

通过半挂车的月度产量统计数据，可以对半挂车悬架的年需求量进行简单估算。目前，少量车型如车辆运输半挂车、部分厢式半挂车采用两轴悬架，绝大多数车型采用三轴悬架，因此，各类半挂车悬架系统的年需求量至少在 60 万套。

此外，国内半挂车行业一直保持较大的出口规模。2018 年中集车辆集团出口半挂车达 4 万辆，预计全国出口各类半挂车总量将超过 6 万辆，配套基本采用钢板弹簧型式。

（三）半挂车悬架系统重点企业概况

国内半挂车悬架系统的生产企业比较分散，其中，一部分生产企业采用自制悬架，另一部分生产企业从当地小型配套企业进行采购，也有部分企业从专业化车轴公司和悬架企业进行批量采购，自身主要承担总装、调校、检测等职能。

目前国内专业的半挂车悬架系统生产企业主要包括以下几个。

（1）广东富华机械集团有限公司

广东富华是目前全球产能最大的车轴生产企业，同时也生产各类钢板弹簧悬架、空气悬架等产品，并同福特重卡、联合卡车等国际知名主机厂实现配套。在技术方面，广东富华的整体热处理铸造成型工艺已经达到世界领先水平，实现了更高的承载负荷和更轻的系统自重，提升了产品的整体性能和使用寿命。

（2）BPW（梅州）车轴有限公司

德国 BPW 公司控股的中外合资企业，主要生产各种规格型号的高档刚性悬挂车轴、空气悬挂车轴及车轴关联零部件，同时也经销进口 BPW 空气悬架，重点产品基本代表着全球商用车悬架产业的先进水平。

（3）镇江宝华半挂车配件有限公司

镇江宝华主要生产各类轻型和重型钢板弹簧悬架、刚性悬架，是目前华东地区最主要的钢板弹簧悬架供应商。现具备半挂车悬架系统年产能 10 万套，支撑装置年产能 10 万副，挂车车桥 20 万根，并实现对美国、中东、南美、东南亚和澳大利亚等国家和地区的出口配套。

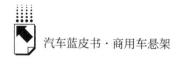

（4）扬州通承专用车配件有限公司

扬州通承主要生产各类轻型、重型钢板弹簧悬架，专门配套集装箱、专用车、半挂车等领域，产品基本保持国内先进水平，并销往全国各地及东南亚地区。

（5）北京驰创达空气悬架有限公司

作为国内知名的空气悬架供应商，北京驰创达主要生产各类轻型、重型空气悬架，配套载货汽车和特种车辆，并为厦门金龙、青岛中集等大型客车、挂车主机厂配套。此外，驰创达还拥有美国和加拿大等国际知名悬架品牌的生产销售权。

除了上述企业外，目前国内一些知名的汽车悬架配套零部件企业也开始加大系统总成的研发力度，如扬州东升股份有限公司已开发完成各类轻型、重型空气悬架，并同部分知名商用车企业达成初步配套合作意向。

从专业化、标准化发展的趋势来看，未来半挂车企业采用自制钢板弹簧悬架的数量将会大大减少，而规模化、专业化的半挂车悬架系统生产企业乃至配套零部件企业将会得到进一步发展，从而逐渐占据行业主导地位。

二 半挂车悬架系统技术路线和产业应用

（一）半挂车悬架系统的技术路线

1. 钢板弹簧悬架

钢板弹簧悬架是半挂车悬架中使用量最大、最普及的。根据悬架型式，可分为单轴主副簧悬架（见图1）、单轴固定悬架（见图2）、两轴串接式板簧悬架（见图3）、三轴串接式板簧悬架（见图4）。目前，国内法规最多允许半挂车安装三轴悬架，部分出口半挂车采用四轴串接式板簧悬架。

其中，三轴串接式板簧悬架是目前国内半挂车使用量最大的，其次是两轴串接式板簧悬架，单轴固定悬架由于最大负荷的限制，使用很少，而单轴主副簧悬架则只应用于一些特殊车型，使用量更少。

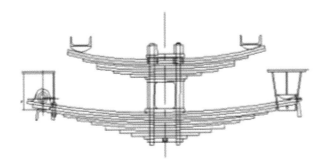

图 1　单轴主副簧悬架

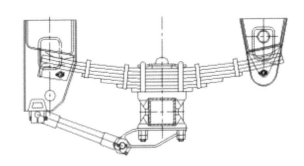

图 2　单轴固定悬架

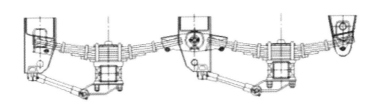

图 3　两轴串接式板簧悬架

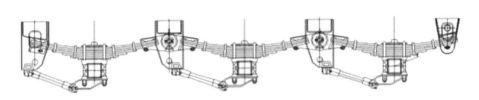

图 4　三轴串接式板簧悬架

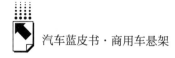

此外，根据板簧的型式可以分为等截面多片簧（见图5）、变截面少片簧（见图6）。变截面少片簧同传统的等截面多片簧相比，质量可减轻30%~40%，并且由于片簧与片簧之间保持一定的间隙，可以在延长疲劳寿命的同时，有效改善半挂车的行驶平顺性和稳定性，近年来普及度逐渐提升。

图5　等截面多片簧

图6　变截面少片簧

2. 空气悬架

半挂车用空气悬架的结构如图7所示，核心部件是空气弹簧，通过将压缩空气充入橡胶囊体中达到一定的刚度来替代钢板弹簧。目前，国内半挂车空气悬架主要采用国外品牌，如 BPW、SAF、HENDRICKSON（瀚德森）、WEWELER 等。近两年部分国内厂家也开始开发半挂车空气悬架，自主产品的市场配套量逐年增加。

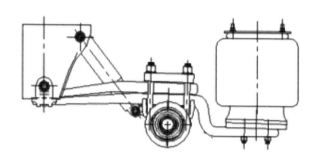

图7　半挂车用空气悬架

3. 刚性悬架

半挂车上使用的刚性悬架主要是一线两轴悬架（见图8），用于运输大件的重型低平板半挂车，其装载质量为40~80t，主要为低速行驶工况。刚性悬架由于应用车型十分特殊，使用量很少。

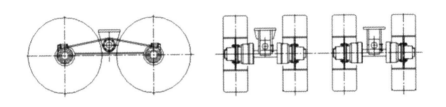

图8　一线两轴悬架

4. 油气悬架

油气悬架最早应用于飞机的起落架和一些轮式装甲车、坦克等军用车辆。近年来，油气悬架开始应用于半挂车领域，油气悬架在一些矿用自卸半挂车和特制半挂车上使用，起到了很好的减振效果，同时增加了车辆的行驶可靠性。油气悬架机械结构部分与空气悬架基本相同，只是将油气减振器代替空气弹簧，同时，油气悬架的充氮气的蓄能装置，可提供长期的压力保证，减缓车辆振动。但是由于成本的硬性限制，短期内的普及量仍然偏低。

图9　半挂车油气悬架

5. 橡胶悬架

橡胶悬架是一种承载能力更强的特种悬架，主要用于各种超重型半挂车上。该悬架是以橡胶作为弹性元件，通过橡胶的减振效果来实现车辆的减振。其中，减振橡胶通常以多组橡胶块叠装而成，通过机械结构和橡胶结构共同承载，该悬架一般多应用于平整道路。

（二）半挂车悬架系统的产业应用

1. 钢板弹簧悬架

目前产量最大的低平板半挂车（见图10）、自卸半挂车（见图11）和粉罐半挂车（见图12），几乎全部采用等截面钢板弹簧悬架，使用比例达到80%以上。

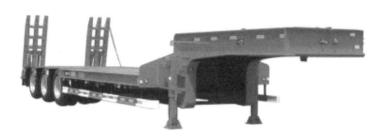

图10　低平板半挂车

图11　自卸半挂车

此外，由于轻量化的需求，部分仓栅半挂车（见图13）、栏板半挂车（见图14）、集装箱运输半挂车（见图15）、厢式半挂车（见图16）、液罐

图 12 粉罐半挂车

半挂车（见图 17）开始逐渐采用轻型悬架，主要为变截面钢板弹簧结构。根据公开数据测算，目前，轻型悬架在这五类车型上的使用比例为 30% ~ 40%，已经取得了较好的产业化应用。

图 13 仓栅半挂车

图 14 栏板半挂车

图15　集装箱运输半挂车

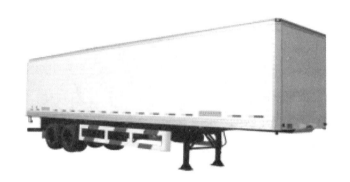

图16　厢式半挂车

图17　液罐半挂车

2. 空气悬架

空气悬架由于具有较好的减振性能，空载和满载高度变化小，与EBS制动系统结合使用，能够提升防侧翻稳定性，进一步优化整车制动效果，进而保证车辆的行驶安全性能。

目前，空气悬架在整个半挂车行业的市场应用约占半挂车总产量的2%，预计2018年使用空气悬架半挂车约为1.4万辆，主要应用于厢式半挂车、车辆运输半挂车和危险品罐式半挂车三类车型。从细分车型来看，厢式半挂车和车辆运输半挂车使用空气悬架的比例约占5%，危险品罐式半挂车使用空气悬架的比例约占20%。

（三）海外半挂车空气悬架使用简析

目前，欧洲各国的半挂车绝大多数使用空气悬架，平均市场占比基本在80%以上，并且同高性能的EBS制动系统配合使用，以全面提升半挂车的行驶安全性。

而美国的半挂车则仍然大量使用钢板弹簧悬架，尤其是变截面少片簧型式。至于空气悬架则更多应用于集装箱运输半挂车，但是使用比例也仅为30%。

除欧美等发达国家外，对于东南亚和非洲地区的半挂车，仅高端的危化品罐车、厢式半挂车部分采用空气悬架，而绝大部分的散货运输半挂车还是采用钢板弹簧悬架，并以等截面多片簧型式为主。

三 政策法规对半挂车空气悬架应用的影响

（一）新标准发布

2016年7月26日，新GB1589《汽车、挂车及汽车列车外廓尺寸轴荷及质量限值》发布，2017年9月29日新GB7258《机动车运行安全技术条件》发布。这两项国家标准的发布对空气悬架在半挂车上的使用将产生重大影响，主要表现如下。

GB1589规定半挂车及三轴以上（含三轴）货车非驱动轴装备空气悬架时，最大允许轴荷从10吨提高到11.5吨，选用空气悬架可以提升半挂车的

有效装载量。

GB7258 规定从 2020 年 1 月 1 日开始,"总质量大于或等于 12000kg 的危险货物运输货车的后轴,所有危险货物运输半挂车,以及三轴栏板式、仓栅式半挂车应装备空气悬架"。

通过上述要求可见,国家新标准的出台对危险货物运输半挂车,以及三轴栏板式、仓栅式半挂车的空气悬架选用将产生巨大影响。

(二)产业需求预估

从 2018 年 1~10 月的半挂车产量数据可知,栏板式半挂车、仓栅式半挂车总产量为 190368 辆。罐式半挂车产量为 64274 辆,集装箱半挂车产量为 32186 辆。由于罐式半挂车中一半以上为危险货物运输半挂车,集装箱运输车中 1/5 以上为危险罐式集装箱运输半挂车,由此推算出危险货物运输半挂车的产量在 38000 辆以上。根据标准要求,这四类车型必须安装空气悬架的半挂车总产量约为 22.8 万辆(2018 年 1~10 月),折算成年产量约为 27.4 万辆。因此,在 2020 年 1 月 1 日以后,半挂车行业的空气悬架配套量将会呈现大幅度增加。

由于空气悬架价格较高,配备空气悬架后的半挂车总体价格将大幅上升,为了减少购车成本,客户往往会在标准实施前超前购买采用钢板弹簧的老式车型,将在一定程度上促使这些换代车型在标准实施后的需求量出现短期下滑。但是,由于车型的自然淘汰报废和客户对特定半挂车车型装运模式的需求,中长期来看,这几类车的产量仍将呈上升趋势。按照每辆半挂车安装 3 套空气悬架估算,预计未来十年内,每年半挂车行业对空气悬架的需求量将维持在 30 万~50 万套,这对正处于空气悬架研发阶段的自主零部件企业将是重大利好。

四 小结

目前,受车型使用状况和经济条件的限制,国内半挂车绝大部分还是采用成本较低的钢板弹簧悬架，空气悬架则主要应用于危险品货物运输车、铝合金罐式半挂车、冷藏半挂车和其他运输货值较高的厢式半挂车，总体使用量偏小。

随着国家标准的变化，特别是 GB7258 标准的实施，到 2020 年 1 月 1 日后，随着危险货物运输半挂车，以及三轴栏板式、仓栅式半挂车开始标配空气悬架，空气悬架的使用量将大幅上升。建议悬架制造厂家以及配套零部件企业根据自身发展情况，及时开发相适应的半挂车空气悬架产品，以迎接半挂车空气悬架市场高峰期的到来。与此同时，空气悬架的普及也将间接刺激传统钢板弹簧悬架向轻量化和柔性化的改进，并促使油气悬架、橡胶悬架在半挂车领域的应用，进而推动半挂车悬架系统朝多元化、专业化的发展。

技　术　篇

Technological Reports

B.8
车用馈能悬架技术发展与应用趋势

过学迅[*]

摘　要：　汽车悬架作为车架和车桥之间的连接装置，能够通过其弹性
元件和减振器，将路面激励引起的车身振动能量转化为热能
进行耗散，有效衰减车身振动。如何将这一部分被减振器耗
散掉的振动能量进行回收，研究具有振动能量回收功能的馈
能悬架是近年来国内外不少研究人员的工作焦点。馈能悬架
作为一种新型的悬架结构系统，不仅能够提供车辆悬架衰减
振动所需的阻尼力，同时能够将与车身垂直振动相关的机械
能进行回收。同时，悬架系统作为一种传力装置，直接影响
到车辆的行驶平顺性和操纵稳定性。因此馈能悬架在具备能
量回收功能的同时，必须具有悬架控制功能。本报告简述了

---

* 过学迅，武汉理工大学教授。

馈能悬架的技术背景、国内外发展状况、在商用车中的技术发展趋势及建议。

关键词： 馈能减振器 馈能悬架 主动控制 半主动控制

一 馈能悬架技术概况

（一）技术背景

当今社会，能源问题依然是一个非常严峻的问题。2016 年，在国务院印发的《"十三五"国家战略性新兴产业发展规划》中，节能环保被列为八大战略性新兴产业之一。汽车作为一个全球保有量巨大的耗能产品，对其进行能量回收尤为重要。根据美国麻省理工学院对于车辆能量分配的研究报告可知，车辆在城市工况下仅能利用总消耗能量的9%来驱动车辆，而其他大部分能量被耗散掉。在耗散能量中，怠速及悬架振动能量的耗散占总量的17.2%，若能对这一部分能量进行适当回收，将有效地提高车辆能量使用效率，具有非常重要的经济与社会效益。因此，近年来大量学者对馈能式减振器的能量回收潜力、对悬架动力学性能的影响及其可控性进行研究。

馈能悬架的主要馈能部件是馈能减振器，其工作原理与传统减振器不同：传统减振器为油液减振器，内部设有常通孔和节流阀系，油液在孔隙中的流动会将路面不平度激励、转弯、加速、制动等引起的车辆悬架振动转换成热能并耗散，从而抑制车身和轮胎的振动，保证车辆的行驶性能；馈能减振器主要是利用运动转换机构，将减振器的垂直相对振动转换为线圈切割磁感线运动，将悬架中的振动能量转换为电能加以回收，从而在保证车辆动力学性能的基础上，进行能量回收。馈能减振器的阻尼可以由发电机负载供给，于是可以通过调节馈能回路中 DC/DC 变换器的占空比，使馈能减振器

输出连续可调的阻尼，从而进行馈能悬架的半主动控制，以使馈能悬架性能达到或优于现有传统悬架的性能。

（二）馈能悬架国内外发展状况

馈能悬架系统作为一种新的悬架结构，不仅能够满足车辆正常行驶需求，而且能够对悬架振动能量进行回收。其主要特点是用馈能型减振器代替了传统悬架系统的普通减振装置。依照能量转化装置的不同，馈能悬架可以分为三种形式：压电式馈能悬架、电磁式馈能悬架和液压式馈能悬架。

1.国外研究状况

（1）压电式馈能悬架

压电式馈能悬架系统最早是由美国学者 Charles G. 于 1995 年提出，并首次将压电材料用于车辆悬架振动能量回收。日本学者 Umeda 等于 1996 年发明了一种新型压电发电装置，由于受拉伸外力和压缩外力时压电材料同一端的电流是相反的，他们借助整流器对回收电能进行整流，再储存至储能装置中。

（2）电磁式馈能悬架

20 世纪 90 年代初，国外的很多学者就开始探究将旋转电机和直线电机应用于车辆悬架系统，基本思想是设计一种电磁减振装置将悬架的振动能量转化为电能，并且可以通过控制电路实现悬架阻尼的可调。经过许多学者大量的研究，电磁式馈能悬架不断发展和成熟，甚至有的已经在实际车辆悬架系统中得到了应用。电磁式馈能悬架系统根据馈能电机的不同，又可以分为直线电机式和旋转电机式。

①直线电机式

日本学者 Okada Y. 等于 1995 年提出用直线电机代替传统减振器的电磁式馈能悬架系统方案，在该结构中，通过电磁减振器在车辆振动过程中所产生的电能由双向电压充电电路来进行回收并储存在蓄电池中。但是车辆振动幅频较小时，在馈能电路中所产生的馈能电压较低，当这一电压值低于蓄电池的充电电压时，充电回路就无法给蓄电池进行充电。

日本学者 Suda Y. 等在 1998 年提出了一种自供电式主动悬架方案。该悬架系统采用了两个直线电机。系统工作时，一个直线电机作为馈能装置，用于回收悬架系统的振动能量并给储能元件充电，而另一个直线电机则作为主动悬架的作动器，利用另一个直线电机回收得到的能量来实现对车辆的主动控制，从而达到减振效果，抑制车身振动。1999 年，Suda Y. 等将该系统应用于某款大卡车的驾驶室悬架系统中，装车试验结果显示，车辆驾驶室的乘坐舒适性有所提高，同时通过控制仿真发现该系统能够在不耗能的情况实现主动控制，进而得出该结构的减振性能优于被动悬架和半主动悬架的结论。2003 年，日本学者 Nakano 和 Suda 对原双直线电机自供电式悬架系统进行改进，在系统中只采用一个直线电机，兼顾馈能和主动控制。通过分析振动控制过程中如何实现振动馈能和控制耗能的平衡，验证了方案的可行性。2004 年，Suda 等将电磁悬架系统应用到磁悬浮列车上，针对列车行驶工况，给出了对应的悬浮、牵引、自动横摆控制等策略，通过数值仿真和试验得到该结构方案能够满足列车行驶工况的要求，并且能够实现振动能量的回收。

2005 年，美国 Bose 公司推出了一款以直线电机为基础的电磁主动悬架系统，如图 1 所示。该系统给每个车辆装配了一个线型电磁马达，取代了传统悬架结构中的弹簧和减振元件。由于马达内部电场与磁场的相互作用，引起马达上下运动。在马达向上伸张时，通过控制电场与磁场的相互作用，实现车身振动的衰减；而在马达向下压缩时，车身的振动能量通过电磁相互作用，转化为电能进行回收。

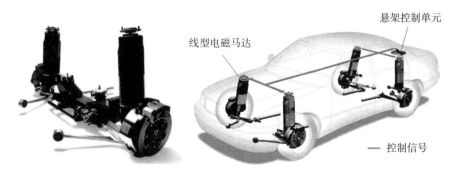

图 1 Bose 公司电磁主动悬架系统

2009 年，美国学者 Zuo 提出了一种基于直线电机的电磁馈能系统，如图 2 所示，通过振动分析对该馈能系统的馈能电路进行了参数优化。2010 年，Zuo 和 Scully 将该电磁馈能系统应用于车辆悬架系统，通过计算分析，研制了一种直线电机式馈能减振器，用于对车辆悬架的振动能量进行回收。他们通过对试制的 1∶2 比例样机模型进行台架试验，发现当悬架动速度均方根值为 0.25～0.5m/s 时，馈能减振器的样机模型可回收的能量功率为 2～8W。为了提高能量回收效率，Zuo 对原样机结构进行了改进，提出了一种新型涡流电磁阻尼器，并通过仿真试验得到该结构能够显著提高能量回收效率。

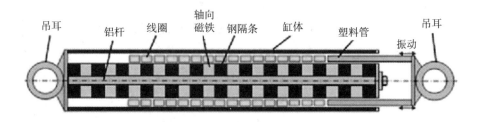

图 2　直线电机式馈能减振器

2006 年，荷兰埃因霍芬理工大学的 Johannes J. H. Paulides 等提出了一种半主动电磁悬架系统。该系统中采用了一种三相直接驱动开槽管状无刷线性永磁电机。通过对比研究发现，该结构能够很好地实现悬架系统阻尼可调的功能，同时可以实现振动能量回收。Bart L. J. Gysen 等通过对电磁作动器的磁通的热场分布进行分析，设计了一种能够抑制车身侧倾和俯仰的电磁悬架系统。通过台架试验，对比被动悬架系统，发现电磁主动悬架系统能够使车身的侧倾角减小 94.4%。

②旋转电机式

1995 年，Beno J. H. 等提出了一套电磁馈能主动悬架系统，并应用于军用车辆。该系统通过一套齿轮齿条机构将悬架系统的上下往复振动转化为旋转电机的转动，实现能量回收并用于悬架的主动控制。1997 年，Beno J. H. 等通过台架试验，验证了该结构系统的可行性。通过与传统悬架试验对比，发现该电磁馈能主动悬架系统能够有效改善车辆的行驶平顺性；与主动悬架试验对比，得出该悬架系统在能改善车辆平顺性的同时，所耗散的能量相对较少。

1996 年，Suda Y. 等将齿轮齿条机构与旋转电机相结合，提出了一种馈能型混合型悬架，其中馈能减振器样机如图 3 所示。通过仿真分析和基础台架实验，验证得到该混合型悬架不仅能够满足衰减车身振动的要求，还能实现馈能，从而减少主动控制的能量消耗。2004 年，Suda Y. 对该混合型悬架结构加以改进，在原结构的基础上添加了一套行星齿轮机构，并且通过道路试验和理论分析，对该混合型悬架结构的非线性阻尼结构进行了分析，验证了方案的可行性。2007 年，日本学者 Kawamoto Y. 等对该电磁馈能悬架的能量损耗情况进行了定量分析，通过试验分析得到，当车辆以 80km/h 的速度行驶在 C 级路面时，该系统能够回收到 15.3W 左右的能量。但试验还发现，当激振频率低于 2Hz 时，该馈能系统需要消耗能量来实现悬架的主动控制。

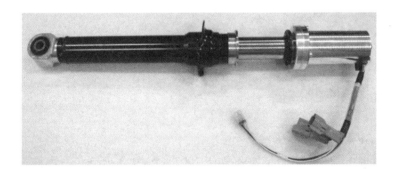

图 3　电磁馈能减振器

2011 年，Zuo L. 等也对齿轮齿条结合旋转电机结构的馈能减振器进行了更为细致的建模和分析研究，分析建模中考虑了运动机构的运动惯性和摩擦等因素，通过分析推导，得到结构中存在的摩擦以及结构中非线性元件对系统性能存在显著的影响。2012 年，Zuo L. 等提出了一种带机械整流桥的齿轮齿条式馈能减振器，样机如图 4 所示。通过机械整流桥，使得馈能系统中的旋转电机始终向一个方向单向旋转，提高了系统馈能效率。通过台架试验分析得到，带机械整流桥的馈能减振器能量回收效率高达 60%。而且当路面输入速度均方根在 0.047m/s、馈能电路负载电阻分别为 30Ω 和 93.4Ω 时，单支减振器可回收到的能量功率分别为 40.4W 和 25.6W，通过装车道路试验，得到在车速为 24km/h 时，单支减振器能够回收到 15.4W 的能量。该方案和样机的可行性得到了试验验证。

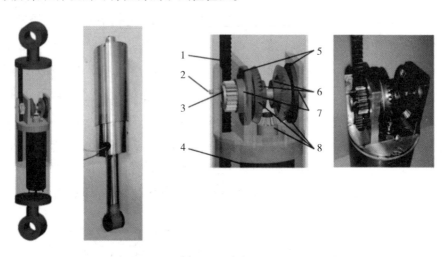

图4　齿轮齿条式馈能减振器

注：1. 齿条；2. 滚轴；3. 齿轮；4. 行星齿轮和旋转电机；5. 止推轴承；6. 滚柱式单向超越离合器；7. 滚珠轴承；8. 锥齿轮。

（3）液压式馈能悬架

麻省理工学院的 Anderson 等人于 2007～2009 年研制了一种液电式馈能减振器，结构如图 5 所示。当车辆行驶在不平路面上、高速转弯、加速或者制动时，减振器内活塞上下往复运动，液压油被推入液压马达，液压马达带动电机发电。该研究团队通过试验发现，一辆三轴重型卡车在不平路面上行驶时，减振器平均可回收 1kW 的能量。同时，该研究表明，装配有该型馈能减振器的越野车辆，可提高 10% 的燃油经济性。该研究团队与悍马汽车公司展开了相关合作，并将悍马 H1 车型作为目标车型进行进一步开发。

该研究团队于 2007 年成立了 Levant Power 公司，并一直致力于馈能减振器的研发及其在商用车和军用车辆上的应用。Levant Power 公司于 2013 年与采埃夫（ZF）公司合作开发主动式动能回收悬架，称为 Genshock，结

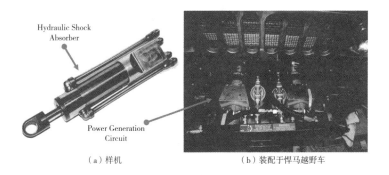

（a）样机　　　　　　　　　　（b）装配于悍马越野车

图5　液电式馈能减振器

构如图6所示，该系统在上述结构的基础上增加了一套电磁阀门，不仅可以回收能量，也可作为 CDC 悬架进行主动控制，目前，该项目仍处于研发阶段。

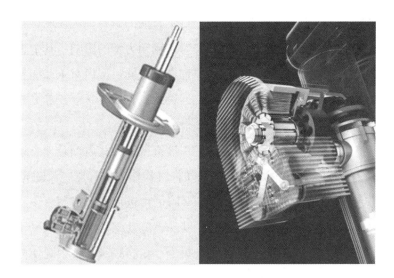

图6　主动式动能回收悬架系统

（4）其他形式馈能减振器

除以上三类主要馈能减振器外，也有其他类型的馈能减振器，如双臂式馈能减振器、横臂式馈能减振器等。加拿大西门菲莎大学的 Amir Maravandi 研究并试制了一种双臂式馈能减振器，如图7所示。

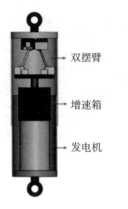

图7 双臂式馈能减振器原理及样机

2. 国内研究状况

国内也有很多学者对馈能型悬架进行了长期的研究，对馈能型悬架的机构及原理进行了分析，研究馈能型悬架对车辆动力学的影响。其中也有很多学者试制了原理样机，进行了相应的原理样机试验。国内对于馈能型悬架的研究主要集中在各大高校，包括上海交通大学、吉林大学、江苏大学、武汉理工大学、西安科技大学、同济大学等。

2005年，上海交通大学喻凡提出了一种机械馈能式电动悬架。该悬架结构采用永磁直流无刷力矩电机结合滚珠丝杠机构作为执行器（见图8），在实现悬架振动能量回收的同时，能够对悬架阻尼力进行调节控制。该团队在试制原理样机后，进行了装车台架试验，发现该电动悬架在低频激励下，车辆平顺性要优于被动悬架，但是回馈能量较少；在高频激励下，则使能量回收效率得到提高，但是车辆乘坐舒适性稍劣于被动悬架。黄昆和张勇超等对电磁主动作动器的非线性阻尼特性进行了分析和研究，结合鲁棒控制和预测控制等控制算法对电磁主动悬架进行了主动控制研究，以获取馈能悬架最优综合性能。

2006年，江苏大学陈士安、何仁等对几种馈能悬架的工作原理进行了介绍，包括电磁线圈感应式、电磁发电机式以及静液式。针对不同的馈能机理，利用模糊综合评价方法对馈能型悬架的结构方案进行了评价。他们提出

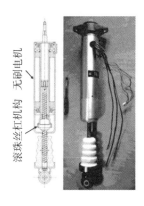

图8　电机作动器样机及装车试验

了一种静液式馈能型悬架，用于将车身与车轮之间的振动转化为液压能供车上液压耗能元件使用，基本工作原理如图9所示。依据液压传动原理，通过对结构参数的分析，验证了静液式馈能型悬架的力学特性。通过仿真分析，基于熵值法建立的馈能型悬架综合性能评价体系，得到馈能型悬架的综合性能要优于被动悬架，而且馈能型悬架对于提高车辆的行驶平顺性和燃油经济性具有重要意义。

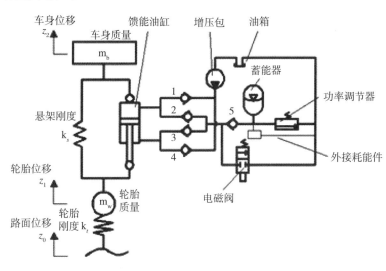

图9　静液式馈能型悬架工作原理

注：1、2、3、4、5均为单向阀。

2009 年，吉林大学王庆年、于长淼团队对传统阻尼器耗散能量进行分析，提出了用能量回收装置替代传统阻尼器的电磁式馈能悬架。之后他们将齿轮齿条机构与旋转电机进行整合，提出了具体的电磁馈能式悬架结构方案。将车身与车轮的上下往复相对运动，通过齿轮齿条机构的作用，转化为旋转电机的旋转运动，通过电磁作用，实现悬架系统振动机械能到电能的转化。同时通过电磁的相互作用力，提供衰减车身振动所需的阻尼力。通过仿真分析，对馈能悬架的阻尼特性及其影响因素进行了分析，仿真结果也证明，馈能悬架的阻尼特性能够满足普通乘用车的行驶减振需求，同时能够实现振动能量回收。齿轮齿条结构导致旋转电机存在双向旋转，2011 年，该课题组提出一种齿轮机构和超越离合器相结合的馈能减振器，实现了电机的单向旋转，工作原理如图 10 所示。为改善悬架的阻尼响应特性，2012 年，该团队又提出一种滚珠丝杠结合超越离合器的馈能减振结构装置，并对试制的原理样机进行台架试验，证明了该结构方案的可行性。

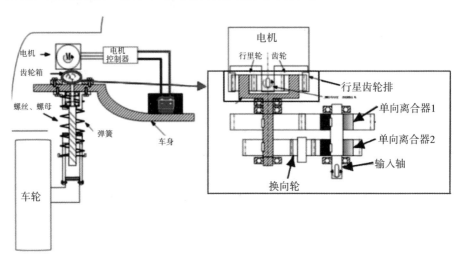

图 10　吉林大学单向旋转馈能减振器的样机

西安科技大学寇发荣等提出了一种基于电动静液压作动器（EHA）的车辆半主动馈能悬架结构。该作动器主要由直流电机、液压马达、液压缸、控制器和蓄电池组成，基本工作原理如图 11 所示。液压缸活塞杆上下运动，液压缸油液驱动液压马达旋转，液压马达带动旋转电机实现馈能。通过仿真和台架试验，得到 EHA 半主动悬架能够使簧载质量加速度下降 20%，且在低频激励下，EHA 半主动悬架馈能功率均值能达到 10～35W。

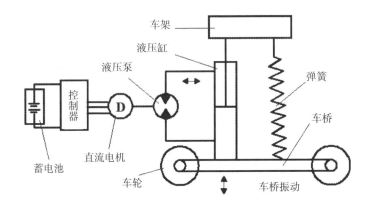

图 11　基于 EHA 的车辆半主动馈能悬架工作原理

　　武汉理工大学过学迅、徐琳课题组从 2010 年起对液电式馈能减振器进行了长期研究，分别试制了全桥式馈能减振器样机和半桥式馈能减振器样机。全桥式馈能减振器样机及其原理如图 12 所示，通过一套液压整流桥，引导液压油缸的油液始终单方向通过液压马达，从而带动旋转电机始终单方向旋转，实现馈能。半桥式馈能减振器样机及其原理如图 13 所示。研究表明半桥式馈能减振器可达到阻尼不对称特性，而全桥式馈能减振器则可提供更加平稳的能量输出。由于馈能减振器的阻尼连续可调，容易实现半主动控制。

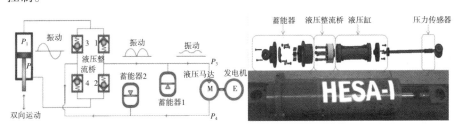

图 12　全桥式馈能减振器

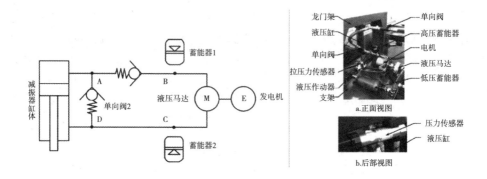

图 13　武汉理工大学半桥式液电馈能减振器

吉林大学张玉新也对半桥式液电馈能减振器进行了建模和仿真研究，原理如图 14 所示。除此以外，他还对悬架中的能量流、油液温度对阻尼力的影响进行了分析。

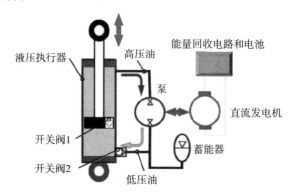

图 14　吉林大学半桥式液电馈能减振器原理

纵观馈能悬架系统的发展，所有结构型式都是通过传力装置将车身与车轮间的上下振动机械能转化为其他形式的能量来作为车辆上的耗能元件使用。馈能悬架在实现振动能量回收的同时，必须满足车辆行驶平顺性和操纵稳定性的要求。

（三）悬架振动能量回收潜力

悬架中究竟蕴藏多大的振动能量，也是科技人员关注的重点。20 世纪

70 年代以来，国内外许多学者对车辆悬架振动能量的回收进行研究，他们通过实验和仿真探索悬架中的振动能量回收潜力及馈能系统的应用价值。

在国外，澳大利亚学者 Segal 分析高速路面不平度后，计算得到乘用车以 50km/h 行驶时会耗散 200W 振动能量。Zuo 通过仿真和实验对能量回收潜力进行了估计，将随机白噪声通过一阶积分滤波器生成不同等级路面，建立悬架二自由度振动模型，通过传递函数与激励的功率谱计算车辆耗散能量，得到结论为乘用车以 96km/h 的速度在 B 级路面和 C 级路面行驶时，能量回收潜力分别为 100W 和 400W。并且，对于一个线性二自由度振动模型，悬架可回收能量只与车速、路面功率谱、轮胎刚度相关。Abouelnour 对 1/4 悬架进行了分析，发现当车辆以 89.6km/h 的速度行驶时，馈能减振器可回收电能 150W。美国学者 Gill 通过实车试验分析了悬架能量回收潜力，发现不同车辆在不同路面行驶时，耗散能量差别巨大。在典型工况下，轻型应用车辆单个减振器耗散能量为 38.8W，重型牵引车单个减振器耗散能量为 102.1W。特别地，对于重型牵引车，当载货量与车辆净重的比值增加到一个程度，能量耗散可达千瓦级。为了研究馈能减振器的应用，Yu 比较了悬架耗散能量和主动悬架所需能量，被动悬架耗能为 651kJ，为减少车身加速度 50%，主动悬架耗能为 645kJ。德国奥迪汽车公司测试了普通轿车在不同路面上行驶时的能量回收潜力，实验结果表明，在德国普通路面上行驶时，可回收平均功率为 150W；在沥青路面上行驶时，可回收平均功率为 3W；在颠簸不平的农村路面上行驶时，可回收平均功率达 613W。美国 ClearMotion 公司（原 Levant 公司）对重型车辆上悬架的能量回收潜力进行了大量的仿真和试验研究，认为若替换重型货车上的 6 支减振器为馈能减振器，回收到的平均功率可达 1kW。

在国内，武汉理工大学研究团队通过结合仿真计算与试验场道路试验，探讨了车辆悬架的振动能量回收潜力，并深入分析影响馈能能力的主要因素，结果表明：对于轿车来说，在 B 级或更优路面上行驶时，单个馈能减振器可回收能量约在 10W 级；在卵石路一类特殊路面上行驶时，馈能减振器可回收能量达 100W 级。对于商用车而言，在 B 级路面上行驶，单个馈能减振器可回收能量达100W级，且随载荷和车速的增加，可回馈的能量增加；在卵石路一类特殊路面上行驶时，馈能减振器可回馈能量达700W。因此对商用车来说，其可回收能量较为可观，具有较大的回收价值。

二　馈能悬架国内外的应用情况

由于车辆悬架中存在可观的振动能量回收潜力，一些研究机构和企业开始逐渐将不同型式的馈能悬架系统安装在相关车型上进行应用研究。

（一）国外应用现状

1. Bose-clear motion 电磁主动悬架技术

Bose 公司于 2004 年研制了一种电磁式主动悬架系统，如图 15 所示，用线性电磁电机取代传统悬架的弹簧和减振器，通过电机的快速运动带动悬架伸张或压缩，其中，当悬架处于压缩行程时，线性电磁电机处于发电模式，可使得该系统整体能耗控制在汽车空调系统的 1/3 左右，并在雷克萨斯 LS400 上试装第一代产品，命名为"Bose 悬挂系统"。由于该系统使整车增重约 91 公斤，能耗较大，量产难以实现。为缩减成本，Bose 公司在 2011 年推出了利用主动减振技术的减振卡车座椅"Bose Ride"，如图 16 所示。该系统能够大大减少卡车司机座椅的振动，减轻司机的疲劳程度。2017 年，美国 Clear Motion 公司收购 Bose 悬架和 Bose Ride 座椅技术，研发了以 Bose Ride 座椅技术为基础的"数字底盘系统"，预计 2020 年上路行驶。

2. 奥迪 e-ROT 馈能悬架技术

2016 年 8 月，奥迪汽车公布了一种横置的电动机械旋转式减振器（Electromechanical Rotary Damper），如图 17 所示，是将传统的液压减振器更换为电机式旋转减振器，主要部件包括叉臂、齿轮组及交流发电机，并搭配一个 48V 电池组。该悬挂系统利用横置摆臂将车轮的垂向振动导入齿轮装置，齿轮装置将上下运动转化为旋转运动，然后通过传动装置带动交流发电

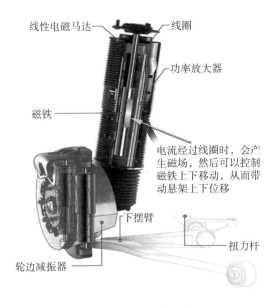

图 15　Bose 悬挂系统

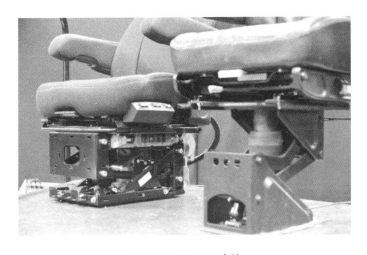

图 16　Bose Ride 座椅

机,最终将动能转化为电能储存到48V电池组中。据奥迪公司通过模拟日常驾车的试验研究环境测得,一般工况下每公里能回收62.5~93.7Wh电能,应用到混动车型每百公里能够节约燃油约0.7L。

2017年,奥迪公司将e-ROT技术应用在全新奥迪A8的电磁悬架系

路面不平引
起的垂向力

48V 电池

交流发电机
运动转化成电能
齿轮

图 17　e‑ROT 悬架系统

统,如图 18 所示。当车轮在颠簸不平路面上跳动时,下横臂通过连杆将上下往复运动传递给摇臂,摇臂通过减速器带动电机工作,此时电机处于发电模式。当车辆发生侧倾运动时,该电机切换为电机模式,可主动调节车身姿态。

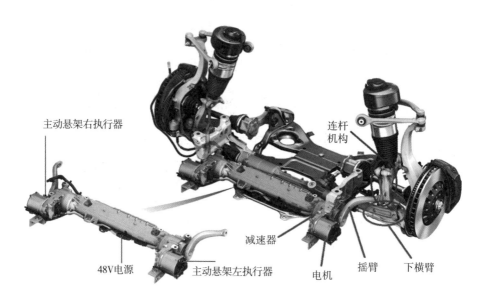

主动悬架右执行器

连杆
机构

减速器

48V电源　　主动悬架左执行器　　电机　　摇臂　　下横臂

图 18　全新奥迪 A8 前悬架

3. 奔驰 E‑Active Body Control 悬架技术

2018 年,奔驰公司在巴黎车展上发布全新 GLE 车型,并装有"E‑

Active Body Control"悬架系统，结构如图 19 所示。该系统由蓄能器、电机 – 马达和 48V 电源等组成。当悬架处于主动控制模式时，旋转电机带动马达工作，油液被泵入上腔或者下腔，可主动实现减振器的压缩或伸张，以此调节车身姿态；同时，当悬架处于被动模式时，减振器的上下往复运动带动液压马达旋转，马达再带动电机发电，该模式下电机作为发电机工作。

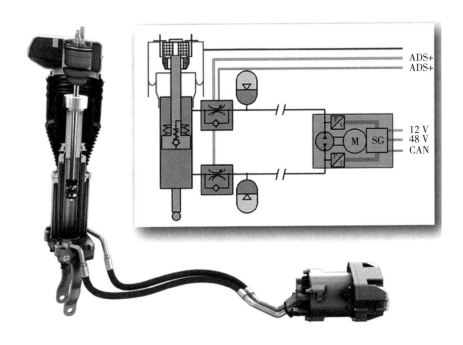

图 19　奔驰 E – Active Body Control 悬架系统

（二）国内应用现状

武汉理工大学与国内企业合作，在自主品牌轻型越野车上进行装车（见图 20），试车场的试验结果表明，振动能量回收效率达 45%，单个馈能减振器回收能量峰值可达 1kW，且能实现车身姿态控制，并能与原车减振器互换。目前正在进行产品化相关研究。

图20 在"枭龙"越野车上进行馈能悬架试验

三 馈能悬架技术发展趋势和建议

（一）馈能式互联悬架

近年来，互联悬架成为底盘技术的热点之一，其悬架互联的结构型式可提供更好的整车抗俯仰和抗侧倾刚度，保持良好的操纵稳定性，因此，若干学者将馈能装置与互联悬架结合，提出了新型的馈能式互联悬架系统。

江苏大学汪若尘等人从振动能量回收和侧向稳定性出发，提出了一种如图21所示的馈能式互联悬架，利用AMESim软件建立了半车互联馈能悬架模型，分析了系统参数对整车动力学性能和馈能特性的影响，并通过四通道道路试验台进行台架试验，验证该系统的可行性。同时，俞峰提出了基于互联馈能悬架的多模式切换控制策略，利用模糊PID算法控制悬架在不同频域范围内的振动响应。

若将馈能悬架装配至整车，则整套系统包含4组电机—马达系统，此种结构会大大增大成本，并增加簧载质量，从而引起悬架性能的改变。为节约成本，减少簧载质量的变化，并提升回收能量效率，武汉理工大学研究团队提出了如图22所示的馈能式互联悬架。该悬架考虑将整车共用1组电机—

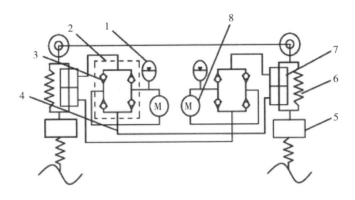

图21 江苏大学馈能式互联悬架

注：1. 蓄能器；2. 整流桥；3. 单向阀；4. 互联管路；5. 非悬挂质量；6. 弹簧；7. 双作用液压缸；8. 液压马达。

马达系统，图22中表达是将两个液压缸通过一套液—电能量转化模块（31）相互连通，由于液—电能量转化模块（31）中集成阀块的内部油道设计，各个液压缸的高压工作缸与液压马达前端调压蓄能器（20）始终保持连通。通过仿真研究了该方案的可行性。

（二）馈能悬架技术发展的难点和建议

1. 馈能悬架技术发展的难点

（1）提高能量回收效率和车辆动力学性能的协调

馈能悬架的主要作用是回收振动能量，但不是它的唯一作用。作为整车底盘的一部分，馈能悬架应当提供良好的平顺性，但馈能装置的引入，势必会引起悬架性能的变化，例如武汉理工大学提出的液电式馈能悬架，由于系统中含有蓄能器，悬架的刚度需考虑原有悬架弹簧的刚度以及蓄能器的气体非线性刚度，悬架的阻尼比发生变化，同时由于电机属于馈能装置的一部分，电机的工作状态也与悬架刚度有关，如何协调能量回收特性和整车平顺性之间的关系是该技术的重要发展方向之一。

（2）低压充电技术

馈能减振器可回收能量的多少与路面不平度和车速紧密相关。当车辆以

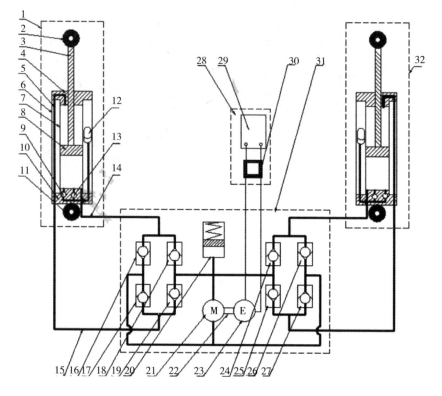

图 22 馈能式互联悬架系统

注：1. 第1液压作动缸模块；2. 活塞推杆铰链；3. 活塞推杆；4. 导向器；5. 伸张行程管路；6. 储油缸；7. 工作缸；8. 活塞；9. 补偿阀；10. 压缩阀座；11. 缸体铰链；12. 低压蓄能器；13. 压缩阀；14. 无杆腔油管；15. 有杆腔油管；16. 第1单向阀；17. 第2单向阀；18. 第3单向阀；19. 第4单向阀；20. 蓄能器；21. 液压马达；22. 联轴器；23. 发电机；24. 第5单向阀；25. 第6单向阀；26. 第7单向阀；27. 第8单向阀；28. 控制与储能模块；29. 蓄电池；30. 控制模块；31. 液—电能量转化模块；32. 第2液压作动缸模块。

较低车速行驶在平坦路面时，发电机产生的电压范围较小，属于低压充电区域；而电动汽车的蓄电池有一定的充电电压阈值，只有当电机电压大于蓄电池充电电压时，才能实现能量储存。因此，部分学者提出了一种基于 DC/DC 升降压技术来提升馈能电压的办法，但是该技术仍需通过进一步试验来验证。除此之外，由于纯电动商用车的蓄电池（380V 或 580V）属于高压，而高压 DC/DC 的成本和研发难度较高，如何解决低压充电技术成了馈能悬架进一步发展亟待解决的问题。

2. 馈能悬架技术发展的建议

（1）集成化和轻量化

集成化和轻量化是当前车辆技术发展的重要方向，也是衡量车辆技术发展水平的重要指标，悬架作为支撑车身并缓和路面冲击的重要装置，其集成化和轻量化的要求也很高。悬架位于车身与车桥之间，空间较为紧凑，若悬架体积过大，将不利于布置且易引起运动干涉，且悬架质量过大不利于车辆整体性能的提升，因此悬架装置应尽量避免体积和质量过大，但当前研究的诸多馈能悬架结构均存在该问题。采用轻量化材料如铝合金等，同时进行结构优化与集成设计，是解决问题的重要途径。

（2）较高的可靠性与耐久性

馈能悬架作为车辆底盘的重要组成部分，首先应满足车辆的基本行驶要求，即良好的平顺性，同时，应具有较高的可靠性和耐久性。根据能量转化形式的不同，可以将馈能悬架分为机械和液压两大型式。对于机械式如滚珠丝杆和齿轮齿条等结构，需考虑其抗冲击性能、零部件磨损等情况；对于液压结构型式，需考虑系统油液泄漏情况、系统承压能力，以及系统散热情况。为实现较高的可靠性与耐久性，需要通过大量试验来验证，并进一步研究当馈能减振器失效情况下的解决办法。

（3）智能化

目前已得到初步应用的智能悬架系统是通过整车的传感器感知车辆的运动，并通过电磁、电液系统控制采用液体或气体介质的振动缓冲器，即所谓主动悬架的运行，使汽车对侧倾、俯仰、横摆、跳动和车身高度都能基本实现柔性调节与控制。但其明显缺点是动作响应滞后，主要表现为执行机构响应时间长、频率低，同时振动缓冲器控制的能耗太高。馈能悬架通过能量的回收，能够补偿相当大的部分能量消耗，由于馈能式减振器的阻尼主要由电机负载提供，通过调节电机的负载，可容易地实现减振器阻尼的控制。加上液压回路的电磁阀控制，结合感知车辆运动参数的传感器，运用各种控制算法，使悬架性能达到最优。

B.9

商用车悬架空气弹簧关键
技术及产品发展趋势

吴能达　上官望义　许京洲*

摘　要： 对空气悬架系统与空气弹簧相关技术进行讨论，总结了空气
悬架系统的优势，并对空气弹簧关键技术和产品发展趋势进
行了分析，探讨了空气弹簧产业现状与发展趋势，最后对空
气弹簧的研究与开发提出建议。

关键词： 空气悬架　空气弹簧　关键技术

随着我国经济的高速发展和高等级公路普及，用户对车辆舒适性与运营
高效性追求日益突出。在客车行业，《营运客车类型划分及等级评定》（JT/
T325－2013）明确规定，营运客车中特大型及大型车的高一至高三级、中
型车的高一级必须安装空气悬架。在货车行业，随着近年来长途物流运输业
蓬勃发展，模块化运输市场日渐规范，以及精密设备、易燃化工品运输需求
加大，加之国内多项整车强制性国家标准对货车匹配空气悬架的利好导向，
如《汽车、挂车及汽车列车外廓尺寸、轴荷及质量限值》（GB1589－2016）
中明确规定二轴、三轴载货车总质量可在其他悬架车型总质量基础上增加1
吨，《机动车运行安全技术条件》（GB7258－2017）规定总质量不小于12吨
的危险货物运输车后轴、所有危险货物运输半挂车，以及三轴栏板式、仓栅

*　吴能达，宁波美亚达汽车部件制造有限公司总经理；上官望义，博士，高级工程师，西安航
空学院教师；许京洲，高级工程师，宁波美亚达汽车部件制造有限公司总工程师。

式半挂车均应装备空气悬架（本要求自标准实施日 2018 年 1 月 1 日起第 25 个月开始对新生产车实施），且随着载重汽车对路面破坏机理的研究及认识进一步加深、政府对高速公路养护的重视，以上因素均导致 2018 年以来国内匹配空气悬架的货车车型与数量呈现明显增长趋势。参照欧美发达国家几乎全部客车及欧洲 85% 以上的中重型公路运输货车均配置空气悬架的现状，可以预见，我国商用车市场未来对空气悬架的需求将呈爆发性增长，空气弹簧将大范围替代钢板弹簧，其市场需求量将不断增长。

一　商用车空气悬架系统

（一）商用车空气悬架

悬架是车架与车轴之间一切传力连接装置的总成，其中悬架弹簧将悬架簧载质量形成的垂向力传递至车轴与轮胎形成的行走系统，并缓和汽车行驶过程中不平路面引起的冲击，保证汽车有良好的操纵稳定性和制动性能等。空气悬架弹簧全部或部分采用空气弹簧，图 1 为一种单轴四气囊空气悬架，所有簧载质量由空气弹簧传递至行走系统，图 2 为一种单轴双气囊空气悬架，其簧载质量由导向臂与空气弹簧按比例分别传递至行走系统。

图 1　单轴四气囊空气悬架

由于空气弹簧几乎没有横向刚度，空气悬架需要有独立的导向系统，如图 1 悬架系统的纵向与横向导向功能由上部 V 型推力杆和下部直推力杆提供，图 2

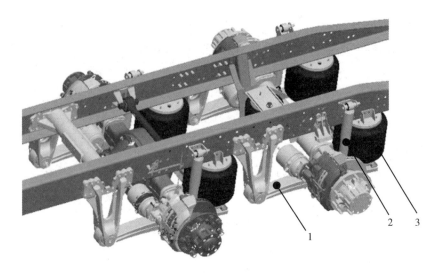

图2 单轴双气囊空气悬架

注：1. 导向臂；2. 减振器；3. 空气弹簧。

悬架系统的纵向与横向导向功能由下部导向臂和上部的横向推力杆提供。

与板簧悬架下极限行程一般仅由板簧（单轴悬架）或板簧与轴滑板（平衡悬架）共同控制不同，空气弹簧无法提供悬架下极限行程所需的限制力，空气悬架下极限行程一般由减振器提供。

（二）商用车空气悬架控制系统

空气悬架的显著特征在于其大部分设计功能由控制系统保证，该系统与空气悬架结构配合实现空气悬架的功能与性能，目前常见的控制功能包括悬架高度控制、轴荷控制、随动轴提升和驱动辅助等。

按系统中有无电控单元，空气悬架控制系统分为阀控系统和电控系统两种。阀控系统最常见的控制方式为高度阀控制（见图3a），基本型电控系统（见图3b）包括控制器、高度传感器和电磁阀系统，高度传感器检测车身高度变化信号，然后将其传给控制器，控制器根据车速等信号判断车辆行驶状态，按照设计好的控制逻辑，激发电磁阀，使得其对各个气囊进行充放气调节，进而调整车身高度。

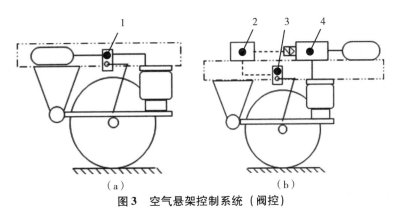

（a）　　　　　　　　（b）

图3　空气悬架控制系统（阀控）

注：1. 高度阀；2. 控制器；3. 高度传感器；4. 电磁阀。

在基本型电控系统基础上增加气压传感器可用于通过压力控制实现轴荷控制或其他目标，如用于空、轻载工况实现压力差控制策略，或带随动轴车型实现轴荷比例控制/驱动优先控制策略等。

与高度阀控制系统相比，电控系统因减少空气损耗可进一步减少燃油消耗。表1为高度阀控制系统与带随动轴控制功能的电控系统对比。

表1　空气悬架高度阀控制系统与电控系统性能对比

	项目	阀控系统（高度阀）	电控系统
功能	行驶高度控制	Y	Y
	在行驶过程中没有持续的空气消耗	N	Y
	提升轴控制	O	Y
	提升后正常高度升高	N	Y
	用户高度	N	Y
	多个正常高度	O	Y
	遥控器	N	Y
	轮胎压缩补偿	N	Y
	驱动辅助	N	Y
	CAN SAE J 1939	N	Y
	多点控制（三点以上）	N	Y
	轴荷监测/超载监测	N	Y
	测量和参数化	N	Y
成本		成本低	成本高
操作便利		简单	较复杂
维修性		易维修	对技师水平要求高，维修后需要重新标定

需注意，表1所列功能仅针对货车车辆空气悬架，客车空气悬架控制系统相对简单，常常采用传统的基本型控制系统结构，部分车辆增加侧跪功能。

（三）空气悬架车型优势

与传统悬架车型相比，空气悬架车型具有以下优势。

1. 运营高效性

对于驱动轴采用空气悬架的车辆，空气悬架高度必须采用高度阀或电控系统进行控制，保证了空、满载工况悬架高度相同，即车架高度不受载荷变化影响，从而易于实现满足法规的整车高度，这样可使货箱高度更大，该优点对于载货车型来说，货箱容积可以设计更大，进而拉运更多货物，尤其是快递类、轻抛类货物（见图4）。同时，按照GB1589－2016，在允许的车辆质量增加1吨条件下，可拉运更多质量的货物。

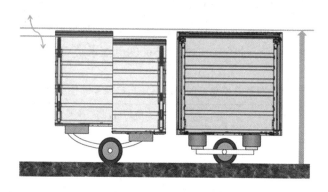

图4　板簧悬架与空气悬架货箱设计高度对比

另外，由于对车架及悬架结构件带来的冲击载荷小，可使相关零部件失效率降低，车辆平均故障时间延长，减少车辆维修成本及可能带来的窝工损失，从而降低运营成本，增加车辆残值。

在空气悬架基础上实现提升功能，具有其他悬架无法比拟的便利性。利用提升轴空气悬架，空载时将随动轴提升，不仅可减少轮胎磨耗，还可增加驱动轴附着力，提高整车动力性，提高车辆在泥泞、大爬坡及冰雪湿滑路面的脱困能力。

2. 舒适与便利性

空气悬架能够提升整车舒适性，使车辆从空载至满载均能保持恒定低频特性，车辆以较快的车速行驶也不会对乘员造成很强的不适感，并能减轻驾驶员的疲劳感。

利用空气悬架能够很方便地调整牵引车底盘高度以便于搭挂脱挂、调整载货车车身高度或挂车货箱高度以便于对接装卸平台并装卸货物，对于客车来讲，通过空气悬架可以实现侧跪功能，还可以方便乘客上下车。

利用空气悬架不同的稳定行驶高度功能，在路况非常平整的高速路面，可以降低车架高度高速行驶，减小车辆迎风面积，从而减小风阻，同时提高车辆行驶稳定性。遇到深坑路面时，升高车架高度低速行驶，可使车辆顺利通过。

3. 环保节能

由于空气悬架非簧载质量较小，车轮动载荷小，可实现对道路的有效保护，同时提升驾驶安全性，并减小车辆行驶噪音。

空气悬架承载件受到的冲击载荷较小，因此设计时能够更大限度体现结构轻量化，从而使空气悬架相对其他悬架具有一定的重量优势。与金属弹簧比较，空气弹簧节省了大量的弹簧钢，既减少了材料的使用，也提高空载时车辆燃油经济性。

二　商用车悬架空气弹簧关键技术

（一）商用车悬架空气弹簧

1. 空气弹簧结构

作为空气悬架典型弹性元件，空气弹簧利用封闭空气弹性特性作为能量介质。如图 5 所示，商用车空气悬架空气弹簧总成一般包括盖板、气囊、压板、活塞和限位块。如图 6 所示，气囊由内外层橡胶和帘布层组成，内层橡胶称气密层橡胶，防止高压气体从橡胶气囊内渗出，外层橡胶是保证气囊有

图 5　空气弹簧结构

注：1. 盖板；2. 限位块；3. 气囊；4. 压板；5. 活塞。

可靠使用性能的橡胶层，应有足够强度，并耐臭氧、耐老化。橡胶材料一般为天然橡胶，其受热状态拉伸强度较好，且适用环境温度更低，如要求常温状态拉伸强度、扯断伸长率、压缩性能及耐光、臭氧性，橡胶材料可选用氯丁橡胶。帘布层又称骨架层，一般有两层，帘布层直接影响空气弹簧的疲劳强度，一般帘线多采用高强度尼龙丝制成。

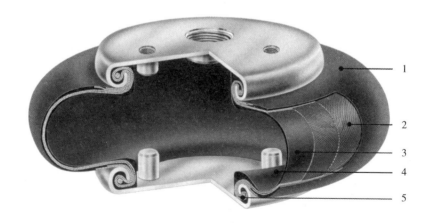

图 6　气囊结构

注：1. 外层橡胶；2. 二层帘布；3. 一层帘布；4. 内层橡胶；5. 钢丝芯边。

2. 商用车悬架空气弹簧分类

商用车悬架空气弹簧结构型式主要有囊式与膜式两种，各空气弹簧结构型式如表 2 所示。

表 2　商用车空气弹簧分类

囊式	膜式	
借助气囊曲挠引起容积变化，两端止口均不越过腰环，分单曲、双曲和三曲等型式	采用筒状气囊作为主气室容积，气囊更小，端止口平面不可越过其大端止口平面	

表 2 所示的空气弹簧中，膜式空气弹簧在商用车空气悬架匹配量最大。与膜式空气弹簧相比，囊式空气弹簧使用寿命长，弹簧刚度大，多用在挂车或挂车举升车桥上。气囊曲数越多，弹簧刚度越小，但曲数太多，容易降低弹簧横向稳定性，所以一般最多达到三曲。如图 7 所示，囊式空气弹簧载荷工作曲线较陡，因此不适宜用于多个悬架行驶高度或需要对轴荷进行控制的随动轴悬架，多与非高度调整类（如板簧悬架）驱动桥悬架配合使用。

膜式空气弹簧弹性特性与活塞形状有关，可以根据需要设计不同轮廓线的活塞，以获得更佳的弹性特性，活塞内腔可根据刚度要求设计成储气或不储气。膜式空气弹簧在设计高度附近的较长范围内形成载荷曲线更为平直（见图 8），尤其适用于需要对轴载进行比较准确控制的车型，如采用驱动桥与随动轴组合的后空气悬架车型。该类弹簧金属件数量较多，产量小时单件成本较高。

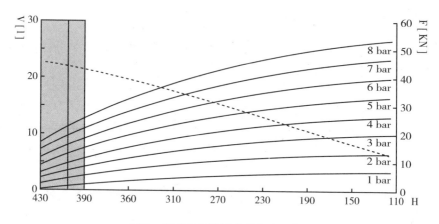

图7　囊式空气弹簧载荷与容积曲线

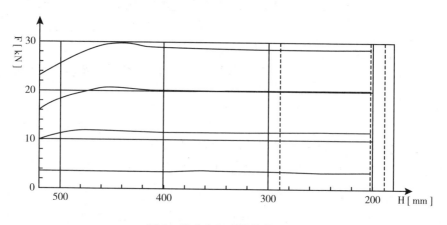

图8　膜式空气弹簧载荷曲线

（二）商用车悬架空气弹簧关键技术

1. 空气弹簧匹配技术

由于空气弹簧新产品开发费用较大，设计空气悬架时应尽量考虑选用现有品种空气弹簧，匹配中应注意以下方面。

（1）车型匹配

客车行驶工况稳定，匹配空气弹簧较货车简单，而货车类商用车则变化较多。匹配空气悬架的货车车型主要有牵引车和载货车，其中牵引车以4×

2、6×2 和 6×4 驱动形式为主，细分用途主要为长途高速日用品、精密仪器运输或危化品运输；载货车以 4×2、6×2、8×2 和 8×4 为主，细分用途以绿通、快递、冷藏和危化品居多。在 6×2 和 8×2 驱动形式中，还存在提升轴车型和随动轴车型，而驱动轴可布置于驱动桥前，也可布置在驱动桥后。由于车辆轴距以及轴荷分配策略不同，匹配空气悬架的车轴所分配轴荷往往不一致，即使采用同结构类型，仅开发一套空气悬架往往无法适用所有车型，其中需考虑的主要因素为轴荷，以及由此带来的空气弹簧规格匹配。此外，匹配空气弹簧时，还应考虑在 GB1589 – 2016 的规定下，三轴载货车比牵引车主车总质量重 1 吨的因素。

（2）尺寸匹配

应关注空气弹簧与悬架及相关周边零部件的尺寸匹配，否则可能造成功能相关件的损坏，如空气弹簧压缩行程太短时，将造成减振器在悬架上行程时发生限位损坏；空气弹簧伸长行程过短时，容易发生气囊下端止口从活塞中脱出；空气弹簧囊皮过长时，容易发生压缩过程中下部囊皮卷绕部分与金属件摩擦，造成囊皮磨损。合理的空气悬架结构应使悬架工作在设计高度时空气弹簧为标准高度。此外还应校核空气弹簧最大直径时的工作空间。

（3）工作压力

根据轴荷匹配合理余量的空气弹簧后，还应计算空气弹簧所匹配车型时各工况工作压力，承载用空气弹簧在悬架满载时的工作压力应保证在 6bar 左右，过大将使空气弹簧过多时间工作在高压力下，引起充气缓慢，或者空气弹簧气体倒流；过小时悬架将有较大的载荷储备能力，但空气弹簧存在自身轴向刚度过大和最小工作压力大的问题，容易造成牵引车空载行驶时空气弹簧无法进行充放气以调整悬架高度，甚至出现瘪气问题。

（4）刚度匹配

在考虑以上因素后，应根据车辆空载、满载状态所计算得到的悬架簧载质量和空气弹簧在该簧载质量下的工作压力，得到空气弹簧动刚度，并进而得到悬架频率，从而判断是否符合频率设计要求。

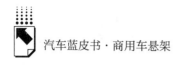

2. 空气弹簧设计技术

空气弹簧设计中，橡胶材料配方、结构设计和质量控制技术是核心。目前使用的主要结构设计方法为经验设计结合有限元仿真分析方法。有限元仿真分析在空气弹簧特性预测、降低开发成本、缩短开发周期、提高开发成功率方面起着至关重要的作用。

（1）橡胶材料配方

空气弹簧内层橡胶强调气密性、与帘布层粘接性能和疲劳性能等，配方设计时生胶选用天然胶和丁基胶并用。外层橡胶须满足耐气候、抗热老化和疲劳性能好，并有一定的耐磨性和抗刺穿性。氯丁胶因耐热性好常用作气囊胶料橡胶成分。

空气弹簧大部分时间在动态下使用，因此橡胶老化（耐空气、臭氧）和疲劳性能远比静态时严重。各老化因素不仅单独作用，还以各种各样的耦合形式对橡胶施加作用，如载荷变化和振动因素等加载因素与大气中臭氧、热、光等综合作用，导致橡胶发粘硬化、龟裂等。为增强抗老化性能，可增加氯丁胶中的防老化剂或添加硫化促进剂进行硫化，但这两个措施均将造成气囊疲劳性能下降，而且胶料会处于加工稳定性恶化的倾向，使得提高硫化胶耐热性与提高疲劳性能往往互相矛盾。国外资料有以氯丁胶与二烯系橡胶的并用胶为主要成分的气囊胶料，这种胶料的主要特征是配合有一定碳黑、马来酰亚胺和咪唑化合物。

（2）结构设计

空气弹簧设计理论主要基于三类模型：多物理参数化模型、等效参数化模型和有限元分析模型。目前空气弹簧结构设计大部分在大量数据基础上采用有限元方法进行设计分析。根据结构有限元分析的内容，空气弹簧系统分析设计的力学问题包括非线性固体问题、流体问题及流固耦合问题，其中非线性固体模型包括金属材料模型、橡胶材料模型和帘布材料模型，流体模型包括流体类空气模型。

分析过程中，可能经常需要对能够识别出的主要因素进行调整，以刚度特性曲线设计为例，影响空气弹簧垂向、横向刚度的主要因素有帘线角、帘线层数、帘线粗细、排列密度、胶层厚度、附加气室和节流孔直径等。其中帘线角增大使空气弹簧垂向刚度增大，但使空气弹簧横向刚度减小；帘线层数的增加使空气弹簧垂向、横向刚度增大，但当囊皮厚度一定时，帘线层数对刚度的影响较小；帘线厚度、帘线间距和帘线密度对垂向、横向刚度影响并不大。

增大附加气室可增大气体总容积，有利于降低空气弹簧垂向刚度。附加气室与气囊之间设有节流孔，节流孔的大小影响空气弹簧的振动阻尼。节流孔直径和附加气室容积过大时，附加气室容积的变化则对空气弹簧动刚度影响不明显。

3. 生产工艺

空气弹簧的生产包括炼胶、帘布压延、胶片压延、钢丝圈制备、胶帘布裁断、空气弹簧成型、空气弹簧硫化等七个工序，其中胶片压延、空气弹簧成型和空气弹簧硫化比较重要。

（1）胶片压延

胶片压延后应厚度均匀，表面光滑，收缩性小，粘接性好。生产中应合理控制辊筒温度和压延速度，从而保证胶料流动性和压延胶片收缩率。在材料方面，除控制配方的含胶率外，不同生胶的混炼胶在压片后特性差异也比较大。可塑度大的混炼胶胶料流动性更好，胶片光滑，收缩率低。

（2）空气弹簧成型

空气弹簧气囊各部件在成型过程中要求较高，由胶片和帘布构成的帘布筒要仔细地进行压延和贴合，以保持均匀的厚度，并符合尺寸要求和物理机械性能指标。钢丝圈应根据内径尺寸进行严格的调整，以保证产品密封的可靠性，同时要注意成型机的精确性。在成型半成品帘布筒时，接头和滚压质量对后工序制品的定型和硫化影响很大。

成型机是空气弹簧生产的关键设备。在日本、荷兰、德国、美国等国家，空气弹簧成型生产设备发展比较先进，自动化程度比较高，已形成专用装备，但价格昂贵，且存在技术封锁。以往国内厂家成型机主要是由一些橡胶设备厂用小型轮胎成型机改进，自动化程度与国外知名厂家有一定差距，产品质量与一致性难以保证，因此国内生产厂家逐步采用空气弹簧专用成型机（见图9）。

图9　空气弹簧成型机

为成型机配套的成型鼓是根据不同的空气弹簧产品规格设计的。成型鼓按结构可分为直线折叠式、伞状折叠式和气囊膨胀式等；按使用性能可分为机械翻包式和气囊翻包式两大类。有生产厂家把成型鼓的功能一分为二：一个鼓用于贴合，另一个鼓用于翻包成型。

（3）空气弹簧硫化

空气弹簧的硫化，一般都是采用橡胶内囊充压硫化，也有部分生产厂家采用无内囊直接充气硫化，这种硫化工艺的关键是内层胶片的成型工艺性能和硫化工艺性能要符合生产工艺要求。

空气弹簧橡胶囊的硫化方法虽然与轮胎外胎的硫化有相似之处，但因为空气弹簧橡胶囊规格太多且杂，仅有膜式空气弹簧橡胶囊是以小型轮胎双模硫化机经改造后用于生产，而囊式空气弹簧橡胶囊的硫化一般多用平板式硫化机进行生产，对于直筒式和锥套式橡胶囊，有少数企业已经采用了较为先进的岛式生产技术。

4. 产品试验与验证

（1）胶料物理机械性能

气囊所使用的胶料物理机械性能试验是空气弹簧总成试验前应开展的试验内容，需满足项目及试验方法如表3所示。

表3　气囊橡胶胶料物理及机械性能

供货状态特性	硬度	GB/T531.1	
	拉伸强度	GB/T528.1 型哑铃状试样	
	扯断伸长率		
	扯断永久变形		
压缩永久变形		GB/T7759 - 1996. A 型试样	
屈挠龟裂		GB/T13934	
耐热	硬度变化	GB/T3512	GB/T531.1
	拉伸强度变化率		GB/T528.1 型哑铃状试样
	扯断伸长率变化率		
耐低温（脆裂温度）		GB/T1682 - 1994	
耐臭氧		GB/T11206 - 2009 GB/T7762	
人工气候 自然老化	拉伸强度变化率	GB/T16422.2	GB/T528.1 型哑铃状试样
	扯断伸长率变化率		
工作条件	温度	持续	
		最高	
	环境介质		

（2）总成外观质量与尺寸

对于空气弹簧总成，应首先保证空气弹簧总成各组成件外观、质量及尺寸保证要求。气囊外表面不允许有小孔、皱纹，帘线不允许外露等。盖板、活塞等金属结构件不可有气孔、缩松等，表面涂覆应满足总成耐腐蚀要求。空气弹簧总成结构尺寸应与设计图纸一致，其中尤其应关注管接头焊缝高度，以及空气弹簧上卷板的平面度等。

（3）性能试验

空气弹簧的功能要求是空气弹簧性能试验的基础。空气弹簧功能要求包括工作状态尺寸要求和性能要求项目，主要包括内压降、容积曲线、外径、卷绕尺寸、载荷曲线、有效面积、动刚度、爆破压力、帘线层粘合强度和疲劳寿命要求等。

载荷曲线在等温等压条件下进行测试，是空气弹簧产品质量符合检验过程中的重点控制项。试验过程中空气弹簧需保持气源连通，保持空气弹簧内部工作压力在设定条件下，然后测量空气弹簧在不同工作高度下的载荷。

台架疲劳试验可在电液伺服万能疲劳试验机上完成［见图 10（a）］，也可在专用电驱疲劳试验机上进行［见图 10（b）］。试验前先调整空气弹簧至设计高度和最大工作压力，然后按位置控制方式加载测试需求频率的循环振动，振幅一般为空气弹簧最大压缩行程的 60%，加载过程一直持续到完成规定的循环次数、疲劳寿命次数或空气弹簧发生失效，如最大外径超差、异常漏气和气囊帘布外露等。疲劳试验加载次数应根据空气弹簧用途有所区别，承载用途与提升用途空气弹簧一般在寿命次数、试验压力和试验装置方面均要求不同。

（a）电液伺服万能式　　　　　（b）专用电驱式

图 10　空气弹簧疲劳试验设备

（4）整车道路实验

空气弹簧总成台架试验完成后需进行整车路试。路试里程与路况的分配应结合具体车型和负载情况实施，试验设计时应尤其注意合理设置综合路况与极端路况。

三 商用车悬架空气弹簧产品发展趋势

（一）空气弹簧结构模块化

由前述，空气弹簧由上盖板、囊皮、内部限位块和活塞等组成，其中上盖板通过螺栓及气囊支架与车架连接，活塞通过螺纹孔与下托架连接。空气弹簧组成零件的标准化、系列化和模块化设计如果得当，则将使空气弹簧的以上连接变得相当简单，从而为空气弹簧制造厂家和客户带来相当的便利性，并一定程度上降低生产和应用成本。

首先能够降低生产商制造成本。如果空气弹簧生产商有较强的标准化和模块化设计能力，做到组成件之间连接标准化，冲压板件、帘线规格、紧固件、气管路接口规格系列化，则可通过数量有限的关键零件组合出多种空气弹簧型号以应对用户多样化需求。在材料方面，空气弹簧上盖板、焊接活塞可采用统一规格的 Q235A 冲压板材，活塞下部地板可适当加厚；上盖板螺栓连接件可采用细牙 M12 螺栓或螺纹孔，活塞下部连接孔或螺栓采用细牙 M18 螺纹；气管路进气口避免使用英制管螺纹接头，推荐采用 VOSS 标准 NG8 和 NG12 系列快插螺纹座，其外径可用于空气弹簧径向定位，内部为螺纹孔，可装配 VOSS 卡座、橡胶垫和卡簧组件，主机厂仅需插入竹节头管路即可，气管路走向在这种方式下不需要特别控制。由于各型号空气弹簧之间有更多的零件互用，可减少空气弹簧各组成零件的品种，有利于简化生产工序、减少工装数量，提高生产设备使用效率；有效控制零件库存与流动资金占用；减少模具数量，缩短产品开发周期和开发成本，灵活快速响应市场变化，进而提高企业竞争力。

对于整车厂可减少连接件品种、简化整车装配工艺。当前很多商用车车架采用标准孔位，因此要求安装在其上的相关结构件也应该采用标准孔位和连接件规格，空气弹簧上盖板和活塞连接尺寸、气管路接口规格及位置尺寸标准化后，悬架与车架连接件将在品种上得到控制，螺栓、螺母和垫片的规格将减少，风扳机拧紧力矩设置数量减少，总成装配质量易得到控制。

（二）空气弹簧结构集成化

近年来，空气弹簧有逐步发展为空气弹簧系统的趋势，将原外置的气压传感器和高度传感器等内置于空气弹簧内部，形成一个空气弹簧子系统。空气弹簧结构的集成化优势明显，比如可使悬架系统结构紧凑，节约布置空间，减少零部件数量，使得采购、物流运输和库存都变得简单，同时一定程度上可实现轻量化，但这种集成化结构带来的劣势也比较明显，即空气弹簧单件成本上升，仅气囊发生破损时，整个空气弹簧系统都需要更换，造成售后成本变高。

图11为2018年大陆集团展示的一款空气弹簧总成，内置超声波传感器用于测量空气弹簧的高度，从而用于电控系统的输入判断。

图11　内置超声波传感器的空气弹簧

图12为一种与减振器集成的空气弹簧减振器模块，其中的空气弹簧起承载作用。该空气弹簧目前不仅可用于前独立悬架，也可用于前非独立悬架。通过与减振器的集成，前悬架对布置空间要求小，减少了零部件的数量。目前市场上有德国MAN公司和中国重汽装配该结构空气弹簧的实例。

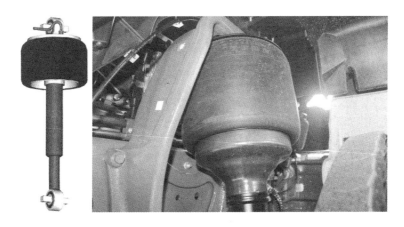

图 12　集成减振器的空气弹簧

由图 12 可以看到，由于空气弹簧布置在前悬架部位的车架外侧和车轮内侧，受前轴轮距和发动机影响的车架宽度制约，该空气弹簧的工作直径受到一定限制，因此该前悬架的轴荷往往受限。同时，由于空气弹簧载荷对车架作用一种悬臂力，车架左右两侧必须采用位于发动机油底壳下方的加强横梁以防止车架受损，额外增加的重量使得该结构形式的空气悬架并无突出的重量优势。

大陆集团近年还发布了一款植入无线射频识别技术 RFID（Radio Frequency Identification）芯片的空气弹簧。RFID 可通过无线电信号识别特定目标并读写相关数据，而无须识别系统与特定目标之间建立机械接触。利用内置的 RFID 芯片，未来可以自动收集数据，准确反映出空气弹簧生产日期、安装时间、使用寿命、行驶里程及更换日期，用户或管理员在手机上即可以对以上信息进行查询并反馈客户，帮助客户实现信息管理。此外，利用专用工具进行扫入扫出操作，也可以为出入库管理提供更大便利。

（三）空气弹簧结构的轻量化

空气弹簧的活塞主要使用钢质冲压结构，最早曾使用压铸铝工艺替代以减轻活塞重量，但由于空气弹簧高工作压力和无法避免的铸造缺陷，压铸铝活塞的应用被限制。近年来，国外知名厂家和国内供应商已经开始开发塑料活塞，虽然其抗热、老化和冷脆性能力尚需一定时期验证，但带来的轻量化优势比较明显，如图 13 所示的钢质活塞被塑料活塞代替后，重量可减轻 55%。

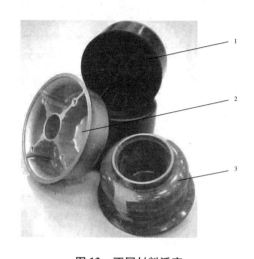

图 13　不同材料活塞

注：1. 塑料活塞；2. 铝质活塞；3. 钢质活塞。

（四）空气弹簧技术指标

由于 GB1589－2016 的实施，国家各部委对运营货车外廓尺寸及总质量严格控制，各货车车型实际轴荷基本可形成确定的规格序列，如 5t、6.5t、8t、9.5t、11.5t 系列。空气悬架一般为单轴两气囊或四气囊，其中两气囊既可全部承载，也可按杠杆比分配载荷，综合以上因素，空气弹簧产品可规划成一定载荷系列。此外，由于车辆外廓尺寸限制，牵引车型底盘内部尺寸紧凑，往往很难提供足够空间用于布置悬架系统储气筒，加之制动响应时间的更高要求，大部分主机厂整车气动控制系统管路压力已提高至 1.2MPa，相应的空气弹簧设计工作压力可考虑由 7bar 提高至 9bar 左右。

基于以上两项变化，空气弹簧将存在工作压力增大、有效直径减小的趋势，但由于空气弹簧最小工作压力还保留在 0.3bar 左右，空气弹簧的工作压力范围将变大。

四 商用车悬架空气弹簧产业现状及发展趋势

（一）商用车悬架空气弹簧产业现状

随着国内标准法规的调整，空气悬架载货车型的潜在巨大市场让各主机厂纷纷加大对空气悬架车型的研发投入。国内商用车市场中，空气弹簧用量最大的市场集中在高等级客车生产企业，如郑州宇通和厦门金龙等，年消费空气弹簧数量大大超过货车车型。国内货车匹配空气悬架的数量仅占售出车辆的1.5%左右，主要生产企业为中国重汽和陕重汽，两家公司所产空气悬架车型大部分销售至国外市场。

零部件供应商开始逐渐进入空气悬架总成的设计和开发，一些供应商进入空气弹簧产品的研发，越来越多的外资加大了在空气弹簧需求大的地区投资设厂的力度，在中国内地办生产车间，或者将进口气囊和本地产盖板和活塞用于装配，这些企业有北京凡士通空气弹簧有限公司、大陆橡塑技术有限公司、威伯科商用车空气弹簧有限公司和斯太姆科车辆技术有限公司等。国内空气弹簧生产商主要有中车青岛四方车辆研究所有限公司、株洲时代新材科技股份有限公司、宁波美亚达汽车部件制造有限公司、广州溢滔钱潮减振科技股份有限公司和西安晨光橡胶有限公司等，以上生产企业大部分分布在沿海地区，只有少部分企业分布在内地。外资背景空气弹簧供应商目前主要为主机厂做OEM配套，或通过悬架总成供应商间接配套主机厂，而国内空气弹簧供应商则由于主机厂对空气弹簧品牌的限制，大部分产品通过国际贸易代理渠道销售至国外配件市场。

空气弹簧生产投资规模不大，因此国内投资空气弹簧开发的企业大部分为中小企业。出于回款压力风险，空气弹簧企业一般主要从事零件级别的配套，模块化配套则由规模较大的悬架供应商以模块化方式为主机厂配套，另外还对主机厂进行技术服务，如车辆标定支持等。由于空气弹簧企业对整车技术了解少，产品开发往往处于被动地位，主机厂和悬架总成供应商一般处

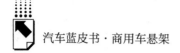

于主导地位，在产品开发响应速度方面，悬架总成供应商甚至能够和主机厂同步或领先开发。

（二）商用车悬架空气弹簧产业发展趋势

空气弹簧作为化工产品，其价格受原料市场的影响较大，其中供需因素占到主要成分，运输成本中产品体积因素为主要影响点。未来随着空气弹簧众多供应商进入，国内空气弹簧的价格将逐步下降。

空气弹簧产业将更依赖国家法规和标准变化，近两年国家汽车政策法规变化对产品开发影响的重要性已经非常明显。空气弹簧供应商应与悬架总成供应商一起从整车角度规划产品，减少开发盲目性、降低开发成本、提高开发盈利能力。随着车辆法规的逐步规范，空气弹簧产品将稳步形成适合中国商用车市场的产品系列。

空气弹簧生产企业应摒弃狭隘的自主开发理念，积极与国外优势企业合资合作，加快融入空气悬架领域的国际合作，最终实现我国商用车整体技术水平及竞争实力的提升。国际竞争主要是产品质量及国际市场竞争力，人无我有，人有我优，人优我廉，我国国内企业在国际市场的竞争力虽然主要以价格取胜，但企业还应加大研发投入，在质量上增强产品盈利能力。

五　结论与建议

通过多年的努力和摸索，我国商用车悬架空气弹簧的设计开发水平已经取得巨大突破，结构设计日趋合理，种类日益丰富，已广泛应用于各类车型。今后，随着我国商用车的不断发展，空气弹簧的研究和开发应关注以下几个方面的问题。

（1）提高车用空气弹簧的设计和理论计算水平，引进国际上的先进设计手段，利用现代非线性有限元理论提高分析计算的精度。

（2）加强对空气弹簧动力学计算模型的深入研究，真实反映空气弹簧悬挂在车辆动力学计算中的作用，提高车辆动力学计算水平，充分发挥动力学计算在车辆设计中的指导作用。

（3）提高空气弹簧制造水平，改善生产工艺，改进生产设备，提高设备的自动化水平，保障产品的一致性。

（4）加强空气弹簧国产化研究，逐步达到替代国际同类先进产品水平，提高我国空气弹簧产品竞争力，降低整车生产成本。

（5）结合我国重型商用车车型和使用需求，深入研究和开发适用于我国国情的重型商用车用空气弹簧。

B.10
重型卡车空气悬架系统应用现状与技术趋势

陈小东 邱俊武 王星 陈俊*

摘 要： 经过近三十年的发展，国内重型卡车后空气悬架系统基本全面进入自主研发阶段，并初步具备开发高端空气悬架系统的能力。其中，部分主流车型已经采用搭载复合稳定杆的先进空气悬架，而复合稳定杆也已经实现了本土化的自主研发、测试和生产。随着国家最新标准法规的实施，空气悬架系统在重型卡车上的应用将加快，也进一步促使其优化设计向集成化、智能化、轻量化方向的升级。

关键词： 空气悬架 复合稳定杆 智能化 轻量化 集成化

随着我国公路运输业和整车制造业的快速蓬勃发展，市场对汽车行驶平顺性和操纵稳定性提出了更高的要求。传统钢板弹簧悬架只能提供固定刚度，在很大程度上限制了汽车性能的进一步提高，而空气弹簧悬架具有自振频率低、弹簧刚度可调、振动及噪声小、使用寿命长等特点，因此在国内外得到了广泛应用。

目前，空气悬架在欧美国家大中型客车上的普及率已接近100%，中重

---

* 陈小东，扬州东升汽车零部件有限公司副总经理；邱俊武，扬州东升汽车零部件有限公司客车空气悬架技术总监；王星，扬州东升汽车零部件有限公司卡车空气悬架技术总监；陈俊，扬州东升汽车零部件有限公司轿车空气悬架技术总监。

型载货汽车也达到90%以上。反观国内，空气悬架产业从探索研究、引进消化到自主研发设计，经历了几十年时间，在中高级客车上已经实现了80%以上的普及率，而在商用卡车市场还处于发展初期。但是，国内所有整车厂家均已完成了空气悬架产品的开发、验证和系列化匹配，并具备全面推广的基础，同时国家最新政策法规的扶持，在未来十年将极大地促进空气悬架产品在商用卡车上的推广。

目前，国内空气悬架产业已经迈过了初期解决有无问题的阶段，通过对标欧美高端产品，进入了追求结构先进、性能优越、重量轻、智能化的快速发展阶段。通过多年的积累，在集成供应商、零部件供应商领域形成了一批高质量的产业群体，在主机厂也培养了大批熟悉并认可空气悬架产品的工程技术人员，这些都将推动空气悬架系统技术不断发展、产业规模不断扩大。

一　重型卡车后空气悬架系统的应用现状

（一）重型卡车企业的产品应用

经过近三十年的发展积累，国内各大主机厂均完成了主打车型空气悬架的开发工作，并在新开发下一代产品时均同步设计匹配空气悬架系统。比如，一汽解放的J6、J7，东风商用车的新天龙，中国重汽的T7H、C7H，陕重汽X6000、X3000，上汽红岩的杰狮，北汽福田戴姆勒的EST、EST－A均已匹配后空气悬架系统。

图1　一汽J7

一汽解放作为国内主要的重型卡车制造商，很早就开展了卡车空气悬架的研制和开发工作，从导向臂结构的两气簧空气悬架到四连杆结构的四气簧空气悬架，开发了多种方案，并从J6、新J6到J7新平台均配置了空气悬架产品，以应对不同客户的需求。

东风商用车也在很早就配置了导向臂结构的两气簧空气悬架和四连杆结构的四气簧空气悬架系统。目前，高端的新天龙系列大多采用四气簧结构，而重量和成本相对较低的两气簧结构悬架在中端卡车平台使用。

图 2　东风天龙

在德龙 X6000 新车型上，陕重汽使用了更为先进的空气悬架系统。虽然也是四连杆结构的四气簧空气悬架，但其采用的复合稳定杆结构，是目前欧洲更为先进的空气悬架系统。该设计在降低系统重量的同时，减少了零部件数量，并简化了装配过程。目前，德国戴姆勒已经在其全系列重型卡车中采用这一结构，同时荷兰达夫等主流厂家也开始大范围使用该结构。与此同时，扬州东升汽车零部件股份有限公司在国内已完全实现了复合稳定杆产品的本土化生产，并直接供应德国戴姆勒公司，成为其全球仅有的两家复合稳定杆产品供应商之一。

上汽红岩目前仅使用导向臂结构的两气簧空气悬架，从4×2、6×4到6×2均采用该结构，最大限度地实现了平台通用性。当前也在大力开发四气簧空气悬架产品，主要对标欧洲配置复合稳定杆结构的先进空气悬架系统，以期在实现悬架系统性能提升的同时，进一步简化结构、降低重量。

东风柳汽的空气悬架产品目前也主要采用两气簧结构。随着国内主要卡

图 3　陕汽德龙

图 4　红岩杰狮

车厂在高端平台上纷纷使用四连杆结构的四气簧空气悬架，柳汽也在积极考虑在重卡平台上进行四气簧结构空气悬架的研发与应用。

图 5　柳汽乘龙

　　随着国内重型卡车市场的不断发展壮大，除了传统的强势重卡主机厂外，越来越多的整车企业开始进入重卡领域。比如吉利商用车、三一重工、比亚迪等，这些新晋企业无一例外地在车型设计之初，就同步进行了空气悬架产品的设计、开发和验证，为国内重型卡车空气悬架的发展增添了新的动力。

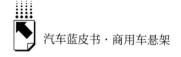

（二）空气悬架企业的产品进展

目前，重型卡车空气悬架系统的代表性供应商在美洲主要有 Hendrickson（瀚德森）、SAF‑Holland（赛夫‑华兰德），在欧洲主要有 ZF（采埃孚），在国内主要有北京柯布克、上海科曼、扬州东升等。

其中，针对国内重型卡车空气悬架市场如下。

（1）Hendrickson（瀚德森）的产品基本靠国外进口，虽然海外总部的产品线丰富、设计能力强，但是国内没有本土化工厂的落地，极大限制了其为各大主机厂配套的能力。

（2）SAF‑Holland（赛夫‑华兰德）旗下的北京柯布克品牌也在国内发展多年，同上海科曼一样长年为客车主机厂提供客车用空气悬架系统，均已具备成套供应能力，同时也进行不少重型卡车悬架的设计匹配。但是，由于目前重卡用空气悬架的市场较小，整体配套量并不大，且结构一般采用传统的四气簧或两气簧结构。

（3）随着国家最新政策法规对重型卡车配套空气悬架的扶持，国内空气悬架市场近年来快速发展，一些新兴空气悬架供应商与老牌企业同时发力专注于卡车悬架的设计开发。比如，扬州东升汽车零部件股份有限公司作为新晋的空气悬架系统供应商，通过掌握复合稳定杆这一先进空气悬架系统的核心零部件，积极引进国内外高端设计人才，并依托优质国际供应商，具备了供应欧洲高端卡车使用的、更为先进的空气悬架系统的能力。

国内重型卡车后空气悬架市场通过各主机厂及系统供应商多年的培育和发展，并在国家政策法规的利好机会下，必将在 2019～2020 年快速蓬勃发展，实现产业规模的进一步扩大。

二　重型卡车后空气悬架的主流技术方案

目前，国内外重型卡车后空气悬架主要采用两种主流设计方案，分别是四连杆结构的四气簧方案和导向臂结构的两气簧方案（见图6、图7）。

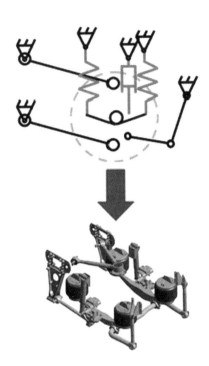
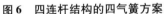

图6　四连杆结构的四气簧方案　　　图7　导向臂结构的两气簧方案

　　针对6×4的后悬架型式，表1中对几种代表性的空气悬架方案进行了简单对比，主要从结构特点、性能、重量、成本方面分析了优缺点，以及国内主机厂在选用后空气悬架系统方案时的关注点。

　　国内卡车主机厂对空气悬架方案的选择主要从成本、性能、重量、配套能力几个方面考虑。

　　（1）成本方面：D、E方案由于结构简单、加工制造方便、国内配套资源丰富等因素，成本最低；B、C通过采用复合稳定杆降低了重量，减少了零部件数量及种类，成本适中；F方案重量优势不明显，整体梁制造困难费用高，成本无优势；A方案结构相对复杂，重量重，零部件多，虽然配套资源也相对较多，但是成本最高。

表 1　代表性重型卡车后空气悬架的对比分析（针对 6×4 的后悬架形式）

项目	A	B	C	D	E	F
结构特点	传统结构，四气簧，对称布置	复合稳定杆，四气簧，对称布置	复合稳定杆，四气簧，串联布置	下置板簧导向臂，两气簧	上置 Z 型板簧导向臂，两气簧	整体下导向臂，两气簧
性能好	+++	+++	+++	0	0	0
重量轻	0	+++	++	+++	+++	++
开发成本低	++	+	+	+++	+++	0
批产成本低	++	++	++	+++	+++	++
应用	曼恩、沃尔沃、一汽、福田、重汽、东风商用车	肯沃斯、陕汽、江铃	奔驰、达夫	一汽、柳汽、红岩、福田	东风商用车	诺威尔、瀚德森

（2）性能方面：A、B、C 三种方案性能最优，均为四连杆导向机构，车轮运动特性好，分别采用稳定杆和复合稳定杆提供抗侧倾力矩，载荷完全由空气弹簧承担，系统频率低，舒适性好；D、E 两种方案整体性能略低，采用板簧作为导向臂，车轮运动特性稍差，靠板簧变形提供抗侧倾力矩，载荷仅部分由空气弹簧承担，系统频率略高，舒适性稍差；F 方案悬架整体性能介于前两者之间，虽然也是四连杆导向机构，但空气弹簧仅提供部分承载，系统频率偏高，靠扭转梁提供抗侧倾力矩，抗侧倾能力调整困难。

（3）重量方面：B、D、E 方案重量最轻，B 方案采用复合稳定杆减轻了重量，同时采用双桥对装型式共用中间支架达到了减重目的，D、E 方案由于本身结构简单，导向臂采用高强度弹簧钢材料，达到减重目的；C、F 方案重量较轻，C 方案采用复合稳定杆减轻重量，F 方案采用整体扭矩梁减轻重量，C、F 方案均采用车桥串联结构导致前支架稍重，但利于零部件通用和系列化，对整车整体减重有贡献；A 方案重量最重，由于结构最复杂，零部件最多，虽然车桥对装可以适当减少支架重量，但未采用功能集成件，系统重量无法通过功能的集成实现降低。

（4）配套能力：A、B、C 方案国内资源丰富，A 方案为传统方案，零部件资源经过国内市场多年培育，系统及零部件供应商较多，B、C 方案采用先进的复合稳定杆产品，扬州东升汽车零部件股份有限公司已经给德国 Daimler 批量供货可保证供应稳定；D 方案采用高强度厚板簧作为导向臂，国内有一定的资源，配套能力充足，仅 E 方案大落差的 Z 型导向臂资源稍显不足；F 方案的整体扭转梁由于制造难度大、成本高，客户认可度不高，国内目前还未实现产品化。

综上所述，A、B、C 方案性能最好，D、E 方案成本低、重量轻，但性能稍差。A、D 方案由于结构成熟且最早在国内推广，各主机厂使用较多。但随着国内重卡市场的发展，性能优异、结构简单、重量轻已成为高端重卡的追求方向。B、C 方案正是为了适应这些要求采用了复合稳定杆产品，通过功能的集成实现零部件减少、结构优化、降低重量的目的。目前，国内已有陕重汽、江铃重汽开始采用配置复合稳定杆产品的空气悬架，相信今后将会有越来越多的主机厂通过配置复合稳定杆这类功能集成零件，实现空气悬架系统的升级换代。

三 重卡后空气悬架用复合稳定杆的技术进展

复合稳定杆作为最新先进空气悬架系统的核心零部件，由于符合底盘轻量化的发展趋势，已经在海外市场得到广泛应用，也是未来国内商用车底盘轻量化技术的发展方向。

传统的空气悬架主要由上 V 型推力杆、下平行推力杆以及横向稳定杆来传递汽车行驶中产生的各向力并提供抗侧倾力矩（见图 8）；而复合稳定杆则在保留上 V 型推力杆的同时，将下平行推力杆以及横向稳定杆的功能集成为一体，其综合性能使整车的操控稳定性和平顺性得到进一步提升（见图 9）。

图 8 传动稳定杆结构

图 9 复合稳定杆

复合稳定杆的技术优势如下。

（1）轻量化和结构简化。至少能实现减重 20～30kg，同时采用更少的零件（从 9 个零部件减少到 3 个），可以实现更快的装配速度。

（2）采购成本降低，同时易损件数量减少（从 10 个减少到 4 个），进一步降低售后成本。

（3）可以实现更大的侧倾角刚度，同时占用更少的空间，便于底盘布置。

从近几次德国汉诺威商用车展的产品趋势来看，欧洲主流商用车制造商已经将复合稳定杆应用于 80% 左右的空气悬架车，而中国作为商用车使用大国，为了在技术上进一步缩短同欧洲的差距，尽快与国际接轨、参与国际竞争，包括一汽、东风商用车、陕重汽、北汽福田、包头北奔、江铃重卡、吉利商用车在内的各大自主商用车制造商纷纷投入精力研发采用复合稳定杆空气悬架的重型卡车。

鉴于复合稳定杆对高性能材料、异种材料焊接及热处理、产品试验验证等要求极高，目前，全球仅有两三家生产企业能够生产该产品。其中，扬州东升作为国内商用车横向稳定杆细分领域的龙头企业，自 2012 年便开始研发复合稳定杆，是国内唯一集自主研发、试验验证、规模化生产于一体的专业复合稳定杆生产企业。开发出的产品各项性能指标优于欧洲竞争对手，深得欧洲各大主机厂信任，并直接供应德国戴姆勒公司，近年来在欧洲所占的市场份额也稳步增长。

从全球技术发展趋势来看，重卡后空气悬架用复合稳定杆一直紧紧围绕底盘轻量化在进行技术升级和创新。

（1）中间扭杆轻量化

复合稳定杆在设计之初，受制管工艺和两端镦粗的技术难点的影响，通常设计成用实心棒料来做扭杆，虽然强度和刚度可以达到设计要求，但是质量仍然较重。扬州东升自 2009 年开始专业研究空心稳定杆技术以来，在设计分析、原材料管控、制管工艺控制、端头大锻造比镦粗、试验验证等方面都取得突破性成果。因此，基于自身技术储备，使复合稳定杆的"实心扭杆空心化"成为可能。在制管和镦粗等壁厚控制、异种材料同步热处理控制、脱碳层控制、内外壁强化抛丸控制等方面都已达国际一流水平，产品重量相对实心扭杆轻 30% 以上。在未来的研发中，借助碳纤维复合材料的技术，将两个片簧和扭杆加工成一个整体（模注加工或 3D 打印技术），减少焊接工艺，可以进一步大大降低整体重量。

（2）橡胶件轻量化

通常重载荷下的橡胶件，为保证足够的刚度和耐磨性能，必须同金属件复合到一起。但是在保证性能的同时，也导致橡胶件的重量相对较重。

目前，已经有不少国内外橡胶件厂家采用 PA66 GF30（尼龙中加入30％玻纤）来替代金属橡胶件中的部分金属件。其拉伸强度高、吸收冲击能量大、耐磨性好、耐热性高，可以满足重载荷的要求。同时，部分金属也可以用高强度合金铝来替代。这样，在保证产品性能的基础上，可以明显减轻40％左右的金属橡胶件重量（代表性产品如图 10 所示）。

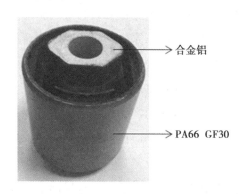

合金铝

PA66 GF30

图 10　轻量化橡胶件

（3）先进焊接技术应用

由于复合稳定杆中扭杆和片簧自身结构和提供的功能各不相同，选用的材料也不尽相同。但是为了确保焊接质量，基本都选用中碳合金钢材质。同时，由于扭杆与片簧连接部位为使用应力最大区域，复合稳定杆对焊接的要求非常高，这也是国内外只有极少数企业能生产该产品的主要原因之一。此外，为了保证批量焊接的一致性和稳定性，整个焊接工序必须通过 DIN EN ISO 3834 焊接体系认证。

目前，海内外复合稳定杆的主流焊接均采用普通的角焊技术＋半自动工装焊接，虽然可以勉强满足各项技术指标，但批量焊接稳定性不好、角焊缝上侧熔深达不到要求、根部未熔合时常发生，致使报废率增加，质量风险加大。为消除以上质量隐患，扬州东升通过自主研发，成功开发出"复合稳定杆专用焊接系统"。该系统采用船型焊接技术，所有焊接动作均由焊接机器人完成，在消除所有质量隐患的同时，极大提高了生产效率，该项应用在全球尚属首例。在未来的研发中，通过引进全球最先进的磁弧焊技术，有望进一步减轻复合稳定杆的重量，并提高加工效率。

（4）试验验证技术应用

通常，一种产品在研发出来后，一定要通过试验验证来评价其性能。

第一代台架试验方案为通过对复合稳定杆单独施加 X、Y、Z 三个方向的力来实现对疲劳性能的评价，这也是国内外部分主机厂开发复合稳定杆时常用的试验方法。其优点是简单、易实施，缺点是不能真实反映出复合稳定杆的整体受力的综合性能。

第二代台架试验方案为"全天候、仿真路况、三轴测试系统"，其主要优点是模拟复合稳定杆在整车上真实装配条件和行驶路况，从路谱中集成出不同行驶路况下的试验条件并输入测试系统进行测试。

第三代台架试验方案在第二代台架试验的基础上，通过软硬件更新，利用试验场收集的真实路谱信息，导入测试系统。同时，利用最先进的数据迭代技术，确保在试验过程中测试频谱非常接近于真实的路谱。达到这一阶段后，主机厂在今后将不需要所有的测试都到试验场进行，在实验室中就可以获得真实的试验结果，大大缩短开发周期和降低开发风险。

随着国内重卡后空气悬架配套率的不断提升，国内复合稳定杆的市场将逐渐扩大，轻量化趋势也会在产品升级中更加明显。

四　重型卡车后空气悬架的技术发展趋势

随着国内重型卡车后空气悬架进入了追求结构先进、性能优越、重量轻、智能化的快速发展阶段，在整车维度上追求的高可靠性、轻量化、智能化等要求也逐渐传导到悬架系统，这就要求空气悬架系统方案在现有的基础上进行不断改进、升级，以满足高可靠性、轻量化设计、简化结构、智能控制等要求。

（一）零部件结构、功能的集成化

传统的空气悬架系统使用独立的零部件实现各项独立的功能，如推力杆仅传递杆身方向的力，横向稳定杆仅提供侧倾稳定力矩，支撑梁、空气弹簧仅承载垂向载荷等，现在为适应悬架结构更简单、重量更轻的要求，出现了多种更加先进的导向及承载部件，通过功能及结构的融合，实现性能改进、结构简化、重量减轻的目标。

1. 复合稳定杆

如图11所示，使用复合稳定杆替代下推力杆及横向稳定杆，同时传递纵向力并提供侧倾稳定力矩，相关零部件从7件减少到1件，使悬架系统结构更简单，零部件可靠性也得到提高。

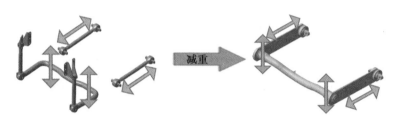

图11 复合稳定杆的减重

2. 整体式导向臂

使用整体式导向臂替代推力杆、稳定杆系统和支撑梁，传递纵向力并提供侧倾稳定力矩，同时对空气弹簧提供支撑。虽然该种结构实现了多种功能的集成，并且将四气簧减少到两气簧，但是导向臂重量大大增加，致使系统的整体重量降低并不明显。此外，由于运动特性的改变，相比四气簧悬架的频率偏高，并且整体式导向臂加工制造难度高，开发成本也偏高。目前，整体式导向臂在国内还未实现产品化，主要应用还集中在北美市场。

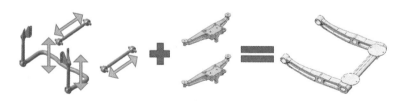

图12 整体式导向臂结构

3. 空气弹簧与减振器复合

近期，凡士通空气弹簧公司已经开发出一种可以在空气弹簧内部安装阻尼元件，并通过空气弹簧内部空气流动产生阻尼力的空气弹簧产品，从而通过单一零件同时实现了减振器和空气弹簧的功能，这对悬架结构的进一步简化和重量降低均有极大好处（见图13）。

图13　复合式空气弹簧产品（凡士通）

（二）控制系统的智能化

传统空气悬架系统一般采用机械高度阀控制空气悬架系统，可以保证空气悬架系统正常稳定运行。但是，近年来重型卡车用户对整车提出越来越多的实用性要求，如驱动力辅助、牵引车快速接驳、车身多个高度记忆等，这就要求有一种更加智能化的空气悬架控制系统来实现这些机械控制系统无法完成的功能，从而催生了电控空气悬架系统（ECAS）（见图14）。

ECAS是通过中央控制单元（ECU）采集并判断高感度传感器信号，进而控制执行机构电磁阀的开闭实现对空气弹簧的充放气控制，达到控制车辆行驶高度的目的。配合整车CAN总线数据，ECAS可以实现更多原来机械控制系统无法完成的功能，如表2所示。目前，国内外几大主流的气路控制系统公司均有完善成熟的ECAS可以提供给主机厂使用。

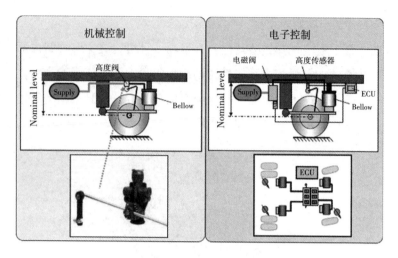

图 14 机械控制空气悬架和电子控制空气悬架的原理对比

表 2 机械高度阀和 ECAS 对比

项目	机械高度阀	ECAS
行驶高度控制	●	●
行驶中无持续空气消耗	—	●
多个正常行驶高度设置	—	●
负载/空载高度记忆功能	—	●
牵引辅助	—	●
高度遥控控制	—	●
载荷检测	—	●

（三）新材料使用及零部件轻量化设计

随着市场对整车轻量化要求的日益提升，空气悬架产品逐步取代板簧悬架已经不可避免，而空气悬架本身对零部件的轻量化也提出了更高的要求。因此，结构件更多采用铸造性能更好、强度更高的球墨铸铁，推力杆采用铸钢件、铸铝件，缓冲块采用高强度工程塑料和橡胶，空气弹簧底座采用工程塑料，等等，都旨在实现重量更轻、性能更可靠的悬架系统（见图 15 ~ 图 18）。

图 15　高强度球墨铸铁

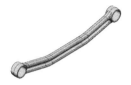

图 16　铸造推力杆

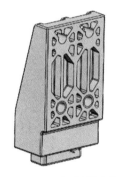

图 17　工程塑料缓冲块

图 18　工程塑料气簧活塞

五　小结

　　中国重型卡车后空气悬架系统在经过对欧美产品的引进、仿制阶段后，逐步进入了自主研发阶段，关键零部件资源问题也已经通过自主研发和国际供应商在国内建厂的方式得到解决，主机厂及悬架系统供应商已经初步具备设计生产欧美主流高端车型空气悬架系统的能力。随着国家最新标准法规的逐步实施，空气悬架系统在重型卡车上的应用必将呈现快速迅猛增长，而这一过程必将促进空气悬架系统的优化设计朝着集成化、智能化、轻量化方向快速迈进。

B.11
商用车悬架高性能复合材料
技术发展现状与趋势[*]

路英竹　徐波[**]

摘　要：　本文先回顾了车用塑料的发展历程，针对悬架轻量化的迫切
需求，总结了当前车用复合材料主要类型和性能特点。根据
株洲博戈多年悬架领域的开发经验，给出了悬架轻量化解决
方案和工程化产品，最后对高性能复合材料的技术发展进行
了总结和展望。

关键词：　商用车　悬架　先进复合材料

一　引言

汽车产业是我国国民经济的支柱产业，带动了各类原材料工业的发展。
以商用车为例，钢材占汽车自重的55%～60%，铸铁占5%～12%，有色金
属占6%～10%，塑料占8%～12%，橡胶占4%，玻璃占3%，其他占
6%～12%。塑料部件的大量应用，显著减轻了汽车的自重，降低了油耗，
减少了环境污染，提高了汽车的造型美观和设计的灵活性。汽车塑料化已是
一个国家汽车工业技术水平的重要标志之一。

---

* 本文撰写过程中得到株洲时代新材技术中心复合材料团队及博戈亚太研发中心德国专家的支
持和建议，向他们表示衷心感谢。
** 路英竹，博戈橡胶塑料（株洲）有限公司总经理；徐波，就职于博戈橡胶塑料（株洲）有限
公司。

汽车塑料的发展历程，随着材料研发、产品设计及制造能力的提升，车用塑料的使用比重和使用范围逐年增加，可分为三个阶段，如表1所示。

表1　车用塑料发展历程

项目	通用塑料	工程塑料	高性能工程塑料
典型材料	PP、PVC、ABS 及 PE	PC、POM、PA、PET、PBT 及 PPO	FRP、GMT、LFT、PI、PES、PSU 及 PU
典型产品	内饰件如仪表板、座椅、顶棚	外饰件如保险杠、扰流板、灯具	结构功能件如发动机周边塑料件、车身/底盘承载件
图示			

目前，通用塑料及工程塑料在汽车内外饰件上的应用已经非常普遍，为整车轻量化和质感亮化做出了重要贡献。在汽车功能件和结构件方面，代替金属的高分子材料主要是高性能工程塑料，尤其以纤维增强高性能复合材料为主，近年来不断出现一些技术突破。

株洲博戈多年来悉心钻研车用高性能复合材料及相关制品领域，已积累大量成功开发项目经验。本文通过对高性能复合材料性能及产业化应用案例的介绍，旨在推动商用车悬架行业的共同进步。

二　高性能复合材料介绍

（一）定义

复合材料是由两种或两种以上不同性质的材料，通过物理或化学的方法，在宏观上组成具有新性能的材料。各种材料在性能上互相取长补短，产生协同效应，使复合材料的综合性能优于原组成材料，从而满足各种不同的要求。复合材料种类繁多，目前尚无统一分类方法，按基体材料分为金属和非金属两大类。金属基体常用的有铝、镁、铜、钛及其合金。非金属基体主要有合成树脂、橡胶、陶瓷、石墨、碳等。增强材料主要有玻璃纤维、碳纤维、芳纶纤维、碳化硅纤维、石棉纤维、晶须和金属丝等。根据汽车承载件设计要求和使用工况，下面主要介绍树脂基体及增强纤维材料。

1. 树脂基体材料

相对于金属基体，树脂基体最大优点是密度小、耐腐蚀、可塑性好、易于加工成型，缺点是强度低、弹性模量低、耐热性差。自 20 世纪 50 年代树脂基复合材料问世后的几十年来，热固性树脂基复合材料一直是主流。进入 21 世纪的近二十年，随着科学技术的发展，以工程塑料为基体树脂的热塑性复合材料越来越受到人们的关注。

（1）热固性树脂

热固性材料常见为环氧树脂、不饱和树脂、聚氨酯等。常见的由体积分数为 60% ~70% 的玻璃纤维与 30% ~40% 的热固性树脂组成，主要特点是密度小、强度高、比强度超过一般的高强钢、耐腐蚀、绝缘、绝热等，但弹性模量低，在 300℃ 以下使用，主要用于制造自重轻的受力构件和要求无磁性、绝缘、耐腐蚀的零件。表 2 列出了几种常用的热固性树脂的热性能及力学性能。

表2　一些常用的热固性树脂性能（室温 23℃）

性能	单位	环氧树脂体系	聚氨酯体系
密度	g/m^3	1.1 ~1.4	1.2 ~1.5
杨氏模量	GN/m^3	3 ~6	2 ~4.5
泊松比		0.38 ~0.4	0.37 ~0.39
拉伸强度	MN/m^2	35 ~100	40 ~90
压缩强度	MN/m^2	100 ~200	90 ~250
断裂延伸率	%	1 ~6	2
导热系数	$W/(m℃)$	0.1	0.2
热膨胀系数	$10^{-6}/℃$	60	100 ~200
热变形温度	℃	50 ~300	50 ~110
固化收缩率	%	1 ~2	4 ~8
吸水率 24h@20℃	%	0.1 ~0.4	0.1 ~0.3

（2）热塑性树脂

大部分热塑性树脂都可以作为复合材料的基体，但用于汽车承载件或功能件的高性能复合材料，对树脂的耐热性和机械性能都有较高要求。热塑性树脂材料常见为聚醚醚酮、聚丙烯、尼龙等。常见的由体积分数为20%～40%的玻璃纤维与60%～80%的热塑性树脂组成，具有高强度和高冲击韧性、良好的低温性能及低的热胀系数。表3列出了几种常用的热塑性树脂的热性能及力学性能。

表3　一些常用的热塑性树脂性能（室温23℃）

性能	单位	聚丙烯	尼龙66	聚碳酸酯
密度	g/m³	0.9	1.14	1.06～1.20
杨氏模量	GN/m³	1.0～1.4	1.4～2.8	2.2～2.4
泊松比		0.3	0.3	0.3
拉伸强度	MN/㎡	25～38	60～75	45～70
断裂延伸率	%	>300	40～80	50～100
导热系数	W/(m℃)	0.2	0.2	0.2
热膨胀系数	10^{-6}/℃	110	90	70
熔点	℃	175	264	—
热变形温度	℃	60～65	75	110～140
吸水率24h@20℃	%	0.03	1.3	0.1

2. 增强纤维材料

增强纤维作为复合材料的另一组成部分决定了复合材料最终的机械性能。增强纤维本质上是具有高性能的材料，即高强度、高模量。目前玻璃纤维、碳纤维和高性能的有机纤维是制造高性能复合材料的主要纤维品种。表4列出了几种常用纤维的机械性能。

（1）玻璃纤维

这类纤维由熔融玻璃经拉丝制成，密度2.4～2.7g/m³，与铝相近，弹性模量低于金属，但比强度和比模量高；耐热性好，软化温度550℃～580℃；耐蚀性好，除氢氟酸、浓碱、浓磷酸外，对其他溶剂有良好的化学稳定性；不吸水、不燃烧、尺寸稳定、隔热、吸声、绝缘、透过电磁波等；制取方便，价格便宜，是应用最广的增强纤维。

表4　常见纤维机械性能（室温23℃）

纤维类型	拉伸强度 （MPa）	拉伸模量 （MPa）	断裂延伸率 （%）	密度 （g/cm³）	热膨胀系数 （10⁻⁶℃）	纤维直径 （μm）
E 玻纤	3448	76	4.7	2.58	4.9～6.0	5～20
S 玻纤	4482	83	5.6	2.48	2.9	5～10
石英	3379	69	5.0	1.15	0.5	9
芳纶纤维	3620	131	2.8	1.44	－2.0	12
碳纤维 （沥青基高模量）	1896～2758	379～621	0.5	2.2	－0.9	11
碳纤维 （PAN 基高模量）	4137～6206	345～448	0.7～1.0	1.90	－0.75	5～8
玄武岩纤维	3300～4500	95～115	2.4～3.0	2.65～2.8	5.5	5～10

（2）碳纤维

碳纤维是将有机纤维（如粘胶纤维、聚丙烯腈纤维、沥青纤维等）在惰性气体中经高温碳化而制成 $w_C > 90\%$ 的纤维；密度低、强度和模量高；高、低温性能好（1500℃，－180℃）；化学稳定性高，能耐浓盐酸、硫酸、磷酸、苯、丙酮等；热胀系数小，热导率高，导电性、自润滑性好；缺点是脆性大，易氧化，与基体结合力差。

（3）芳纶纤维

芳纶纤维亦称 Kevlar 纤维，是一种将聚合物溶解在溶剂中，再经纺丝制成的芳香族聚酰胺类纤维，密度小，比强度、比弹性模量高；抗拉强度比玻璃纤维高45%，韧性好；耐热性好，能在290℃下长期作用；有优良的抗疲劳性、耐蚀性、绝缘性和加工性，且价格便宜。

（4）玄武岩纤维

玄武岩纤维与碳纤维、芳纶、超高分子量聚乙烯纤维（UHMWPE）等高技术纤维相比，除了具有高技术纤维高强度、高模量的特点外，还具有耐高温性佳、抗氧化、抗辐射、绝热隔音、过滤性好、抗压缩强度和剪切强度高、适应于各种环境下使用等优异性能，且性价比好，是一种纯天然的无机非金属材料。

（二）复合材料技术特征

1. 比强度高、质量轻

复合材料的比强度是材料中最高的。如玻璃纤维增强的环氧树脂（玻璃钢）的比强度比钢高约 2 倍，而碳纤维 – 环氧树脂复合材料比强度是钢的 8 倍，比模量是钢的 4 倍。通过不同组分搭配的复合材料有含硬质金属的颗粒复合材料，有以夹层板材和树脂胶合纤维为主的层板复合材料和以玻璃纤维、碳纤维为主的纤维复合材料，这些复合材料具有很高的机械强度，可以代替钢板制作车身覆盖件或结构件，减轻汽车的质量。

一般塑料的密度为 $0.9 \sim 1.5 \text{g/cm}^3$，是铝的 $1/2$，纤维复合强度密度也不会超过 2.0g/cm^3，应用塑料是减轻车体质量的有效途径。每 100kg 的塑料可代替其他塑料 $200 \sim 300$kg，可减少汽车自重，增加有效载荷。复合材料与几种典型金属材料的对比见表5，玻璃纤维材料密度大于碳纤维，密度小于铝材、远小于钢材。

表 5　典型材料性能比较

材料	密度 （g/cm^3）	拉伸强度 （MPa）	弹性模量 （GPa）	比强度 （$\times 10^7 \text{cm}$）	比模量 （$\times 10^9 \text{cm}$）
45#钢	7.85	600	210	0.76	2.67
7075 铝合金	2.81	524	71	1.86	2.53
单向 E 玻纤/环氧复合材料（纤维含量70%）	$1.9 \sim 2.0$	$980 \sim 1080$	$40 \sim 45$	$4.67 \sim 5.68$	$2.04 \sim 2.68$
单向碳纤维/环氧复合材料（纤维含量70%）	$1.4 \sim 1.5$	$1450 \sim 1570$	$130 \sim 150$	$9.66 \sim 11.21$	$8.67 \sim 10$

2. 抗冲击性、耐疲劳优良

耐磨、避振，能吸收大量的碰撞能量，能对强烈撞击有较大的缓冲作用，能对车辆和乘员起到保护作用。因此，现代汽车上都采用塑化仪表板和方向盘，以增强缓冲作用。前后保险杠、车身装饰条都采用塑料，以减轻物体对车身的冲击力。另外，复合材料中的特殊组分和结构，使其抗振动阻尼较高，具有良好的吸收和衰减振动、噪声的能力，可以提高乘坐的舒适性。如图1所示，金属疲劳强度只有拉伸强度的30%~50%；而纤维增强复合材料的疲劳强度是拉伸强度的70%~80%，甚至更高。

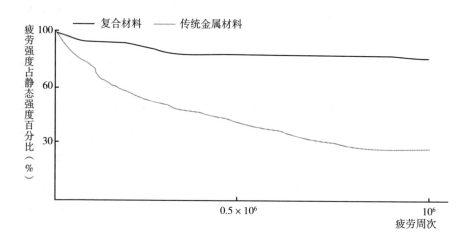

图1　金属及复合材料疲劳性能对比

3. 安全性高

在交变应力下，金属零部件的疲劳失效是突然出现的，往往事先无征兆。此外，金属构件上有缺口或其他结构缺陷，在承受连续振动时，很快就会导致裂纹扩展并出现早期破坏。对于复合材料制品，纤维与基体的界面能阻止裂纹扩展，破坏前有明显征兆。材料对存在轻微的工艺缺陷敏感度很低，裂纹扩展缓慢，有明显的方向性。即使出现宏观损伤，也不至于立即破坏。

4. 耐化学腐蚀、局部受损不会腐蚀

塑料对酸、碱、盐等化学物质的腐蚀具有很强的抵抗能力。其中聚四氟乙烯是化学性能最稳定的材料（俗称塑料王），把它放在浓硫酸中煮沸也不起变化。塑料对酸、碱、盐等抗腐蚀能力大于钢板，如果用塑料做车身覆盖件，十分适宜在污染较大的地区使用。

5. 成型加工性优良

传统的金属零部件制造过程，主要是通过大规模机械设备组成多工位生产线，实现了车铣刨磨、铸热锻焊等关键工序，佐以装配实现总成装配。在使用塑料代替金属材料后，复杂的总成件可以合并为几个或单个零件一次成型，能采用各种成型方法大批量生产，生产效率高，成本低。大量使用会引起传统系统汽车零部件生产工艺（如大规模冲压、焊接）改变和生产设备（如冲、锻、车、削、磨等）变革。

三　复合材料在商用车悬架上的运用

（一）复合材料横置簧

横置复合材料板弹簧如图 2 所示，安装于轻型商务车前悬架系统，起承载与减振作用，由连续纤维增强的热固性树脂复合材料制备而成。本产品可以用于多种轻型商务车平台，在市场常见如凌特、依维柯等。

图 2　横置板弹簧

横置复合材料板弹簧，按照轻型商务车前悬架空间布置和承载要求设计，空载时承重 1.1 吨力，满载时承重 1.4 吨力，设计载荷为 1.9 吨力。利用复合材料的轻质高强和低阻尼的特点，既实现了悬架轻量化又提升了整车 HVH 性能，相关产品参数如表 6 所示。

表6　横置板弹簧参数

性能	典型值		
	产品型号 A	产品型号 B	备注
长度 L1（mm）	1297	1307	
长度 L2（mm）	1309	1320	
弧高（mm）	148.4	130	
四点弯刚度（N/mm）	317	292	
重量（Kg）	5.87	5.71	
表面硬度（Hba）	62		
永久变形（mm）	0.5		
破坏载荷（N）	5		
疲劳寿命（万次）	>50		

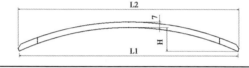

（二）复合材料纵置簧

纵置复合材料板弹簧如图3所示，安装于商用车前/后悬架系统，起承载与减振作用，由连续纤维增强的热固性树脂复合材料制备而成，因材料本身所具有的轻质高强特点，相比金属钢板簧，重量减轻达30%～55%。配备复合板簧的悬架系统常用于商用车市场，尤其是轻型或中型新能源卡/客车。复合板弹簧优点如下：

质量轻，仅是钢板弹簧的30%～55%；

疲劳寿命高，是钢板簧的2～5倍；

耐酸、碱、油等化学介质，适应湿热环境；

部件简化，重量轻，拆装操作更简便容易；

"安全断裂"提高了可靠性；

比弹性能比钢板弹簧高5倍以上，NVH性能提高。

纵置复合材料板弹簧的研发，以GB/T19844－2005钢板弹簧为设计依

图3 纵置板弹簧

据，按照商务车前/后悬架空间布置和承载要求，利用复合材料的轻质高强和低阻尼的特点，既实现了悬架轻量化又改善了整车 HVH 性能，相关产品参数如表7所示。适用车型：轻型或中型新能源商用车，如城市通勤小巴、中型城市公交、厢式物流车等。

表7 纵置板弹簧参数

性能	典型值		备注
	产品型号 A - 单片	产品型号 B - 两片	
弧高(mm)	80	76	
压平弦长(mm)	1400	1500	
片宽(mm)	75	75	
刚度(N/mm)	130	500	
满载载荷(N)	11225	30380	
重量(kg)	12.9	33.5	
减重率(%)	58	41	
表面硬度(Hba)	62		复合材料零部件
永久变形(mm)	0.5		
破坏载荷(N)	$2.8 \times P$		复合材料零部件
疲劳寿命(万次)	>22		

（三）悬架相关零部件

用于悬架或底盘的次承载结构件，传统上一般为铸锻件机加工制造，其较板弹簧承载小，受力工况单一，有冗余的安全余量。根据株洲博戈的大量工程经验，当受力≤80kN的金属结构件，且具有足够的设计展开空间时，均具有复合材料一体化设计的可行性，一般可以实现减重率≥35%的设计预期。此外，在金属结构件上存在复杂的焊接和钣金结构或多个安装加工特征时，复合材料替代件的制造成本更具备优势。如图4所示，用于代替铸件的复合材料板簧压板和垫块。

图4　悬架相关零部件

四　展望

在主机厂轻量化需求的推动下，高性能复合材料制品得到尝试并应用。对于商用车悬架产业来说，通过新结构、新材料、新工艺的导入，提升悬架承载能力，改善NVH性能，是以不变应万变的法门。总结起来，主要的技术进步体现在如下几个方面。

（一）新结构应用

结合多年金属部件的开发应用经验和复合材料性能特征，创造性地开发一些新结构，获取更多的应用经验，降低悬架重量。尤其是新能源商用车悬架，需求较为迫切。复合材料板簧则是典型应用，将原有的金属板簧替代为复合材料板簧，不仅降低了重量，还能够提升NVH性能，已在欧洲、美洲得到批量应用，在我国也呈现较好的发展势头。

（二）新材料应用

高性能纤维，尤其是高性能碳纤维已经实现国产化，这有利于推动复合材料应用于商用车结构件。与此同时，商用车领域也在尝试性价比较高的复合材料，例如玄武岩纤维增强复合材料；可回收利用的连续纤维增强热塑性复合材料也在积极导入商用车领域。可以说，多维度、多制式的复合材料可以供工程师选择，形成丰富多彩的选择项。

（三）先进制造技术

由于复合材料各向异性、堆叠结构的特点，传统的复合材料制品生产方法效率低且性能一致性差，难以满足主机厂批量装车需求。欧洲装备商的复合材料产品生产线面向批量制造投资较大并不适合国情。因此，行业内以HP－RTM、CNC加工为代表的先进成型制造技术开始加速，相信未来能够满足大批量制造的需求。

（四）完善标准体系

需要考虑复合材料各向异性特点，为样品制订出可还原真实工况的具体试验方法和要达到的目标值。同时，要完善各类试验方法，如刚度、疲劳性能、最大承载力及永久变形等。

借 鉴 篇

Overseas Report

B.12
先进空气弹簧技术在商用车领域的
应用现状和发展趋势

Pradipta Moulik　Graham Brookes　Leo Peeters　Christine Reagan *

摘　要： 在全球范围内，商用车互联化、电动化、智能化的发展趋势
日益明显。本文详细论证了空气悬架的性能优势和空气弹簧
的关键构成，并系统阐述了近年来空气悬架及空气弹簧在中
国市场的应用进程。针对未来商用车空气悬架系统的发展需
要，凡士通潜心研发了空气阻尼器和智能空气弹簧两款核心
部件，以期对空气悬架的性能提升提供更多支撑。

关键词： 空气弹簧　空气悬架　空气阻尼器　智能空气弹簧

* Pradipta Moulik，凡士通工业产品公司全球材料研发总监；Graham Brookes，凡士通工业产品
公司全球技术总监；Leo Peeters，凡士通工业产品公司欧亚技术总监；Christine Reagan，就职
于凡士通工业产品公司。

一 空气悬架的性能优势

商用车运输行业竞争激烈，迫使车队比以往任何时候都更要注重成本控制。虽然大多数运营成本集中为燃油、驾驶员和总体维护费用（尤其是轮胎的更换），但是空气悬架的使用仍然显著影响了车队的成本结构。

钢板弹簧悬架和空气弹簧悬架之间最大的差异是对道路工况的响应。当车轮遭遇颠簸或路谱发生变化时，悬架将会及时做出响应，并在内部产生动态作用力。当动态作用力在恶劣条件下过高时，将会对整车和路面产生快速磨损。影响悬架动态作用力的一个关键特性是弹性系数，同悬架的自身频率成正比。在最大负载条件下，钢板弹簧的刚度通常至少是空气弹簧的两倍，即钢板弹簧悬架的高弹性系数将产生更高的动态作用力，进而恶化驾乘时的不平顺性。

此外，由于钢板自身的挠曲特性，钢板弹簧悬架在不同负载条件下具有不同的悬架高度，使得停靠高度不匹配以及驱动轴上动力传动系统角度差。但是，空气悬架可在不同负载条件下维持相同的悬架高度，同时还能减小低负载条件下的弹性系数，从而实现更好的驾乘平顺性。

除了弹性系数之外，悬架的响应特性还部分取决于阻尼。钢板弹簧悬架要承受钢板间摩擦阻尼不一致的影响，同时阻尼还随着钢板弹簧的磨损、悬架高度和是否暴露在潮湿条件及车辆液体中而发生改变，进一步增加了钢板弹簧悬架的性能劣势。

因此，空气弹簧较软的弹性系数结合合适的阻尼全面提升了驾乘舒适性，产生的不平顺性也更小。在卡车驾驶室和座椅悬架中使用空气弹簧，可以提供额外的隔离道路和车辆振动的能力，进一步实现在驾乘舒适性方面的优势。同时，空气悬架更低的动态作用力也有助于降低商用车本身的驾驶磨损，进而转化为更低的车辆维护费用，以及相应降低道路基础设施的维护成本。

目前，中国也深刻认识到了这一点，并实施 GB7258 - 2017《机动车运行安全技术条件》，要求：危险品道路运输车辆（重量 > 12000kg）需配备盘式制动器和空气悬架。与钢板弹簧悬架相比，盘式制动器可以更好地与空气悬架相兼容。因为制动力和空气弹簧内的压力均依赖于车辆负载，即空气压力可用于确定制动力，这也间接促使必须采用具备负载感应功能的盘式制动器。

二 空气弹簧的构成与设计

空气弹簧进气口是商用车空气悬架中的重要承载部件，主要由囊皮、盖板组成，另外根据具体应用，还可能包含活塞、缓冲块和其他部件。其中，最常见的商用车空气悬架应用是"1T"或膜式零件，如图1所示。

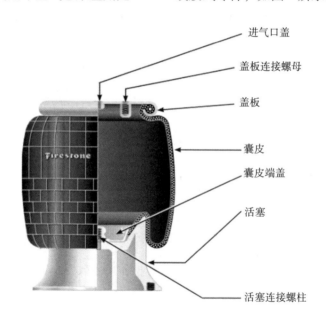

图1 标准空气弹簧部件构成

在给定的负载条件下，悬架上的高度控制阀打开或关闭空气入口，以使空气从储气罐进入或离开囊皮。随着负载增加，更多的空气进入空气弹簧以支撑重量，而当负载降低时，将使过量的空气流出空气弹簧。因此，在任何负载工况下，车辆均保持在固定的高度。虽然空气弹簧在正常负载下是柔性的，但弹性系数会随着负载的增加而增加。通过压缩机将额外的空气压力添加到空气弹簧上以支撑增加的重量，同时弹簧频率仍基本保持不变，进而为车辆提供理想的操作条件。

（一）空气弹簧囊皮

空气弹簧囊皮是弹性体（橡胶）和增强聚合物材料（帘布）制成的柔性气密复合材料，允许组件在活塞型面上滚动，从而在悬架内实现气垫弹簧的效果（见图2）。

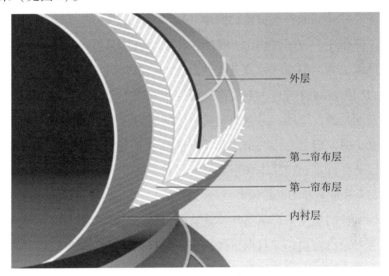

图2　标准空气弹簧囊皮管构造

当为囊皮选择适用材料时，应重点解决三个问题：天然橡胶与氯丁橡胶的特性比较；台架疲劳寿命的试验频率；耐久寿命试验与实际应用可靠性之间的关系。

1.天然橡胶（NR）与氯丁橡胶（CR）的比较

对于商用车悬架用空气弹簧，通常采用的是两种类型橡胶化合物——天然橡胶（NR）混合化合物和氯丁橡胶（CR）混合化合物，两者主要区别在于空气弹簧能进行正常工作的运行温度范围。

其中，天然橡胶化合物由于具有较大的低温能力，工作温度范围一般为-48℃~60℃；当空气弹簧的工作温度经常高于60℃时，需要使用氯丁橡胶化合物，工作温度范围一般为－35℃～82℃。通常情况下，空气弹簧的工作温度基本保持在60℃以下，出于成本考虑，天然橡胶化合物是更好的选择；只有当空气弹簧被布置在热源（发动机、排气系统）附近时，才会首选氯丁橡胶化合物。

此外，在囊皮的复合材料中，大部分强度是由同轮胎中所用类似的帘布提供。帘布的材料、样式和设计主要取决于空气弹簧的期望负载和应用。其中，最常用的空气弹簧帘布材料是尼龙－66和聚酯。虽然尼龙几十年来一直是性能经过验证的首选材料，但最近技术的进步使聚酯能够以与尼龙类似的方式发挥作用。与尼龙相比，聚酯拉伸较少且具有更好的稳定性，从而允许囊皮厚度更薄。当空气弹簧囊皮卷曲时，例如在活塞上滚动，会在侧壁中产生应力。囊皮设计的许多方面都严格控制着这些应力的范围，其最重要的影响因素便是囊皮厚度，与弯曲期间产生的应力和应变成比例。因此，当囊皮厚度变小时，应力也将减小，从而有效改善了空气弹簧的耐久性。目前，凡士通已经在许多新产品中采用了聚酯材料。

2. 台架疲劳寿命的试验频率

工作区域的温度是影响空气弹簧疲劳寿命的重要参数之一。当温度升高时，疲劳寿命将缩短，并且根据经验公式（Nagel方程），温度每升高10℃，疲劳寿命就会缩减一半。同时，测试频率同温度之间存在紧密联系。由于橡胶的滞后特性会引起工作区域内的热量积聚，而较高的疲劳寿命试验频率可以增加单位时间内的热量，因此，当以较高频率运行疲劳寿命试验时，空气弹簧工作区域内的温度将明显变高。

当分析配备空气悬架的商用车的动态响应时，使用道路数据作为输入，可以找到空气弹簧的两个主要响应频率。第一个是1～1.5Hz的车身频率，第二个是8～10Hz的车轴频率。由于振幅较小，车轴振动对空气弹簧疲劳寿命仅能产生极其有限的影响。因此，当运行车辆动态分析时，在1～1.5Hz频率下，以±50mm的行程进行空气弹簧的疲劳寿命试验，是最佳的行业标准。

3. 耐久寿命试验与实际应用可靠性之间的关系

在运行台架疲劳寿命试验时，通常会使用全新的空气弹簧。但是，由于橡胶材料暴露于实际应用环境中，热、光、氧气和臭氧等因素的劣化效应会导致老化的发生。为了降低这些环境因素的影响，橡胶化合物中一般会混合抗氧化剂和抗臭氧剂，此外，部分化合物还添加了蜡，以期在空气弹簧表面形成保护层。目前，凡士通已开发出一种加速老化的方法，可模拟空气弹簧在实际应用中暴露5~6年的情况。在老化的空气弹簧上进行疲劳寿命试验，将会产生完全不同的结果，裂纹的萌生和扩展将会发生得更早，也更加符合空气弹簧在实际应用环境中的运行状态。

（二）空气弹簧活塞

空气弹簧活塞位于空气弹簧组件的底座处，保证了空气弹簧的许多关键功能。一方面，活塞为下部悬架件提供了连接/保留功能；另一方面，在悬架运动期间，囊皮将在活塞的外侧上下滚动。

通常情况下，可根据空气弹簧的具体负载/挠曲曲线，对滚动接触面积进行调整，在必要时还要根据动态弹性系数进行调整，如表1所示。

表1 活塞外形设计选项

活塞外形	负载偏移量曲线	备注
		中等弹性系数和自然频率 可用行程上具有恒定的负载范围
		低中弹性系数和自然频率 可用行程上具有降低的负载范围
		最低弹性系数和自然频率 可用行程上具有恒定的负载范围
		最高弹性系数和自然频率 首选举升应用

活塞可由各种不同的基础材料制成，例如合成材料、铝、钢等（见图3）。大批量应用通常采用合成材料，以降低整体活塞重量和组件成本。当使用合成材料构造空气弹簧元件时，必须重点考虑以下内容：

（1）材料强度与部件中负载的相互关系；

（2）（长期）稳定性；

（3）使用中塑料的老化；

（4）冲击性能。

凡士通通过建立设计标准，即使在严苛的重载应用中，也可以确保使用合成材料部件。因此，合成材料的大范围使用已成为行业趋势。为了进一步验证合成材料的应用，在设计和要求给定的条件下，可以使用计算机模型来预测潜在的破裂点。但是，采用铝和钢通常是更为稳健的设计，尤其是用于外部承受作用力的部位，例如抗石头冲击。因此，在基础设施发展还不太完善的国家和地区，是更为合适的选择。

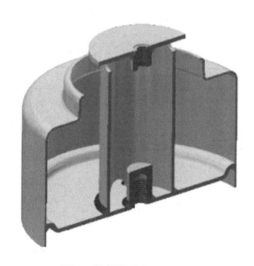

图3　带焊接底板的钢活塞

（三）空气弹簧连接件

橡胶囊皮主要通过两种不同方法与活塞进行连接：端盖法和扣紧法。其中，在端盖法连接的空气弹簧中，橡胶囊皮被硫化到一个钢质成型保持器上。钢质保持器在中心设有一个螺柱，上面加工有螺纹并允许通过螺栓将囊皮连接到活塞上。在扣紧法空气弹簧中，橡胶囊皮则被直接连接到活塞上。两种设计都具有各自的优势，端盖法设计具有优秀的囊皮保持能力，而扣紧法设计使用的部件数量较少，重量更轻。目前，凡士通结合上述两种方法的优点，开发了一种全新的活塞连接方式。

（四）缓冲块材料

空气弹簧可以选择配备一个内部缓冲块，用于限制空气弹簧的被压缩量（见图4）。即在无空气条件下，由缓冲块对车辆进行承载，因此可作为额外的安全功能。

在设计缓冲块时，需要考虑的重要事项如下：

（1）承载能力（应根据车轴能力进行调整）；

（2）刚度；

（3）动态冲击性能，特别是在低温条件下；

（4）耐久性。

图4　橡胶缓冲块示例

缓冲块可由橡胶或塑料材料制成。其中，橡胶缓冲块更具柔性，因此可以增加车辆的舒适性；而塑料缓冲块比橡胶缓冲块要硬得多，但能够更好地确定接触高度，并具有更高的性价比。因此，对于缓冲块接触高度精确性非常重要的车辆，通常选用塑料材质的硬缓冲块。

三　全球商用车产业发展趋势

（一）城市化

城市化和人口增长将继续成为人员和货物流动的主要推动力。虽然在大多数发达国家中，城市化已经达到了最高点（趋势在城市化和郊区化之间不断摇摆变化），但亚洲和拉丁美洲国家仍然表现出明显的人口增长。此外，可支配收入增加的人口（"全球中产阶级"）比例正在增长，这一情况增加了推动货物运输需求增长的人数。因此，中长期内这些地区对中大型商用车仍将保持强劲的需求。

随着交通运输行业数字化趋势的强化，在对城市布局上也体现了城市化的这一变化趋势。该趋势通常被称为带状城市，即这些城市通常由三个带状部分组成：①包含了金融和技术中心的内部带状地区；②作为生活区或所谓郊区的中间带状地区；③以配送中心和仓库等商用车运输环境占主导地位的外部带状地区。该数字模型支持集中星形模型，并在全球范围内正变得越来越标准。通过此数字模型，轻型车辆可以在交付的最后一英里将货物带入内部带状地区。

（二）物联网

与此同时，该需要被连接至物联网（IoT）。消费者通过增加在线订购的使用量，而不是访问实体店来发起对需要交付的货物需求。理想的情况是在数小时内（最多两天）将货物完成交付，特别是在高度城市化的地区内。这种情况迫使对需要的产品进行不断运输，从而进一步提高商用车的使用频率。

（三）互联技术

此外，随着互联技术在卡车和拖车上的使用越来越多，物联网（IoT）已经在商用车领域中占据了一席之地。不仅机械部件正在被智能电子系统所取代，而且车辆和货物本身也成为更大的信息系统的一部分，如区块链中所述。联网车辆还允许进行资产共享，这种共享正在商用车市场中得到使用，因为该市场内需要较大的前期投资。这一趋势将支持货物更快、更高效地朝向目的地进行流动，同时降低了成本。

标准法规也抓住了商用车行业在上述领域中发展速度的关键要素，特别是在数据安全以及沿着供应链的技术开发和采用方面。该行业必须与主管部门紧密合作，以帮助确保这些"路上的巨人"获得安全环境，这些要求将会从部件级别一直到系统级别直至整个交通运输网络层面得到驱动。

（四）自动驾驶

互联技术是实现自主驾驶商用车可以在全球道路上行驶这一最终目标的基础。最终，这些商用车上将没有任何人员，也没有人员对车辆本身的方向产生干预。商用车将足够智能，可以驾驭道路及其周围环境，并将货物交付至目的地，同时与车队管理公司、主管部门或者其他参与方交流信息。

但是，直到2030年之后，完全自主驾驶车辆才有可能在全球范围内成为标准。造成这一较长采用和接受周期的主要原因是：在关于自主驾驶汽车和商用车是否需要采用相同的规则，或者是否需要将它们分别进行处理等方面还缺乏法规，没有明确的指导方针。人们的担心来自商用车以大约36000kg的质量与自主驾驶车辆在相同的道路上行驶时可能带来的安全影响。此外，它们必须安全地与行人、自行车、摩托车等进行互动。对安全的担心不仅与通过"看到"其他车辆或人员并识别的技术有关，而且所有交通参与者都具有各自独特的位置。这意味着，商用车的平均重量比客车要重得多，这种情况与驾驶摩托车或自行车的人员差别很大。这些不同的负载需要不同的反应时间，以允许施加安全的制动距离来避免发生碰撞。也就是说，车辆和交通参与者需要处在一个互联的系统中，相互之间进行通信，以允许获得经过最佳优化的、最后能产生极其安全的环境场景。尽管如此，人们正在追求实现自主驾驶的路径，以及驾驶员辅助技术，例如车道辅助、转向驾驶以及车辆编队代表了主要趋势，并将成为通向自主驾驶世界的跳板。

最近的国际市场反馈表明，最初预想的车辆编队可能不会得到广泛采用。欧洲原始设备制造商已经表达了对密集人口以及每隔一段距离就频繁地设有上下匝道的高速公路基础设施的关注。这种情况可能会要求车辆编队不停地打开和关闭，不会产生最初确定的燃油效率结果。但是，美国的西部地区人烟稀少，车辆编队仍然能够有着广泛的应用，因此允许车辆编队在很长的时间段内从"互联状态"受益。一般来说，人们认为车辆编队更有可能出现在农村或人口稀少的地区。此外，前方车辆配备驾驶员，而后面的牵引车辆处于自主驾驶状态的大篷车概念正在被商用车领域所采用。如上所述，这一概念也很可能首先在人口稀少的地区内得到采用。

（五）电气化

中国一直是商用车电气化领域的领先者，特别是在公共汽车细分市场。这一趋势将在全球范围内延伸到商用车应用中，因为燃油是第二高的运营成本。通过将动力源更改为燃料电池或电池驱动的发动机，成本和对环境的影响（排放以及噪声影响）将会受到显著冲击。市场进入者正在把赌注压在这些替代动力源上，而存在已久的业内公司则正在考虑改变其产品组合。

由于采用了电池包，电动车辆可能具有更重的车重。因此，空气弹簧技术将面临挑战，进而推进轻量化设计的进程，对商用车重量的增加进行补偿。虽然由于外围电池和发动机的存在限制了空气弹簧周围的封装空间，但仍需要进行更集成的空气弹簧设计，这些设计结合了额外功能，使整个产品变得更加紧凑，产品中还可集成阻尼或抗震和承载功能。随着交通运输行业的快速发展，对环境、道路基础设施和民生的影响也越来越大。这种情况随着城市化趋势变得更加重要。在城市地区驾驶车辆意味着运输必须变得更安全、噪声更小、更具道路友好性，这也迫使更多的商用车将空气悬架作为标准配置。

在未来 5～10 年内，预计将有 20%～30% 的商用车更换为电池驱动。但是，由于在全球范围内缺乏充电基础设施，初始应用将围绕闭环运行展开，卡车将返回其基地进行充电。部分国家和地区的政策法规更具有支持性，这些区域电动化商用车的采用率可能会高出很多，如中国的公交车市场。

综上，所有这些趋势都将推动当前空气悬架产品的潜在变化。在互联技术的世界里，空气弹簧本身很可能会成为一个智能部件。通过专注于自主驾驶行业中的最终正常运行时间，优势分析和预测性维护将变为关键。因此，空气弹簧本身可以是能够汇报其状态和潜在问题（即泄漏、极端温度等）的一个重要工具。随后这些数据会进入车辆的互联系统，需要能够与任何经识别的外部相关方进行通信。在该情况下，空气弹簧还可用作冗余工具以测量周围车轮端温度、监测轮胎压力等。空气弹簧通过提供有关自身健康状态以及悬架本身其他部件的信息，包括诊断状态到预后直至规定信息，在悬架设计中占据了重要地位。考虑到空气弹簧在悬架上的独特地位，可以将空气弹簧本身用作簧载质量和非簧载质量之间的数据收集点。这样，就可以提高交通运输行业的安全水平和效率，从而推动获得更高盈利能力。

通过专注于电气化，对悬架设计进行轻量化和简化的趋势仍将继续保持下去。在这方面，空气弹簧可通过材料变更、设计改进以及通过集成之前的外部操作、部件、系统和功能来推动重量的降低（比如将阻尼器/减振器连同支架、螺母和螺栓都被消除，集成到了空气弹簧）；或者，可以将机械高度传感器或者外部压力传感器集成到空气弹簧中，在弹簧中可获得额外的更好保护（比如"智能空气弹簧"）。

四　空气弹簧在中国市场的技术应用

目前，中国市场正在全力提升空气悬架在商用车领域的应用水平，最新、最好的可行解决方案逐步得到采用。其中，减振气囊的厚度和材料、复合材料、储气筒活塞和设计验证及测试应用方面均是可见的主要趋势。

（一）减振气囊的厚度和材料

正如在前文气囊结构中所述，市场的发展趋势聚焦于材料内部拉力更低、发热量更小、寿命更长的薄壁减振气囊产品。由于厚壁气囊更容易制造，对产品的质量标准和工艺流程要求没有薄壁产品那么高，部分空气弹簧制造商可能会继续生产厚壁空气弹簧。但是薄壁气囊作为前瞻性产品，以更长的使用寿命、更少的维修、提高正常运行时间及降低长期成本等优势，得到了企业越来越多的关注和认同，纷纷投入大量精力进行产品研发。

此外，关于气囊材料的选取，关键的驱动因素是车辆及空气弹簧的最终使用环境。因此，不能仅依靠空气弹簧试验要求来选择使用何种橡胶材料，而需要充分利用行业经验以避免无谓的成本增加。

（二）复合材料的接受度

市场的一个重要趋势是采用复合材料制造活塞。目前，行业逐渐开始采用玻璃纤维材料，优点是既减轻了重量，还提高了耐腐蚀性。此外，现有计算机模型的开发和构建可帮助识别复合材料活塞中的潜在关注区域，并允许对模具本身进行设计变更以获得所需的支撑和强度。电气化、保护基础设施以及持续关注环境排放的减少趋势，将进一步支持商用车空气悬架行业采用复合活塞及其他轻质部件。

（三）高强度储气筒活塞的解决方案

空气弹簧的刚度及舒适性在很大程度上取决于空气弹簧的内部容积。通过增加活塞的内部容积，可降低弹簧刚度、提高舒适性，这对商用车尤为有利（见图5）。空气悬架由于较软的弹簧可降低动载，不仅可提高行驶平顺性，还可减少对车辆部件和道路基础设施的损坏。

此外，储气筒活塞通常使用"扣紧法"与囊皮连接。然而此种设计的缺点在于对囊皮的保持能力有限，这意味着将囊皮从活塞上分离所需要的力（拉脱力）是有限的，但是在某些行驶工况下需要很大的拉脱力。

凡士通为此开发了一种具有独特坚固性的减振气囊—活塞连接方案（见图6），在下列气囊和活塞完全拉伸的情况下，使用该种气囊—活塞连接具有特殊的价值。

（1）应用在使活塞大角度完全拉伸的摆臂悬架或 TAG 车轴。

（2）减振气囊能完全拉伸活塞连接的 4 个气囊悬架。

这种新型高强度储气筒活塞解决方案还消除了在操作和安装空气弹簧时气囊—活塞分离的风险。

图5　空气弹簧容积和活塞容积

图6　减振气囊—活塞连接方案

（四）设计验证及测试应用

在利用经验和历史认知的同时，需要将所有在实际使用的新技术都整合到新的测试标准中，对各个部件进行独立测试以验证其强度和特殊要求。此外，还需要在典型实际应用环境下将该组件放在整车上进行测试，以验证其能否满足耐久性和可靠性要求。

如前文所提，在组件测试中主要考虑气囊材料本身和测试的标准。

（1）按钢板弹簧的测试要求进行，例如在无进一步冷却要求情况下，3～3.5Hz 测试频率，高频会影响卷耳区域的温度，造成局部热量累积，这与实际应用情况不完全一致。随着氯丁橡胶（CR）化合物耐热性的提高，会因使用更昂贵的橡胶产品而放弃该测试要求。

（2）通过采用 1 ~ 1.5 Hz 空气悬架测试频率的行业标准，可消除此顾虑。尽管用较高频率进行测试具有测试时间短的优势，但需要记住测试与实际应用的相关性，测试的目标应是为了模拟最佳现实场景。在现实应用模拟中，1 ~ 1.5 Hz 的频率使用更广，也可为终端客户提供可靠和耐用的产品。

当在中国新的工业环境中调整测试标准时，另一个重要方面是旧零件与新零件的概念。为了确定零件的真实质量，证明其可靠性和耐久性，零件必须代表现实生活应用情况，例如通过代表在实际应用中的老化过程，就可以区分出最终的性能。

综上所述，随着中国空气弹簧市场的进一步发展，需要对设计思路、产品部件、材料及测试标准进行调整以彻底反映行业的实际需求。①

五 空气弹簧的技术发展趋势

随着商用车行业的发展，卡车和挂车运营商以及车队会寻求新的技术来提升运营效率、降低成本并寻求新的利润增长点。针对空气悬架的轻量化、集成化、智能化设计趋势，本部分将重点讨论空气阻尼器和智能空气弹簧的技术开发和产品应用。

（一）空气阻尼器

历史上，商用车的空气悬架由两个绕前衬套转动的摆臂、安装在车轴后方的空气弹簧及安装在挂车的车轴前方或卡车的车轴后方的液压减振器组成。在这种布置中，空气弹簧将会承载，并可选择一个内置缓冲块来限制振动行程。其中，液压减振器应用阻尼力来阻止悬架的移动，并且通常限制反

---

① 注：GB/T13061 - 2017《商用车空气悬架用空气弹簧技术规范》规定在 2.0 ~ 3.0 Hz 频率下测试疲劳寿命。对空气悬架来说过高，可能会限制橡胶囊皮材料的选择。

弹行程来防止空气弹簧的过度拉伸。液压减振器是一种"活塞—气缸"装置，油液通过活塞上的阀门在油室之间来回流动（见图7）。

图7 液压减振器

另一种方法是使用空气减振器来减振。空气弹簧气囊通过阻尼通道与一个或多个储气筒相连。当悬架移动时，空气弹簧气囊的体积会发生变化，迫使空气进出储气室。这样的好处不仅是可以取消非环境友好的液压油，而且可以消除液压减振器以及液压减振器安装硬件和支架的重量。但是，为保护空气弹簧，有些部件仍须具有回弹限制功能。因此，必须将此功能集成到空气减振器中，虽然设计稍微复杂些，但性能得到了大幅度的提升，也可使用相同或类似安装硬件和支架的链条或皮带来代替液压减振器（见图8）。

a. 液压减振器　　　　　　　　　b. FISP Airide Pro X 空气减振器

图8 商用车悬架对比示例

空气减振器已在火车悬架中应用了几十年，并通过空气弹簧与储气筒远程连接来实现减振（见图9）。在某些案例中，空气减振器的储气筒以对包装空间影响尽可能小的方式集成到空气弹簧的活塞中。但是，这种单个储气筒设计只在有限的频率范围内有减振效果，仅适用于轨道交通。

然而，大多数道路车辆需要在至少两个关键范围内的阻尼来对低频的车身运动（通常为 1～1.5Hz）和高频的车轴进行控制（通常为 8～10Hz）。若在两个范围内没有适当阻尼，例如只有一个减振储气筒时，会增加悬架和道路磨损。此外，大多数商用车的液压减振器都经过了优化，以对在平路上接

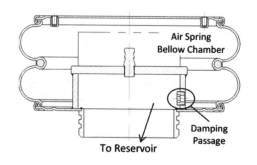

图9 列车空气减振器

近最大悬架载荷条件下进行减振，这意味着悬架系统在崎岖的道路和较轻的负载条件下会产生过度阻尼（大约70％均会出现）。在这种过阻尼条件下，液压减振器会产生不必要的高力，在极寒环境中液压油黏度的增加会变得更严重。无论负载情况如何，液压减振器在许多常见的路况（如桥缝或坑洞）下会产生过大的负载，从而引发高悬架速度。如果车辆保持中等的悬架速度行驶在崎岖不平的路上，高阻尼负载可能会过早地磨损减振器，从而导致另一个极端——因阻尼力过低而无法控制悬架的运动。

使用磨损的液压减振器或设计不当的空气减振器会使悬架阻尼不足，车轴会因高加速度而承受高悬架动载。当传统的液压减振器与特定的负载情况或道路类型不匹配时，悬架也会受到过阻尼，从而产生高悬架动载。这些高悬架动载会导致底盘和轮胎的高反作用力。当高动载作用在底盘时，不仅会产生行驶不平顺，还会增加驾驶员疲劳、悬架磨损和底盘损坏的风险。

通过建模分析和实际试验表明，阻尼不仅会影响底盘的损坏状况，还会因作用在轮胎上的高悬架动载使轮胎过度变形进而磨损，同时，还会转换成更高的载荷并将其传递到路面，造成道路基础设施的损坏。而随着道路和桥梁的退化，它们会触发那些本应加以控制的更高水平的悬架运动，使悬架运动对悬架的阻尼性能变得越来越敏感。欠阻尼和过阻尼的情况都会进一步加速道路基础设施的磨损，因此需要尽量避免。相关研究表明（剑桥大学Cebon教授），与钢板弹簧悬架相比，空气悬架可显著改善行驶平顺性并减小基础设施的磨损（约减小14％），但如果液压减振器磨损，空气悬架的性能可能会比钢板弹簧悬架更糟糕（约衰减21%）。

然而，空气阻尼器可在空气弹簧减振气囊的基本寿命周期内，为各种负载和各类道路提供适当的阻尼水平，而液压减振器只可对单一负载和单一类型道路提供适当的阻尼水平，且只能使用几年就必须更换。空气减振器最主要的优点是当空气弹簧的压力随悬架负载变化时，阻尼水平会随空气弹簧压力的变化而直接调整。正是由于这一点及空气减振器的不同工作原理使得空气减振器在为空气弹簧提供与负载相关的阻尼水平时产生的热量比液压减振器小得多。

调整适当的空气阻尼会有如下的优点：

（1）最大限度地减少悬架的磨损、维护和停驶时间；

（2）延长轮胎的使用寿命；

（3）降低车辆及装载货物损坏的风险；

（4）减轻驾驶员的疲劳；

（5）延长使用寿命并最大限度地减少道路基础设施的维护成本；

（6）通过取消液压减振器及其硬件，缩短了装配时间并减轻了重量。

作为向空气阻尼转变的市场领头羊，凡士通开发了Airide Pro产品线（见图10），该产品线涵盖了从基本水平的单储气筒设计到更先进的、具有专用阻尼通道的多室设计，为商用车应用提供全范围的阻尼。其中，凡士通在欧洲推出了一款用于VDL Weweler挂车悬架的Airide Pro X设计，该设计在2017年（德国汉诺威）IAA展上获得了挂车创新奖。目前，Airide Pro×2空气减振器是凡士通最先进的设计，可为卡车提供所需的最大减振性能，并具有内置回弹限制（不需要额外的支架或提升弹簧即可）和选装的悬浮桥功能。

由于商用车的法规促使从钢板弹簧悬架转向空气弹簧悬架，采用最新的凡士通全程空气阻尼技术，如Airide Pro、Airide Pro X和Airide Pro×2设计，可最大化实现上述优点并实现长期道路友好性、降低维护成本和负载比例阻尼。

图10　空气阻尼器（凡士通）

（二）智能空气弹簧

自机械调平阀引入空气弹簧行业以来，空气弹簧内置传感技术一直是空气弹簧业的发展焦点，汽车市场仍有将传感器集成到空气弹簧中的动力和愿望。集成传感器具有以下优点：易于安装、防止道路碎片对其的损伤、防止与高度阀/传感器支架或连杆发生冲突。

自20世纪80年代以来，人们一直希望能取消卡车及挂车上的机械式空气调平阀，然而，商用卡车和挂车上至今仍在使用机械调平阀。随着电子控制系统成为控制空气悬架的另一种选择，电控高度传感器和控制电子设备的引入减小了空气消耗和阀门驱动。

1. 高度传感器

（1）机械式高度控制阀

设计机械式高度控制阀的目的是保持空气悬架系统的行驶高度。这些阀通过悬架框架上的连杆安装在底盘上，根据需要对空气弹簧进行充气或放气。当卡车或挂车增加重量时，悬架机构移动控制阀，空气从储气筒中流经控制阀，直到高度控制阀回到原始位置。

机械式高度控制阀的问题是其工作时使用的空气量。由于精度和泄漏问题，会使用过量的空气。每次高度控制臂离开中心时，系统中的空气总量都会增加或减少。与电控版相比，有些高度控制阀虽有内置延迟，但仍会使用储气筒中更多的空气。这会导致用发动机驱动的空压机更频繁地运转来向储气筒充气，从而加剧压缩机的磨损并增加油耗。

（2）电控高度传感器

电控版的机械式高度控制阀称为电控高度传感器。这些传感器用空气悬架系统连杆安装在悬架上并与电控空气悬架 ECU（ECAS）相连，向空气悬架系统的控制单元输出电信号，为其提供高度传感器读数。ECAS 单元根据传感器输入信号来判断何时给空气弹簧充气或放气。高度传感器信号经 ECAS 系统过滤后得到平均高度的模拟或数字信号，通过这种"平均"来减少使用空气的次数。电控传感装置的优点是系统只在需要时才会进行调控。

目前，主要有两种类型的电控高度传感器——电阻型电控高度传感器和霍尔效应传感器。电阻型电控高度传感器是将高度控制臂通过一个接触板连接到电位计上，触点位置改变会改变传感器的电阻，从而使输出电压发生改变。另一种类型是霍尔效应传感器（见图11），工作原理类似于电阻型的非接触式传感器。霍尔效应传感器通过高度控制臂移动磁铁来改变磁场，通过感应磁场的变化来指示高度。每种类型的传感器都可以输出模拟信号或脉冲宽度调制（PWM）信号，ECAS 会接收这些信号并进行处理。这些传感器仍然需要在底盘和悬架上某个点之间安装一根机械连杆用以监测车辆的高度变化。

图 11　霍尔效应传感器

虽然电子高度传感器有助于提高系统性能，但仍有一些问题没有解决，需要机械连杆，还需在底盘/悬架上找一个合适的位置，使用附加的支架或硬件安装传感器。这些附加的硬件可能会导致安装困难，对道路碎片造成损害的防护不足，其他部件会对高度阀/传感器的支架或连杆产生冲突（见图12）。

图12　与悬架连接的连接臂和连杆

2.压力传感器

在 ECAS 整体系统中有用于控制储气筒压力和感知空气弹簧压力的压力传感器。压力传感器通常作为阀组的一部分或与气管相连，通过监测空气压力来调节储气筒的气压及感知空气弹簧中的气压。通过感知空气弹簧中的气压来调整卡车或挂车制动系统以获得适当的制动力，同时也用来感知卡车和挂车的载荷比从而调节悬浮桥的高低。

3.过载/过载保护

车辆过载会对底盘和道路产生额外的应力，从而可能会造成车辆损坏及基础设施的过度磨损。因此可通过增加组合传感器，如压力、加速度和高度组合传感器来感知车辆的重量，使用该传感器可计算出车辆的重量并通过显示界面显示出来。通过车载网络将传感器生成的车辆载荷信息发送给车上的其他控制器，这样就可以防止车辆在起步、换挡时溜车，还可以在一定的车重条件下限制车速，以保护车辆和基础设施。车队管理系统也可通过实时捕捉车重信息来跟踪车辆的状况。

4. 降低油耗及轮胎磨损

电控高度传感器可使电控空气悬架控制器随负载变化调整空气悬架高度和车身高度。通过控制高度将轮胎保持在适当位置，使其与路面的接触面均匀分布。某些类型的悬架还可以保持正确的轮胎定位和外倾角以防止轮胎的不均匀磨损。使用电子高度传感器的另一个优点是能在高速上控制车辆的高度，通过减小迎风面积来降低风阻和油耗，减小电动汽车的电池消耗。

5. 内置式空气弹簧传感技术

将传感装置集成到空气弹簧内的优点是可获得更精确的车辆高度和负载测量数据。为此，需要采用非接触技术并将传感装置移到空气弹簧内。

在空气弹簧中使用内置式高度传感器有许多优点。外部连杆再也不会改制或损坏。连杆的改制或遗失会对 ECAS 及其他系统产生不良的影响。内置传感技术通过保持适当的悬架高度来减小传动系角度、轮胎及衬套的磨损。此外，保持空气弹簧高度的完整性有助于保护道路基础设施免受施加在道路上的过度力的影响。

在空气弹簧中增加了其他传感器，可以使其更智能，如压力感知。通过获取空气弹簧的压力可以更精确地测量卡车和挂车系统的负载。空气弹簧中的集成传感器可实现快速精确的计算装载重量以避免发生超载的情况，如防止过载。此外，这些数据可以与外部各方共享，比如路边检测站，这样可以减少停车称重时间；车队管理人员也可利用该数据组织、优化负载利用率。

目前内置传感技术在商用汽车行业的使用非常有限，而凡士通传感解决方案使用了最新的飞行时间激光测距技术作为高度感应装置。该传感器体积小（5mm×3mm），便于跟其他传感技术集成封装到一起（见图 13）。

根据应用情况，飞行时间传感器的测量范围可达 550mm，精度可达1mm。无论测量目标的反射系数是多少，激光测距技术均可精确测量距离。传感器根据发射和接收反射光子的时间来测量距离，无论物体表面的特性如何，传感器均能对距离进行精确测量。为避免外部环境因素和不当使用底盘造成的影响，凡士通空气弹簧传感器对底盘高度进行直接测量。凡士通空气弹簧传感器不仅提高了可靠性、简化了安装和诊断方法，而且可为高度传感器组件的空气弹簧添加其他的传感技术。

图13　凡士通集成式飞行时间传感器

此外，凡士通空气弹簧传感器还集成了压力、温度和加速度（3 轴）传感装置。通过为高级算法提供数据，该附加信息可用于提高卡车和挂车的 ECAS 和/或制动控制系统的性能。

除了凡士通采用的传感技术外，市场上还有两种常用的传感技术：超声波和射频/磁感应装置。超声波传感器通过物体反射声波并接收回声来工作。在空气弹簧的顶板上安装超声波传感器，向空气弹簧的底部发射声波，通过测量接收到的反射波来推算空气弹簧的高度（见图14）。

在过去的几年中，凡士通与其他公司一起开发和测试了几种超声波解决方案，并取得了多项成功。由于空气弹簧内部的压力和温度会影响声波的传递速度，使用超声波测量高度需要对空气弹簧内部的压力和温度变化进行补偿，这会增加诸多额外成本。目前，一项竞争性的技术就是利用射频/磁原理来感知空气弹簧的内部高度，该技术的工作原理是把天线耦合在一起。当相对的天线/空气线圈朝着或远离基础天线移动时，会使输出振幅发生变化。这种传感方法与当前的电控高度传感器相当，可适用于高度信号的高精度快速变化。

使用这项技术的一个问题是传感器的大小及与过量空气减振器/空气阻尼器协同工作的能力。天线/空心线圈的大小取决于工作范围，也就是说测量范围越大，天线/空心线圈的尺寸就越大。此外，对装有过量空气减振器或空气阻尼的空气弹簧，减振器部分会与金属发生冲突。

6. 空气弹簧传感技术发展趋势

正如前文商用车行业趋势所述，空气弹簧的发展必须与车辆自主互联技术紧密相连。凡士通已着手开发 P. A. T. H.™传感技术。P. A. T. H.™是指压力、加速度、温度和高度，该传感器集成了凡士通最新的高度传感器技术和算法，可提高车辆的安全性、质量和维护水平，可为车辆自动驾驶系统提供实时测量和预测分析。

传感器集成是自动驾驶和自主车辆的关键部件。随着车辆技术向自动驾驶方向的发展，为车辆控制系统提供可靠运行的必要信息的需求会大大增加。制动和发动机控制器感知车辆负载信息对实现商用卡车的自动驾驶和跟车技术至关重要。通过感知车辆负载来施加适当的制动力或发动机输入，以保持完整的队形、适当的车距，特别是紧急制动时的距离。保持完整队形不仅可最大限度地增加燃油里程，而且可通过在每个空气弹簧中安装一个传感器来为制动和发动机控制器提供冗余。

P. A. T. H.™传感技术可以提供预测性分析，帮助维护轮胎、减振器、空气弹簧和其他每个车轮端部的部件，优点是能够预测需要维修的项目，保持车辆安全，防止问题的恶化，并通过防止不必要的停驶来降低成本，而且因为车辆将始终处于最佳状态，所以有助于保持基础设施的安全。比如，通过组合分析 P. A. T. H.™传感器信号与车辆其他数据，P. A. T. H.™传感技术可预测减振器是否接近使用寿命，系统会告知车队管理员将要更换的减振器，这样车队管理员就有时间为下一个车辆维护周期准备配件。这也有助于车队所有者通过预测性维护、负载反馈和确保车辆处于安全状态来维持车队的质量。

欧洲法规（96/53/EC 指令，参考车载称重设备）强制规定，所有车辆在 2021 年前必须配置车辆负载感知装置，并将负载读数发送给当局，其他地区可能很快就会遵循或发布类似的准则。凡士通 P. A. T. H.™传感技术可以在将信号分解成几个其他车辆因子后，提供每个空气弹簧的重量。这有助于通过跟踪载重量来满足法规要求以保护基础设施和车队所有者免受不公平的商业行为的影响。这也有利于当局保护正在使用的基础设施，避免因车辆超载而对运营商/驾驶员产生任何法律影响。

随着商用车辆行业不断向自动驾驶车辆方向发展，就需要用集成传感器和高级算法来实现车辆的管理与通信。凡士通的传感器技术和分析技术可在确保安全、质量和维护不受到影响的情况下解决车辆上部件过多的复杂性问题。由于车辆将开始共享信息，这将为车辆互联开启新的应用和业务模式，改善交通流动性、效率、可持续性等。

六　小结

随着全球商用车行业互联化、电气化、智能化的发展，对空气弹簧和空气悬架最具体的改进将集中围绕适用的材料、智能功能、更轻和更强的解决方法方案展开。这也促使先进的空气弹簧将在如下领域对空气悬架起到更多的影响。

（1）智能部件：实现自检测，如性能、可靠性、维护反馈等。

（2）系统集成/互联设计：系统内部冗余保障。

（3）轻量化：降低对电池/电控系统的要求。

（4）简化悬架设计：替代其他部件或集成式优化设计。

（5）电控空气悬架和电控制动系统：实现制动能量回收。

（6）增加可靠性和冗余量：提升数据/备份系统的性能。

（7）提高性能、减少维护：实现更长的使用寿命。

标 准 篇

Standard Report

B.13
商用车悬架系统标准与测试体系分析

范培斌　袁朝晖*

摘　要： 悬架系统是车辆主要的组成部分，能缓冲路面传来的冲击，衰减由此引起的承载系统振动，保证车辆平顺稳定运行。目前我国已建立悬架系统相关的标准和测试体系，随着商用车悬架技术的发展和整车技术要求提高，悬架标准和测试体系将不断改进完善。

关键词： 商用车　悬架　标准　测试

　　悬架是汽车上的重要总成之一，它把车架（或车身）与车轴（或车轮）

---

* 范培斌，东风商用车有限公司资深专家；袁朝晖，就职于东风商用车有限公司。

弹性连接起来，主要任务是传递作用在车轮和车架（或车身）之间的一切力和力矩，缓和由不平路面传给车架（或车身）的冲击载荷，衰减由此引起的振动，以保证汽车的正常行驶。悬架系统通常由弹性元件、阻尼元件、导向机构以及安装附件组成。弹性元件主要用来传递垂向力，缓和路面的冲击和振动；导向机构控制车轴的运动轨迹并传递地面作用的纵向和横向力；阻尼元件衰减车身和车轮的振动。

根据车轴左右车轮运动关联度，悬架系统可以分为独立悬架和非独立悬架；根据悬架弹性元件不同，悬架系统可以分为钢板弹簧悬架、空气悬架、橡胶悬架和油气悬架等。现有中重型商用车悬架主要为钢板弹簧悬架和空气悬架，也有少量橡胶悬架和油气悬架等其他类型悬架，轻型商用车前悬架有的采用扭杆弹簧独立悬架。

标准化是指在经济、技术、科学和管理等社会实践中，对重复性的事物和概念，通过制定、发布和实施标准达到统一，以获得最佳秩序和社会效益。标准体系是一定范围内的标准按其内在联系形成的科学有机整体。悬架系统作为车辆重要的承载部件，悬架系统及其零部件技术的发展和标准制修订工作相互促进。标准支持、引导和规范悬架产业的发展，促进悬架技术提升，悬架技术发展推动悬架标准的制修订工作。

由于之前的标准难以查询，本文仅涉及20世纪80年代之后相关的悬架标准。

一　国内悬架标准与测试体系的建设与进展

悬架系统及零部件发展离不开相关标准和测试体系的支撑。

在悬架基础标准方面：GB/T5180-1985《汽车悬架术语和定义》对汽车悬架结构型式、零部件名称进行规范性定义，作为汽车悬架标准体系建设的基础标准，方便悬架技术人员的内外交流；GB/T4783-1984《汽车悬挂系统的固有频率和阻尼比测定方法》适用于各种类型双轴汽车悬架系统固有频率和阻尼比测定，测定参数包括车身部分（簧载质量）的固有频率和阻尼比以及车轮部分（非簧载质量）的固有频率，这三个参数是分析悬架系统振动特性和对汽车平顺性进行研究和评价的基本数据。

20 世纪 80 年代国内商用车主要装备钢板弹簧悬架系统，当时标准制定围绕钢板弹簧、减振器等关键零件技术要求和试验检验方法。以下这些标准的制定与应用极大地推进了钢板弹簧悬架技术和相关产业的发展进步：

JB3383 – 1983《汽车钢板弹簧台架试验方法》

JB3782 – 1984《汽车钢板弹簧金相检验标准》

JB539 – 1984《汽车钢板弹簧销和吊耳销技术条件》

JB3676 – 1984《汽车钢板弹簧用 U 型螺栓及螺母技术要求》

JB1459 – 1985《汽车筒式减振器尺寸系列和技术条件》

JB3901 – 1985《汽车筒式减振器台架试验方法》

JB3902 – 1985《汽车筒式减振器清洁度限值及测定方法》

ZBT06001 – 1988《汽车钢板弹簧喷丸处理规程》

ZBT22001 – 1989《汽车钢板弹簧销铁基粉末冶金衬套技术条件》

1985 年交通部立项研发客车空气悬架，由重庆公路科学研究所承担，于 1990 年通过海南试车场 3 万公里定型试验。在此期间由重庆公路科学研究所和沈阳飞机制造公司起草了我国的高度控制阀和空气弹簧国家标准：

GB11612 – 1989《客车空气悬架高度控制阀》

GB/T13061 – 1991《汽车悬架用空气弹簧橡胶气囊》

2000 年左右，JT/T325 – 1997《营运客车类型划分及等级评定》和 GB1589 – 2004《道路车辆外廓尺寸、轴荷及质量限值》两标准相继出台，鼓励和引导空气悬架技术的应用，推动了空气悬架技术快速发展。

2007 年 1 月中国汽车技术研究中心承担的"863 计划"重点项目"汽车集成设计开发技术"正式立项，"汽车空气悬架系列标准"是"汽车集成设计开发技术"项目中的子课题，目的是制定商用车空气悬架系统的相关标准，为整体提升我国商用车空气悬架系统的自主开发能力和国际竞争力提供技术支撑。空气悬架相关标准进行制修订工作，修订 GB/T13061 – 1991《汽车空气悬架用空气弹簧橡胶气囊》为 GB/T13061 – 2017《商用车空气悬架用空气弹簧技术规范》，制定 GB/T34591 – 2017《商用车空气悬架术语》

和 GB/T35180 - 2017《商用车空气悬架用推力杆橡胶铰接头技术规范》。

为了提高整车操纵稳定性和抗侧倾性能，横向稳定杆在商用车上应用日益普遍。为满足商用车稳定杆技术发展需求，规范横向稳定杆技术要求和试验检验方法，制定了 JB/T12794.1 - 2016《横向稳定杆技术条件第 1 部分：商用车横向稳定杆》。随着材料、制造工艺技术水平提升以及整车轻量化需求，空心稳定杆已在商用车上逐步替代实心稳定杆。为了规范空心稳定杆用冷拔或冷轧无缝钢管的技术要求、试验方法和检验规则，制定了 GB/T33821 - 2017《汽车横向稳定杆用无缝钢管》标准。

商用车悬架系统及零部件标准制修订替代关系和状态如表 1 所示。

表 1　商用车悬架标准状态

标准类别	标准号	标准名称	状态	说明
通用	GB5180 - 1985	《汽车悬架术语和定义》	废止	
	GB/T4783 - 1984	《汽车悬挂系统的固有频率和阻尼比测定方法》	废止	
	GB/T34591 - 2017	《商用车空气悬架术语》	现行	
	QC/T298 - 1999	《微型货车整车悬架静负荷特性测定方法》	现行	代替 ZB/TT22004 - 1990
材料	GB/T33164.1 - 2016	《汽车悬架用弹簧钢第 1 部分：热轧扁钢》	现行	
	GB/T33164.2 - 2016	《汽车悬架用弹簧钢第 2 部分：热轧圆钢和盘条》	现行	
	GB/T33821 - 2017	《汽车横向稳定杆用无缝钢管》	现行	
钢板弹簧	JB3383 - 1983	《汽车钢板弹簧台架试验方法》	废止	
	QCn29035 - 1991	《汽车钢板弹簧技术条件》		代替 JB523 - 85、JB4046 - 85
	QC/T29103 - 1992	《汽车钢板弹簧质量分等》	废止	
	QC/T274 - 1999	《汽车钢板弹簧喷丸处理规程》	废止	代替 ZB T06001 - 1988
	QC/T528 - 1999	《汽车钢板弹簧金相检验标准》	废止	代替 JB3782 - 1984
	GB/T19844 - 2018	《钢板弹簧技术条件》	现行	代替 GB/T19844 - 2005
	JB/T10802 - 2007	《弹簧喷丸强化技术规范》	现行	

标准类别	标准号	标准名称	状态	说明
空气弹簧	GB/T13061 – 2017	《商用车空气悬架用空气弹簧技术规范》	现行	代替 GB/T13061–1991
螺旋弹簧	QC/T539 – 1999	《汽车悬架用螺旋弹簧台架试验方法》	废止	代替 JB3824 – 1984
	JB/T10416 – 2004	《悬架用螺旋弹簧技术条件》	现行	JB3823、JB3824 基础上重新制定
横向稳定杆	JB/T12794.1 – 2016	《横向稳定杆技术条件第 1 部分:商用车横向稳定杆》	现行	
减振器	QC/T29048 – 1992	《汽车悬架用筒式减振器质量分级》	废止	
	QC/T546 – 1999	《汽车筒式减振器清洁度限制及测定方法》	废止	代替 JB3902 – 1985
	QC/T491 – 2018	《汽车减振器性能要求及台架试验方法》	现行	代替 QC/T491 – 1999、QC/T545 – 1999 QC/T491 – 1999 代替 JB1459 – 1985 QC/T545 – 1999 代替 JB3901 – 1985
高度阀	GB11612 – 1989	《客车空气悬架高度控制阀》	废止	
钢板弹簧衬套	QC/T295 – 1999	《汽车钢板弹簧销铁基粉末冶金衬套技术条件》	废止	代替 ZB T22001–1989
钢板弹簧销	JB539 – 1984	《汽车钢板弹簧销和吊耳销技术条件》	废止	
U 型螺栓螺母	QC/T517 – 1999	《汽车钢板弹簧 U 型螺栓及螺母技术条件》	现行	JB3676 – 1984
铰接头	GB/T35180 – 2017	《商用车空气悬架用推力杆橡胶铰接头技术规范》	现行	
球头销	QC/T1021 – 2015	《汽车独立悬架球头销总成性能要求及台架试验方法》	现行	

商用车悬架系统现采用标准如表 2 所示。国家推荐标准和行业标准各 7 项,其中悬架基础通用标准 2 项、悬架零部件技术条件类标准 8 项、悬架零

部件材料标准 3 项、悬架零部件工艺标准 1 项。

零部件性能与测试密不可分，现有悬架零部件标准条文多采用性能要求和试验方法相结合方式，在要求零部件性能的同时规定相关的测试方法，进行技术要求和测试方法二合一。

表 2　商用车悬架系统相关标准

序号	标准号	标准名称
1	GB/T13061 – 2017	《商用车空气悬架用空气弹簧技术规范》
2	GB/T19844 – 2018	《钢板弹簧技术条件》
3	GB/T33164.1 – 2016	《汽车悬架系统用弹簧钢 第1部分:热轧扁钢》
4	GB/T33164.2 – 2016	《汽车悬架用弹簧钢 第2部分:热轧圆钢和盘条》
5	GB/T33821 – 2017	《汽车横向稳定杆用无缝钢管》
6	GB/T34591 – 2017	《商用车空气悬架术语》
7	GB/T35180 – 2017	《商用车空气悬架用推力杆橡胶铰接头技术规范》
8	JB/T10416 – 2004	《悬架用螺旋弹簧技术条件》
9	JB/T12794.1 – 2016	《横向稳定杆技术条件第1部分:商用车横向稳定杆》
10	JB/T10802 – 2007	《弹簧喷丸强化技术规范》
11	QC/T1021 – 2015	《汽车独立悬架球头销总成性能要求及台架试验方法》
12	QC/T298 – 1999	《微型货车整车悬架静负荷特性测定方法》
13	QC/T491 – 2018	《汽车减振器性能要求及台架试验方法》
14	QC/T517 – 1999	《汽车钢板弹簧U型螺栓及螺母技术条件》

完整的商用车悬架标准体系应包含基础通用标准和关键零部件标准，悬架标准体系建议如图 1 所示。基础通用标准中包含术语定义、设计指南和性能测试。术语定义作为悬架标准体系的基础和规范性文件；设计指南指导设计人员了解悬架基本原理和零部件的特性，掌握系统参数基本计算方法，进行系统和零部件的规范性设计与选用；悬架性能测试标准可以基于同一要求对悬架性能进行比较。零部件的性能与悬架整体性能紧密关联，建立悬架关键零部件的性能要求和测试标准，并对关键零件部的材料进行规范，推进悬架零部件技术发展进步。

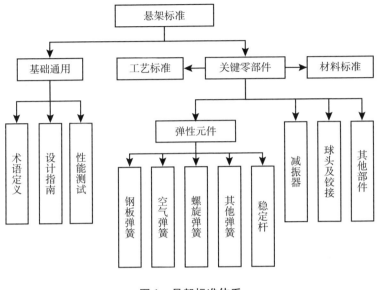

图1 悬架标准体系

二 悬架标准解读

钢板弹簧悬架和空气悬架是当前商用车主流悬架型式，重点对与此相关的标准进行解读，以方便行业相关人员查阅标准、了解标准、使用标准。由于对标准编制背景不完全了解，认识理解存在不足以及个人知识水平有限，偏颇和错误在所难免，以下解读仅代表个人观点。

（一）商用车空气悬架术语

GB/T34591-2017《商用车空气悬架术语》作为空气悬架的基础性标准，对空气悬架的术语和空气悬架主要组成元件进行了定义。

标准结构按基本定义—导向结构分类—组成元件顺序进行编制，把组成元件按弹性元件—阻尼元件—导向元件—控制元件进行分类。在空气悬架按导向机构分类时只考虑商用车现有的结构型式，对于在商用车目前未采用的空气悬架结构没有给出定义。

（1）按空气弹簧承受垂向弹性力比例，空气悬架分为全空气悬架、复合式空气悬架、辅助式空气悬架。复合式空气悬架中定义满载静态时空气弹簧承载不小于50%垂向弹性力，它表明空气悬架中空气弹簧必须作为主要弹性元件。

（2）空气悬架又可分为独立空气悬架和非独立空气悬架。在独立空气悬架中仅定义了双横臂空气悬架，是由于现在商用车独立空气悬架多采用双横臂结构，对其他结构暂未做定义。

（3）空气悬架结构分类如图2所示。

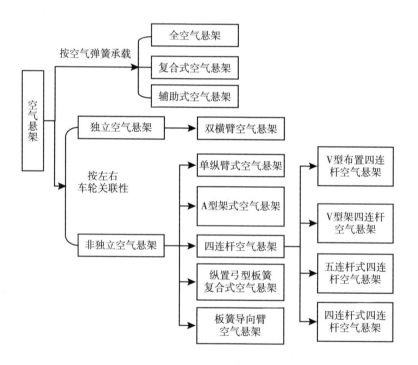

图2　商用车空气悬架分类

空气弹簧参考 GB/T13061 – 1991《汽车悬架用空气弹簧橡胶气囊》标准进行分类，由于混合式空气弹簧在商用车空气悬架基本没有应用，在本标准取消了混合式空气弹簧，仅定义了囊式空气弹簧和膜式空气弹簧；明确气囊是空气弹簧总成中储存空气的柔性元件。

标准中对回跳限位减振器、阻尼可调减振器和高度控制阀等进行定义。

方便使用和标准术语查询，标准正文后建立了汉语拼音索引和英文对应词索引。

空气悬架元件结构分类如图 3 所示。

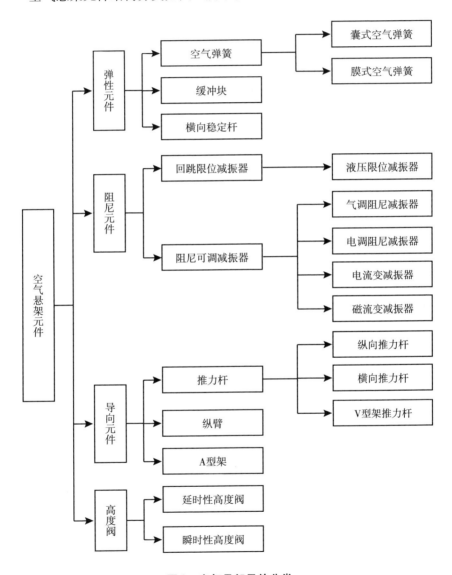

图3 空气悬架元件分类

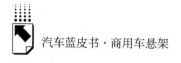

（二）商用车空气悬架用空气弹簧

空气弹簧是空气悬架的关键部件。空气弹簧以气体为介质，具有质量小、内摩擦小、工作噪声低等优点。空气弹簧可以通过调节橡胶气囊内的压力来满足不同载荷要求，具有良好的通用性和经济性；空气弹簧非线性刚度特性可以提供优越的乘坐舒适性。

市场需求的发展变化和国家政策法规的引导支持，空气悬架技术快速发展，GB/T13061-1991《汽车悬架用空气弹簧橡胶气囊》已经不能满足要求，在此情况下，修订此标准为 GB/T13061-2017《商用车空气悬架用空气弹簧技术规范》。主要在以下几个方面进行了修订完善。

（1）标准名称变更

标准关注重点从空气弹簧的橡胶气囊变为空气弹簧总成，侧重于空气弹簧总成的产品性能而不仅是空气弹簧的主要组件橡胶气囊的技术要求。

（2）术语定义变化

标准重新定义了"标准内压"和"最大外径"术语。整车气源压力的提升，高压空气弹簧逐渐普及，结合现有使用情况定义标准内压为"空气弹簧在标准高度承受额定负荷的静态压力"，删除旧版标准中内压 0.4 ~ 0.6MPa 的范围要求；空气弹簧气囊在疲劳老化后最大直径会发生变化，旧版标准对此没有体现，新标准最大外径修改为"在空气弹簧使用寿命周期内包括疲劳寿命试验过程中，处于某种充气压力包括最大充气压力、最大行程范围内的最大外部直径"，这样定义更加完整准确。

整车的设计开发、试制试验及市场使用要求的变化，需要空气弹簧特性参数不断完善，为了方便空气弹簧选型应用和设计计算，标准新增了有关空气弹簧特性参数的术语定义，例如"最大内压""有效直径""设计高度"等。

（3）技术要求的修改完善

增加环境温度要求，明确空气弹簧的一般使用环境温度为 -30℃ ~ 57℃，覆盖了国内主要区域温度范围。

修改了"破坏内压"技术指标。由原标准 2.00MPa 更改为不低于 2.5 倍最大内压,使破坏内压与最大内压关联,适应空气弹簧内压的不同需求。

修改内压降要求。空气弹簧 24h 内压降由 0.02MPa 调整为 0.05MPa,主要原因是 0.05MPa 以下微小泄漏对实际使用影响极小。

气囊胶料物理性能的技术要求由标准正文调整至资料性附录。硬性规定气囊胶料性能不利于空气弹簧技术发展和产品改善,但胶料的性能对空气弹簧的性能有较大的影响,由此保留了胶料机械物理性能要求作为资料性附录,并增加了胶料的压缩永久变形、耐低温性能、热空气老化及耐臭氧老化等物理机械性能指标和试验方法。

增加性能检测项目。旧标准中仅提供等温变压静弹性特性试验方法,新标准增加了动弹性特性试验和等温等压特性试验,方便空气弹簧的选型应用和性能评价。

(4)台架疲劳试验方法有较大变化

台架疲劳试验方法主要变化是由垂向振动变为摆臂振动。新标准中明确了空气弹簧台架试验摆臂长度、空气弹簧的安装位置、试验频率与振幅,以及试验过程中需要注意的事项。该试验方法与国际主流空气弹簧生产厂家台架疲劳试验方法基本相同,这有利于共享试验资源、降低试验成本、提升试验效率。该试验方法也更符合空气弹簧在整车的实际使用情况。

(三)商用车空气悬架用推力杆橡胶铰接头

空气悬架多采用推力杆作为导向元件,控制车轴运动轨迹,传递地面的纵向或横向力。橡胶铰接头作为推力杆的重要组成部件,可以缓冲地面传递的不均衡力,并能够减少运动干涉引起的附加力,以达到传力、减振、降噪效果。此前,生产厂家不同,在设计、制造、试验和检测等环节采用的标准也不同,直接导致了铰接头品种繁多、质量良莠不齐、规格尺寸各异、互换性差。这种状况不利于空气悬架用推力杆橡胶铰接头的技术提升和产业做强做大,也无法适应我国商用车空气悬架技术的发展。

GB/T35180-2017《商用车空气悬架用推力杆橡胶铰接头技术规范》规

定了商用车空气悬架用推力杆橡胶铰接头的技术要求和试验方法。该标准使用范围不仅限于空气悬架用推力杆橡胶铰接头，汽车用其他橡胶铰接头可以参照执行。

标准术语中对铰接头的负荷、转角和失效判断进行了重点说明，明确界定工作负荷、许用承载负荷和极限负荷的差异，便于工程技术人员根据不同需求设计选型、仿真分析和试验验证。标准在术语定义中对失效判断标准进行详细说明，方便从以下特征对橡胶铰接头失效模式进行准确判断。

（1）橡胶体产生裂纹，长度大于裂纹所在直径位置的1/3周长，深度大于橡胶体厚度的1/3。

（2）橡胶体与金属件的黏结发生剥离，长度大于黏结位置的1/3周长，深度大于橡胶体厚度的1/3。

（3）橡胶体与芯轴或外套发生滑转。

（4）橡胶体破碎、掉渣。

（5）橡胶体发生塑性变形，不能回弹。

（6）与初始状态对比，静刚度变化率超过30%。

（7）金属件之间发生干涉，阻止橡胶铰接头进一步变形。

（8）金属件包括芯轴、端盖、弹性挡圈、外套等产生裂纹或断裂，或者压配部位松动、弹性挡圈脱落。

对芯轴材料选用、制造工艺、检测方法、缺陷及处理进行要求。

明确了橡胶材料和性能，规定采用天然橡胶或天然橡胶与其他橡胶并用的材料；对橡胶的性能进行了推荐性规定。该规定是基于现阶段推力杆橡胶铰接头的实际生产情况，随着材料技术发展，也许会有不采用天然橡胶的铰接头。

对于橡胶铰接头产品，生产厂家应在相关技术文件中标明承载刚度、旋转角刚度及允许偏差，以及许用承载负荷和许用转角等参数。

橡胶铰接头的试验方法在规范性附录中要求，对静刚度、疲劳和极限试验进行规定。

（1）静刚度试验分单向加载、加载卸载和双向加载卸载三种试验方式，并给出相应的数据处理方法。

（2）疲劳寿命试验规定了三种试验方法。径向疲劳试验要求"径向负荷峰值按许用径向负荷的 50%，双向对称加载，频率为 1.0～3.0Hz 近似正弦波，要求循环次数不低于 100 万次"；扭转疲劳试验要求"扭转角峰值按许用扭转角的 60%，双向对称加载，频率为 0.5～2.5Hz 近似正弦波，要求循环次数不低于 50 万次"；复合加载疲劳试验要求"按许用径向负荷的 50% 施加静负荷，同时按许用扭转角的 60% 施加峰值扭转角，双向对称扭转，频率为 0.5～2.5Hz 近似正弦波，要求循环次数不低于 40 万次"。复合加载疲劳试验更接近车辆实际使用时推力杆橡胶铰接头的受力情况，对复合加载疲劳试验进行更深入研究，优化试验条件可以更有效快捷对零件性能进行评价。

（3）极限试验方法明确了极限试验的加载速度，速度会影响极限试验的结果，试验方式可以采用定负荷或定变形极限强度试验。

（四）钢板弹簧

钢板弹簧具有结构简单、性能可靠、制造容易、成本低廉、保养维修方便等优点，在悬架中既是弹性元件又是导向机构，广泛应用于商用车悬架。

1. 钢板弹簧标准发展演变

在 1983 年制定了 JB3383－1983《汽车钢板弹簧台架试验方法》，在 1991 年制定 QCn29035－1991《汽车钢板弹簧技术条件》，2005 年发布 GB/T19844－2005《钢板弹簧》，2018 修订发布 GB/T19844－2018《钢板弹簧技术条件》。

2. 钢板弹簧技术条件解读

在 GB/T19844－2018《钢板弹簧技术条件》中明确规定了钢板弹簧的技术要求和试验方法，标准适用于道路车辆用钢板弹簧。

弹簧钢材料的标准进行更改。由 GB/T1222《弹簧钢》变为 GB/T33164.1－2016《汽车悬架系统用弹簧钢 第 1 部分：热轧扁钢》和 ISO683－14《热处理钢、合金钢和易切钢 第 14 部分：淬火回火弹簧用热轧钢》，对材料的要求更具有针对性并能适应国际化需求。

新标准明确了钢板弹簧参数及符号、单位，并给出 10 种常见结构的钢板弹簧示意图，有利于设计人员进行技术交流，减少产品沟通偏差。

标准对钢板弹簧尺寸和公差规定发生变化。新标准对钢板弹簧的尺寸和形状公差做出规定，卷耳装入衬套后垂直度和平行度的允许偏差规定比 GB/T19844 - 2005 版更加合理，特别是垂直度的基准由单一基准变为联合基准，提高了钢板弹簧接口尺寸的精度要求，提升了钢板弹簧的装配便利性。

钢板弹簧的刚度偏差规定变化。新旧标准对刚度偏差要求差异如表 3 所示。

表 3　钢板弹簧刚度偏差要求变化对比

GB/T19844 - 2005		GB/T19844 - 2018	
刚度范围（N/mm）	允许偏差（%）	弹簧类型	允许偏差（%）
93.2	±7	变截面弹簧	±6
93.2	±10	其他类型弹簧	±8

钢板弹簧疲劳寿命要求提升。随着钢板弹簧技术制造水平的提升和高应力钢板材料的应用，在新版标准中钢板弹簧疲劳寿命由 8 万次提高到 10 万次。

钢板弹簧硬度要求由 40.5 ~ 47.0HRC 变为 41 ~ 48HRC，比以前要求提高，反映了寿命要求提高后对材料热处理后弹性、塑性、强度和韧性等综合性能指标有所提升。

3. 钢板弹簧疲劳试验方法探讨

这个标准和板簧的单片疲劳试验没有本质区别，只能对材质、生产工艺进行考核，与板簧的设计参数，如设计应力的高低、偏频的大小没有关系，不能反映设计的优劣，更不代表实际使用寿命的长短。SAE J1528《悬架钢板弹簧疲劳试验方法》中建议弹簧应从 1/2g（g = 设计荷载）加载到实际车辆条件下经历的最大荷载，通常为 2g。SAE J1528 从应用层面规定疲劳试验条件，考虑产品参数设计制造等因素，钢板弹簧悬架系统极限动行程通常与设计载荷下钢板弹簧变形量接近，最大载荷近似为 2 倍设计载荷。主机厂或生产厂家可以在 GB/T19844 指导下，借鉴 SAE J1528 的规定，制定自己的企业标准。

4. 汽车悬架系统用弹簧钢——热轧扁钢

汽车弹簧钢技术、质量水平直接影响钢板弹簧性能和寿命，GB/T1222《弹簧钢》非汽车悬架用弹簧钢专属标准，其标准技术条件设置比较广泛，很多方面难以满足汽车钢板弹簧制造业技术要求。制定汽车用弹簧钢标准有利于促进弹簧钢向高性能、高质量发展，并规范国内弹簧钢制造行业行为；有利于推动弹簧钢生产技术进步，提高产品国际竞争力。

GB/T33164.1 – 2016《汽车悬架系统用弹簧钢 第1部分：热轧扁钢》规定了汽车悬架系统用热轧扁钢的尺寸、外形、重量及允许偏差、技术要求、试验方法、检验规则等。适用于宽度不大于160mm、厚度不大于60mm的汽车悬架系统用热轧扁钢。在附录中增加常用钢板弹簧材料与国外牌号对照表，方便材料选择、国际贸易和技术交流。

5. 弹簧喷丸强化技术规范

喷丸强化工艺是利用高速运动的弹丸流对金属表面的冲击而使表面产生循环塑性形变层，导致该层的显微组织发生有利的变化并使表层引入残余压应力场，可以提高弹簧的耐久性和可靠性。

JB/T10802 – 2007《弹簧喷丸强化 技术规范》规定了汽车钢板弹簧喷丸强化的介质、技术要求、检验方法等，是以提高和改善汽车钢板弹簧疲劳寿命为目的的针对性工艺标准。

（五）横向稳定杆

横向稳定杆能够在不影响悬架垂向刚度情况下提高车辆侧倾刚度，降低转弯时侧倾角，提高车辆弯道行驶平顺性和稳定性，减少车辆侧翻风险，增强行驶安全性。横向稳定杆在商用车悬架中广泛应用，制定相关标准有利于推动横向稳定杆材料技术提升、制造技术进步和产业协调发展。

1. 商用车横向稳定杆标准

JB/T12794.1 – 2016《横向稳定杆技术条件第1部分：商用车横向稳定杆》规定了商用车底盘悬架用横向稳定杆的术语、技术要求、检验和试验方法等。

关键尺寸的极限偏差要求，详细规定了稳定杆端头中心距、垂臂长度和端头两孔位置极限偏差，并在附录中给出了稳定杆图例。这些规定既符合目前横向稳定杆制造工艺现状，又能满足车辆安装应用的实际需求。

稳定杆的材料和产品性能指标要求。稳定杆作为弹性元件，实际工作应力较大，标准建议材料使用弹簧钢或合金结构钢；对影响产品性能的关键指标如硬度、脱碳、喷丸和表面质量等进行规定，明确了稳定杆热处理表层硬度范围，以保证产品力学性能；横向稳定杆弯曲部位和杆身部位属高应力区，直接影响稳定杆使用寿命，且弯曲部位易出现热处理表层脱碳，所以标准明确硬度测量应在稳定杆杆身部位取样，脱碳层深度检测在稳定杆弯曲部位取样。

稳定杆刚度测试及数据处理方法，即用割线法得到的稳定杆侧倾角3°时刚度数据作为横向稳定杆刚度，同时规定了刚度的极限偏差。

在横向稳定杆疲劳寿命试验方面，采用模拟实际装车方式进行台架试验；稳定杆失效判断标准为稳定杆断裂或载荷衰减10%；按侧倾角3°进行加载，要求稳定杆疲劳寿命不低于25万次。

2. 汽车稳定杆用无缝钢管标准

空心稳定杆相对实心稳定杆，在保证刚度强度的情况下能大幅减重，有利于整车轻量化，目前已在商用车上逐步替代实心稳定杆。由于没有专业性、针对性的标准，该产品缺乏制造和检验的依据。基于该需求制定的GB/T33821－2017《汽车横向稳定杆用无缝钢管》，既能满足汽车稳定杆的技术要求，又能适应目前钢管生产企业技术能力现状。

严格规定了钢管的外径和壁厚公差要求。虽然钢管的外径和壁厚采用GB/T17395《无缝钢管尺寸、外形、重量及允许误差》的规定，但由于横向稳定杆外径、壁厚对稳定杆刚度影响很大，所以本标准制定了比GB/T17395更为严格的公差指标，并规范了钢管允许的弯曲度。

明确了横向稳定杆用无缝钢管材料的牌号和化学成分，规定了制造方法、力学要求、无损检测、脱碳层、显微组织、晶粒度、非金属夹杂物和表面质量等要求，列举了钢管的试验方法、取样方法、取样数量以及复验和判定规则。

（六）减振器

减振器是商用车底盘的重要减振元件，主要作用是快速衰减由路面引起的车轮振动，改善车辆行驶平顺性；减轻车辆跳动，保证车轮具有良好的接地性；抑制弯道行驶时车身的侧倾。减振器对于整车安全性和行驶平顺性具有重要意义。

减振器现行标准为 QC/T491 – 2018《汽车减振器性能要求及台架试验方法》，是修订整合 QC/T491 – 1999《汽车筒式减振器尺寸系列及技术条件》和 QC/T545 – 1999《汽车筒式减振器台架试验方法》两部分内容形成的新标准，对于汽车减振器性能要求和台架试验方法进行了规定。

新标准具有以下特点。

（1）适用范围更广：不仅适用于 M、N、O 类汽车悬架用减振器，驾驶室悬置用减振器及其他类型减振器部件也可参照执行此标准。

（2）增加了工作缸直径为 25、27、32、35 和 70 系列的基本尺寸和参数，增加了支柱式减振器的基本尺寸和参数。尺寸参数序列更加完善，更能适应市场需求。

（3）性能检测项目和指标更趋完善。新标准增加了摩擦力、气体反弹力（用于充气减振器）、抗泡沫性、动态密封性等关键性能检测项目；除老标准要求的 0.52m/s 外，增加了 0.13m/s、0.26m/s 及 0.52m/s 以上速度时的阻尼力允差值，有利于汽车主机厂或悬架专业公司对悬架系统进行仿真分析；温度特性覆盖范围更广，增加了 80℃、– 30℃、– 40℃ 的温度特性要求；明确了减振器噪声不应高于 65dB（A）的限值。

（4）耐久性试验方法更趋合理。新标准以双动试验方法取代老标准的单动试验方法，耐久疲劳次数由 100 万次提升为 300 万次。双动试验以高低频模拟车轮和车身振动频率，使减振器试验更接近车辆实际使用工况，试验结果可以更有效评价减振器高低频特别是高频的持续工作特性。减振器单动试验与双动试验强化条件对比如表 4 所示。

（5）标准增加了与整车使用更加相关的路谱可靠性试验方法，有条件的供需企业可以基于同一方法比较、积累试验数据，建立减振器台架试验与道路试验之间的关联，为减振器使用研究和后续标准改进积累技术数据。

表4 减振器不同试验方法强化条件对比

项目	单动试验	双动试验1	双动试验2
低频频率（Hz）	1.67	1.67	1
低频行程（mm）	100	100	80
高频频率（Hz）	—	10	12
高频行程（mm）	—	16	20
最大振幅（mm）	100	116	100
最大速度（m/s）	0.52	1.03	1.01
最大加速度（m/s²）	5.5	37.1	58.4

三 国内商用车悬架标准与测试体系的建议

2017年工信部、发改委、科技部联合印发了《汽车产业中长期发展规划》，提出强化标准体系建设，指出"充分发挥标准的基础性和引导性作用，促进政府主导制定与市场自主制定的标准协同发展，建立适应我国国情并与国际接轨的汽车标准体系"。悬架系统标准和测试体系应适应商用车技术发展需求，引导、促进悬架技术和相关零部件产业发展。

（一）完善悬架系统基础通用标准

制定商用车悬架系统术语标准，术语标准作为专业普遍使用并为制定其他标准的基础，主要包括专业名词及术语的定义和关键参数的符号，加深从业人员对悬架系统基本概念的理解，用相同的词语符号表达同样的意思，减少技术交流成本和沟通障碍，促进行业技术发展和国际交流。

建立悬架系统的性能参数测试评价方法，GB/T4783-1984标准废止后，现在悬架系统缺少测试评价标准，悬架系统测试评价可以选用偏频、相对阻尼系数等简单参数，也可以用隔振率等衡量一个频率区域的悬架性能，但评价方法应避免其他因素的影响。

设计指南包括产品结构、基本原理和设计计算方法等，是基础理论知识的应用指引，对团队成员进行规范性指导，提升设计团队工作效率。美国汽车工程学会（SAE）有 HS788《钢板弹簧设计与应用》、HS1576《车辆悬架采用空气弹簧设计手册》等设计指南。建立悬架系统和关键零部件的设计指南，有助于工程师了解悬架基本原理和设计要点，帮助从业人员完成悬架相关技术工作。

（二）健全悬架零部件标准和测试体系

制定商用车悬架用零部件标准，编制空气悬架高度控制阀和商用车悬架用推力杆技术要求和试验方法。

对标龄过长的标准进行修订，修订汽车钢板弹簧 U 型螺栓及螺母技术要求等标准。

适应悬架系统技术发展的要求，制定先进悬架中关键零部件的技术要求和试验方法。

（三）加大国际标准参与力度

2015 年 6 月中国主导制定的国际标准《钢板弹簧技术要求（ISO18137）》正式发布实施，这是在我国汽车行业快速发展和技术水平不断提高的大背景下，实质性参与国际标准化活动。对提高我国汽车行业在国际上的话语权和技术贸易利益具有重要意义。我们应该加强与美、日、欧盟等传统汽车强国和地区的技术交流，密切关注全球商用车悬架行业技术发展状况；加强与国际标准化组织（ISO）等国际组织的交流，掌握国际标准动态，保证国内标准与国际标准的互联互通，不断提升在国际标准工作中的参与度，提高我国悬架产业国际化水平。

标准化建设是国家核心竞争力的重要体现，悬架标准和测试体系应随着国家产业政策和商用车悬架技术发展进行完善，建立适合国情并与国际接轨的悬架标准体系，引导悬架系统技术和产业的发展。

附 录
Appendix

B.14
中国商用车悬架产业链重点
零部件企业名录

附表1 商用车钢板弹簧总成

安徽安簧机械股份有限公司	江西远成汽车技术股份有限公司
北京北汽兴华汽车弹簧有限公司	昆明方大春鹰板簧有限公司
东风(十堰)汽车钢板弹簧有限公司	梁山县金盛车桥有限公司
东风汽车悬架弹簧有限公司	内蒙古一机集团路通弹簧有限公司
佛山市何氏协力机械有限公司	青岛汽车零部件有限公司
福建洪流汽车悬架有限公司	青岛帅潮实业有限公司
福建省龙岩市中林工业有限公司	厦门万迪汽车配件有限公司
广州白云钢板弹簧厂有限公司	山东海华汽车部件有限公司
广州市华劲机械制造有限公司	山东恒日悬架弹簧有限公司
贵州丹寨九鼎车辆制造有限公司	山东雷帕得弹簧有限公司
杭州汽车部件有限公司	山东梁山太岳汽车弹簧有限公司
河南昌通科技有限公司	山东汽车弹簧厂有限公司

湖北东风钢板弹簧有限公司	山东省文登市双力板簧有限公司
湖北鄂钢驰久钢板弹簧有限公司	兴源（十堰）悬架有限公司
湖北鄂弓汽车悬架弹簧有限公司	扬州通承专用车配件有限公司
湖北神风汽车弹簧有限公司	一汽富奥辽宁汽车弹簧有限公司
湖北新力板簧有限公司	长沙胜通汽车悬架公司
湖南易通汽车配件科技发展有限公司	浙江伏牛钢板弹簧有限公司
江铃集团山东华岳车辆部件有限公司	镇江宝华半挂车配件有限公司
江西方大长力汽车零部件有限公司	重庆红岩方大汽车悬架有限公司
江西汽车钢板弹簧有限公司	重庆市渝电汽车弹簧有限公司

附表2　商用车空气悬架总成

北京驰创达空气悬架有限公司	山东富华车桥有限公司
北京柯布克科技开发有限公司	山东哈迪斯机车配件有限公司
广东富华工程机械制造有限公司	山东梁山正阳挂车配件有限公司
梁山众兴机械制造有限公司	上海科曼车辆部件系统股份有限公司
宁波乐驰汽车部件有限公司	郑州汇荣科技有限公司
青岛方正机械集团有限公司	郑州精益达汽车零部件有限公司
青岛孔辉智能悬架系统有限公司	中信机电车桥有限责任公司
青岛锐德世达科技有限公司	诸城市义和车桥有限公司
山东东岳永盛车桥股份有限公司	

附表3　商用车悬架减振器

常州协力汽车零部件有限公司	力克橡胶制品有限公司
福建明佳机械科技股份有限公司	隆昌山川精密焊管有限责任公司
杭州金士顿实业有限公司	四川宁江山川机械有限责任公司
嘉兴嘉嘉汽车零部件制造有限公司	玉田县恒通弹簧减震器有限公司
锦州立德减震器有限公司	浙江正裕工业股份有限公司

附表4　商用车悬架横向稳定杆

河北前锋机器有限责任公司	温州玛斯特汽车悬挂总成有限公司
山东安博机械科技股份有限公司	武汉市运发汽配制造有限公司
陕西德仕汽车部件(集团)有限责任公司	扬州东升汽车零部件制造有限公司
索密克汽车配件有限公司	浙江宏森汽车底盘有限公司
台州永正汽车零部件有限公司	浙江利中实业有限公司

附表5　商用车悬架推力杆

安庆市汇通汽车部件有限公司	宁波华盛汽车部件有限公司
福建利龙汽配锻造有限公司	十堰市德沃汽车零部件有限公司
福建泉州市万泰汽配公司	四川望锦机械有限公司
福建田中机械科技股份有限公司	台州德力奥汽车部件制造有限公司
河北华剑汽车配件有限公司	长春市建邦汽车零部件有限公司

附表6　商用车悬架用空气弹簧等专用配件

安徽中鼎控股(集团)股份有限公司	宁波美亚达汽车部件制造有限公司
北京凡士通空气弹簧有限公司	蓬莱天日聚氨酯有限公司
博戈橡胶塑料(株洲)有限公司	山东红光橡胶科技有限公司
广州溢滔钱潮减震科技股份有限公司	山东美晨生态环境股份有限公司
贵州前进橡胶有限公司	上海凯众材料科技股份有限公司
辽宁方大集团实业有限公司	中车青岛四方车辆研究所有限公司
辽阳奥鹏汽车零部件有限公司	

权威报告·一手数据·特色资源

皮书数据库
ANNUAL REPORT(YEARBOOK)
DATABASE

当代中国经济与社会发展高端智库平台

所获荣誉

- 2016年，入选"'十三五'国家重点电子出版物出版规划骨干工程"
- 2015年，荣获"搜索中国正能量 点赞2015""创新中国科技创新奖"
- 2013年，荣获"中国出版政府奖·网络出版物奖"提名奖
- 连续多年荣获中国数字出版博览会"数字出版·优秀品牌"奖

成为会员

通过网址www.pishu.com.cn访问皮书数据库网站或下载皮书数据库APP，进行手机号码验证或邮箱验证即可成为皮书数据库会员。

会员福利

- 已注册用户购书后可免费获赠100元皮书数据库充值卡。刮开充值卡涂层获取充值密码，登录并进入"会员中心"—"在线充值"—"充值卡充值"，充值成功即可购买和查看数据库内容。
- 会员福利最终解释权归社会科学文献出版社所有。

数据库服务热线：400-008-6695
数据库服务QQ：2475522410
数据库服务邮箱：database@ssap.cn
图书销售热线：010-59367070/7028
图书服务QQ：1265056568
图书服务邮箱：duzhe@ssap.cn

社会科学文献出版社 皮书系列
SOCIAL SCIENCES ACADEMIC PRESS (CHINA)
卡号：937224928881
密码：

S 基本子库
UB DATABASE

中国社会发展数据库（下设 12 个子库）

全面整合国内外中国社会发展研究成果，汇聚独家统计数据、深度分析报告，涉及社会、人口、政治、教育、法律等 12 个领域，为了解中国社会发展动态、跟踪社会核心热点、分析社会发展趋势提供一站式资源搜索和数据分析与挖掘服务。

中国经济发展数据库（下设 12 个子库）

基于"皮书系列"中涉及中国经济发展的研究资料构建，内容涵盖宏观经济、农业经济、工业经济、产业经济等 12 个重点经济领域，为实时掌控经济运行态势、把握经济发展规律、洞察经济形势、进行经济决策提供参考和依据。

中国行业发展数据库（下设 17 个子库）

以中国国民经济行业分类为依据，覆盖金融业、旅游、医疗卫生、交通运输、能源矿产等 100 多个行业，跟踪分析国民经济相关行业市场运行状况和政策导向，汇集行业发展前沿资讯，为投资、从业及各种经济决策提供理论基础和实践指导。

中国区域发展数据库（下设 6 个子库）

对中国特定区域内的经济、社会、文化等领域现状与发展情况进行深度分析和预测，研究层级至县及县以下行政区，涉及地区、区域经济体、城市、农村等不同维度。为地方经济社会宏观态势研究、发展经验研究、案例分析提供数据服务。

中国文化传媒数据库（下设 18 个子库）

汇聚文化传媒领域专家观点、热点资讯，梳理国内外中国文化发展相关学术研究成果、一手统计数据，涵盖文化产业、新闻传播、电影娱乐、文学艺术、群众文化等 18 个重点研究领域。为文化传媒研究提供相关数据、研究报告和综合分析服务。

世界经济与国际关系数据库（下设 6 个子库）

立足"皮书系列"世界经济、国际关系相关学术资源，整合世界经济、国际政治、世界文化与科技、全球性问题、国际组织与国际法、区域研究 6 大领域研究成果，为世界经济与国际关系研究提供全方位数据分析，为决策和形势研判提供参考。

法律声明

"皮书系列"（含蓝皮书、绿皮书、黄皮书）之品牌由社会科学文献出版社最早使用并持续至今，现已被中国图书市场所熟知。"皮书系列"的相关商标已在中华人民共和国国家工商行政管理总局商标局注册，如LOGO（🖐）、皮书、Pishu、经济蓝皮书、社会蓝皮书等。"皮书系列"图书的注册商标专用权及封面设计、版式设计的著作权均为社会科学文献出版社所有。未经社会科学文献出版社书面授权许可，任何使用与"皮书系列"图书注册商标、封面设计、版式设计相同或者近似的文字、图形或其组合的行为均系侵权行为。

经作者授权，本书的专有出版权及信息网络传播权等为社会科学文献出版社享有。未经社会科学文献出版社书面授权许可，任何就本书内容的复制、发行或以数字形式进行网络传播的行为均系侵权行为。

社会科学文献出版社将通过法律途径追究上述侵权行为的法律责任，维护自身合法权益。

欢迎社会各界人士对侵犯社会科学文献出版社上述权利的侵权行为进行举报。电话：010-59367121，电子邮箱：fawubu@ssap.cn。

社会科学文献出版社